한국어 학습자를 위한
사회적 상호작용 과제 수업 연구

전 북 대 학 교
교과교육연구총서 10

한국어 학습자를 위한
사회적 상호작용 과제 수업 연구

박헤레나

역락

발간사

　이 시대 교육의 중요성에 대해서는 다시 강조해도 부족함이 없을 듯합니다. 우리 전북대학교 사범대학은 지역사회와 나라를 대표하는 교육 연구와 실천의 요람으로서 나름의 역할을 충실히 해왔음을 자부합니다. 그 동안 안으로는 학문적으로 교육의 이론을 세우고, 밖으로는 이를 실천하는 우수한 선생님들을 수없이 배출해 온 역사가 이를 잘 보여준다고 믿습니다. 그러나 하루가 다르게 변화하는 교육 현실은 우리에게 또 다른 도전을 요구하고 있습니다.

　특히 그동안 광범위한 영역에서 교과 교육은 있어 왔으나, 이에 관한 이론 수준의 연구가 부족했던 것이 사실입니다. 이에 우리 전북대학교 교과교육연구소는 이런 학계와 교육계의 반성을 바탕으로 교과 교육 방면의 지식 체계를 구조화할 수 있는 이론의 개발에 노력하기로 했습니다. 교과교육연구총서의 발간과 보급은 이를 뒷받침할 수 있는 사업의 하나로 기획된 것입니다.

　이론 없는 실천은 공허하기 쉽습니다. 우리의 궁극적 목표는 교육 현장에서 이루어지는 것이지만, 이를 위해서는 치열한 이론 탐구가 전제되어야 합니다. 이론 제시가 토론을 낳고, 토론의 결실이 현장에 반영되고, 다시 그 결과가 이론 연구에 영향을 주어야 합니다. 학교 현장에서의 교육은 교과 교육의 형태를 띠고 있습니다. 때문에 교과 교육에 대한 이론적 연구는 어떤 연구보다 우선시되고 중요하게 여겨져야 할 것입니다. 우리 전북대학교 교과교육연구소는 앞으로도 이 점에 역점을 두고 여러 사업을 진행해 나가고자 합니다.

우리 연구소의 노력이 총서의 형태로 결실을 맺기까지는 집필에 참여해주신 연구자 여러분은 물론이거니와, 많은 분들의 헌신적인 노고가 깃들어 있음을 잘 알고 있습니다. 우리는 이를 항상 기억하고 또 다른 결실로 보답하기 위해 노력하고자 합니다. 특히 이런 뜻깊은 사업의 취지에 동감하고 아낌없는 지원을 해주시는 전북대학교 당국의 배려에 감사의 말씀을 드립니다.

이제 약간은 두근거리는 심정으로 우리 노력의 결과를 하나씩 세상에 내놓고자 합니다. 아무쪼록 이 총서를 접하는 많은 이들에게 의욕과 성과가 함께 하기를 기원합니다.

전북대학교 교과교육연구소장

책머리에

함께 일하고 있는 동료 한국어 교사들과 한국어 수업에 대해 얘기하다 보면 '처음 가르쳤던 학생들을 찾아가서 사과하고 싶다'는 우스갯소리가 나오곤 합니다. 처음에는 어쩌면 그리도 서툰 교사였던지요. 허둥대며 갈팡질팡했던 그 시절의 저를 생각하면 아직도 웃음이 납니다.

10여 년이 지난 지금, 처음의 서투름과 두려움이 사라졌다고는 해도 여전히 한국어 수업은 긴장의 연속입니다. 꼼꼼히 준비된 교안이 있다 해도 수업은 마음먹은 대로 진행되지 않기 일쑤입니다. 교사가 가진 교안은 그야말로 틀린 일기예보 같을 때도 있지요. 맑은 날씨를 기대하고 들어갔다가 폭풍우 치는 궂은 경험을 할 때는 정말 아찔합니다. 한국어 수업은 학습자들의 국적, 성격, 반 분위기에 따라 같은 수업이라도 전혀 다른 새로운 수업이 될 때가 많습니다. 그래서 노련한 한국어 교사들도 늘 긴장을 늦출 수 없습니다. 하지만 이것이 바로 한국어 수업의 묘미이기도 하지요. 예측불허의 긴장감과 즐거움이 있는 교실, 이러한 현장의 즐거움 덕분에 한국어 교사들은 오늘도 그 자리에서 기쁜 마음으로 학습자들을 만나고 있을 것입니다.

이 책은 박사 논문을 다듬어 엮은 책입니다. 일을 하면서 전공 공부를 하느라 고달픈 날들이 많았습니다. 석사 과정을 졸업할 때는 '절대로 박사는 하지 않겠다'고 결심했고, 박사 과정 중에는 '논문은 절대 쓰지 않겠다'고 선언하기도 했습니다. 스스로의 결심이 깨지고 선언을 번복했는데도 오히려 홀가분하고 대견스럽기도 한 걸 보니 큰 산을 넘은 것이 맞나 봅니다.

박사 논문을 마치고 한창 그 완결의 기쁨을 누리고 있을 때, 많은 교수님들이 연구자로서의 시작을 격려해 주셨습니다. 이제 새로운 세계에 첫발을 내딛는 것이라는 사실을 두려움보다는 설렘으로 받아들이려고 합니다.

이 책이 나오기까지 여러모로 도움 주신 분들이 많습니다. 출간 격려를 해 주신 한창훈 교수님과 강봉근 교수님, 이화여자대학교 권순희 교수님과 호원대학교 진대연 교수님께 존경과 감사의 마음을 전해 드립니다. 무엇보다 논문 쓰는 동안 많은 가르침 주신 이정애 교수님께 마음을 다한 감사를 올립니다. 교수님의 애정 어린 시선이 없었다면 이 책은 결코 나오지 못했을 것입니다.

마지막으로 언제나 곁에서 묵묵한 지지와 격려를 보내주는 사랑하는 가족과 친구들에게 감사합니다. 특히 저의 투정과 날카로움을 넉넉한 마음으로 받아 준 남편에게 고마움을 전합니다. 앞으로 정진하겠습니다.

2018. 6.

저자

차 례

제1장 의사소통 능력 향상을 위한 한국어 과제 중심 수업 연구

1. 의사소통 능력 향상을 위한 한국어 수업

1960년대 후반, 의사소통 중심 접근법의 등장으로 제2 언어 및 외국어 교육의 목표는 언어 지식의 습득이 아닌 언어 사용의 측면으로 방향이 전환되었다. 언어 능력은 문법 지식 능력에서 언어 사용 능력을 포함하는 능력으로 개념이 확장되고, 이 언어 사용 능력의 측면은 의사소통 상황에서의 '의사 전달'이라는 기능적인 능력에서, 발화되는 상황에서의 사회·문화적 측면까지 고려되어야 하는 것으로 범위가 확대되어 온 것이다.

그렇다면 의사소통 능력1) 향상을 위해 교실에서는 어떠한 수업 방법

---

1) '의사소통 능력'(Communicative Competence)의 개념을 본격적으로 사용한 학자는 Hymes (1972)이다. Hymes는 Chomsky의 언어 능력 이론이 언어의 실제성을 간과했다는 점을 지적하고 '의사소통 능력'(Communicative Competence) 개념을 제시하였다(1980 : vi).

을 적용하여야 효과적일까? 이 연구는 Littlewood(1981)의 의사소통 활동 모형에 주목하였다. 이 모형은 의사소통 전 활동과 의사소통 활동으로 구성된다. 의사소통 전 활동은 과제2) 수행에 필요한 언어 형태나 기술을 학습하는 활동으로, 이러한 형태 학습 이후 본격적인 의사소통 과제 활동이 수행된다. 의사소통 활동은 기능적 의사소통 활동(functional communication activities)과 사회적 상호작용 활동(social interaction activities)으로 구분된다. 기능적 의사소통 활동은 정보 결함이나 문제 해결을 위해 설정된 과제를 학습자가 해결하는 활동이며, 사회적 상호작용 활동은 청자-화자와의 관계, 장소, 나이 등 관계성을 고려하여 해결하는 활동이다. 사회적 상호작용 활동은 단순히 의미 전달의 목표가 아닌 사회적 관계의 형성 및 유지 부분까지 고려한 매우 실제적 과제라는 것이 특징이다.

외국어 학습 현장에서는 외국어 학습자의 의사소통 능력 향상을 목표로 다양한 교수 방법들이 시도되고 있다. 그런데 문법적 형태를 기반으로 하는 수업(form-based approach)들도 그 자체가 방법론적으로는 비판의 대상이 되고 있으나, 여전히 다양한 교수 방법 중 하나로 실시되고 있다. 특히 한국어 교육 현장에서는 말하기, 듣기, 읽기, 쓰기 등 영역별 교육이 실시될 때에도 문법적 접근을 다루면서 교육하는 경우가 많다(권순희, 2006 : 6). 학습자들 중에서도 문법 교육을 포함하지 않는 교육은 수업이 아닌 놀이로 인식해, 어떤 성격의 수업이라고 해도 학습 과정에 문법 학

Canale과 Swain(1980)에 이어 Bachman(1990)에 이르기까지 여러 학자들에 의해 이 의사소통 능력의 개념이 재정의되는데, 언어 능력의 개념은 문법적 지식에서 기능적 말하기 능력, 사회·언어학적 능력까지 포괄하는 능력으로 확장된다.

2) 이 연구에서는 과제와 과제 활동, 활동 등 과제와 관련된 유사한 용어들이 사용된다. 이 연구에서 과제는 '성공적인 의사소통'이라는 학습 목표 아래, 목표 달성을 위하여 수행해야 할 임무를 말한다. '과제 활동'은 구체적 행위에 초점을 둔 용어로, 학습자가 과제 수행을 위하여 능동적으로 행하는 구체적 활동을 뜻한다. '활동'은 과제를 포함한 교실 전체 활동을 의미하며, 과제 활동보다 좀 더 포괄적인 뜻으로 사용한다.

습이 포함되는 것을 요구하는 경우도 적지 않은 것이 현실이다.

　Larsen-Freeman(2004)은 외국어 학습에서 무엇보다 형식적 측면을 강조하고 이를 중요시하는 교사도 문법적 형태 중심 학습이 언어의 사용 능력 향상에 효과적이라고 믿기 때문에 수업에 적용한다고 하였다. 다시 말해, 형태를 이해하고 학습하는 형태 기반 접근법을 선호하는 교사도 문법 형태에 대한 지식 습득을 궁극적인 목적으로 두는 것이 아니라, 형태 중심 학습이 언어의 사용적 측면에 효과적이라는 판단 때문에 선택한다는 것이다. 결국 문법 형태 학습을 선호하는 교사들도 학습자가 형태를 학습한 후에 그 형태를 적절하게 사용하여 성공적으로 의사소통을 할 수 있게 되기를 기대하며 문법 형태 중심 수업을 설계한다는 뜻이다.

　이것은 외국어 교육에서 끊임없이 이어지는 교수 방법에 대한 고민과 시도들이 의사소통 상황에서 언어를 적절히(contextually appropriate) 사용할 수 있는 능력을 신장시키기 위한 방향으로 집중됨을 시사해준다고 할 수 있다. 특히 '(언어를) 잘 알기(understanding) 위해서'가 아닌 '(언어를) 잘 사용하기(using) 위한' 교수 방법에 관한 시도들은 근래에 들어서 특정 교수 방법의 배제 대신 통합 및 결합의 방향으로 시도되고 있다. 외국어 교수법에서 형태-기능(form-function)의 이분법은 지양되어야 하며, 상향식 또는 하향식 처리 과정 또한 배타적이 아닌 통합되어야 한다는 견해 등 여러 교수 방법들의 통합 및 연계가 우세해지고 있는 것은 교사들의 실용주의적 태도와 맥을 같이 한다(Larsen-Freeman, 2004, 김서형 외, 2013 : 24). 특정 방법을 고수하거나 배제하는 것은 학습자 의사소통 능력 향상에 관한 활발한 논의를 오히려 방해하기 때문이다.

　여기에서 이 연구는 한국어의 수업에서 의사소통 능력을 향상시킬 수 있는 다양한 교수 방법들의 연계 문제에 주목하고, 실제적 과제를 통해 형태적 정확성, 언어의 유창성, 관계성 등이 적절하게 발현될 수 있는,

보다 완성도 높은 의사소통 능력 함양 방안에 대한 필요성을 제기한다. 그리고 의사소통 능력 향상을 위한 교육적 과제와 실제적 과제를 연계 하는 과제 중심 수업의 중요성도 함께 제기될 수 있다. 이 연구의 모든 과제가 의미와 맥락 안에서 설정되며, 과제 수행의 전반적 과정을 통한 학습자의 의사소통 능력 향상이 최종 목표로 설정되는 것도 이러한 이 유이다.

이 연구는 형태 초점 과제와 역할극 과제를 연계하는 SIT 수업3)을 실 행하여, 이를 수정한 후 좀 더 진화된 SIT 수업의 모형을 제시하려고 한 다. 이를 위해 이 연구는 Littlewood(1981)의 의사소통 활동 모형을 근거 로 하여 논의를 진행하되 한국어 수업 현장에 맞는 새로운 모형을 제시 할 것이다. 먼저, 의사소통 활동 모형 중 사회적 상호작용 활동을 SIT 수 업에서 활용하여 언어의 정확성과 유창성, 관계성까지 모두 고려하는 총 체적 활동으로 이루어진 역할극을 구성한다. 한국어 학습자들이라면 누 구나 부적절한 사회적 상호작용으로 인해 의사소통에 실패하거나 불완전 하게 의사소통을 한 경험이 있을 것이다. 한국 문화와 한국어가 갖는 특 유의 관계성에 대한 이해는 실제 경험을 통하지 않고는 학습되기 어렵다. 이 연구는 역할극으로 구성된 실제적 과제가 학습자들로 하여금 의사소 통 과정을 학습할 수 있게 하며, 흥미 유발과 참여의 적극성을 도모할 수 있다고 보았다.

다음으로, 형태의 정확성을 위해 형태 초점 기법4)을 적용하고자 한다.

---

3) SIT 수업은 'Social Interaction Task 수업'의 약어이며, 이 연구에서 새롭게 제시할 사회 적 상호작용 과제 수업의 명칭이다.

4) 형태 초점(focus on form)은 형태 집중, 의미 중심의 형태 집중, 형태 초점 등으로 사용 되는데 이 연구는 '형태 초점'으로 사용한다. 또한 기법적인 측면에서는 '형태 초점 기 법', 교수적 측면에서는 '형태 초점 교수', 과제의 종류로 표현할 때는 '형태 초점 과제' 로 표현한다. 형태 초점은 문법적 형태 초점(focus on forms)과 구분되는데, 형태 초점은 의미 안에서 형태에 주목하지만 문법적 형태 초점은 의미가 아닌 문법이 중심이 된다.

형태 초점 기법은 과제 중심 교수에서 형태를 초점화하기 위한 문법 교육 기법이다. 형태 초점 기법이 적용된 과제를 통해 학습자들은 형태적 정확성을 높인 후, 역할극으로 구성된 사회적 상호작용 과제 활동을 통해 형태의 정확성, 유창성, 관계성이 유기적으로 연결되는 의사소통 상황을 유사 경험함으로써 의사소통 능력을 향상시킬 수 있을 것이다. 형태 초점 과제는 목표 형태에 대한 학습이 목표 형태의 단순한 지식 습득에 있는 것이 아니다. 문법 학습 또한 문법에 대한 이해 혹은 문법 점수 향상 등의 단순한 목적에 있는 것이 아니라 그 문법을 의사소통 상황에서 적절히 사용하게 하는 것이다.

이 연구는 형태의 정확성, 언어의 유창성, 관계성 등 의사소통 능력의 고른 함양을 목표로 SIT 수업을 설계하고 실제 수업 실행을 통해 학습자 중심의 SIT 수업 모형을 제시하고자 한다. 이 과정에서 특히 과제의 선택과 수행이 무엇보다 중요하다는 점을 부각하게 될 것이다. 구체적인 논의 과정은 다음과 같다. 첫째, SIT 수업을 구안하고 설계한 후 실제 수업을 실행하며, 둘째, 수업 실행 후, 순환적으로 SIT 수업을 점검하고 피드백한다. 셋째 SIT 수업의 설계 원칙을 확립하여 일반화한다. 마지막으로, 확립된 수업의 설계 원칙에 근거하여 최종 SIT 교수·학습 모형을 제시한다.

2. 한국어 과제 중심 수업 연구의 방향

2.1. 연구의 방향

앞서 밝힌 대로 이 연구는 학습자 의사소통 능력 향상에 효과적인 SIT 수업 모형을 개발하여 제시하는 것을 목적으로 한다. 이 연구의 필요성이 연구의 방향을 제시할 것으로 보아 연구의 필요성을 다음과 같이 정리하였다.

첫째, 실제적 과제 활동과 형태 초점 기법과의 결합 시도가 필요하다. 기존의 연구는 과제 관련 연구와 형태 초점 기법 연구가 확연히 다른 목적과 의도로 실시되었다. 과제 관련 연구는 과제의 유형, 새로운 과제 제시, 과제 개발이나 교육 과정 개발 등으로 이루어졌고, 활동 중심의 과제 관련 연구들은 과제 활동과 문법 교육의 결합에는 관심을 두지 않았다. 그리고 형태 초점 기법 관련 연구는 각 기법의 문법 효과 분석, 기법 간 비교 등으로 실시되어 왔다. 이렇듯 형태 초점 기법을 적용한 교육적 과제의 효과 연구가 주가 되어, 역할극을 포함한 실제적 과제와의 연계를 고민한 연구는 찾기가 어렵다. 학습자들이 형태 초점 과제를 보조 과제로 활용하여 실제성이 풍부한 역할극과 같은 과제 활동을 하는 방안, 실제적 과제 내에서 문법에 초점을 두는 방안 등이 논의된다면 언어의 정확성과 유창성, 관계성을 향상시킬 수 있는 다양한 방안들이 제시될 수 있을 것이다.

둘째, 과제 중심 수업 모형에 대한 새로운 접근이 필요하다. 과제 중심 교수는 과제 전 단계-과제 수행 단계-과제 후 단계로 이루어지는데, 형태 초점 과제가 부분과제로 실시될 경우, 모형의 변화가 필요하다. 다시 말해 과제 전 단계 내에 학습자들의 문법적 정확성을 키울 수 있는 과제 중심 수업을 추가 설계하여 심화된 과제 중심 수업으로 제시할 수 있다는 것이다. 이러한 교수 단계와 관련된 여러 고민들이 과제 중심 교수법의 실질적 활용성을 신장시킬 수 있을 것이다.

셋째, 의사소통 중심 접근법과 과제 중심 접근법의 차별화가 필요하다. 의사소통 중심 접근법과 과제 중심 접근법은 공통적으로 과제가 핵심적 역할을 한다. 더욱이 과제 중심 접근법은 의사소통 중심 접근법과 방법론적으로 매우 유사하여 그저 의사소통 접근법의 최신 방법 중 하나로만 여길 수도 있다. 그러나 의사소통 중심 접근법이 언어 사용면에 관심을 둔다면 과제 중심 접근법은 의사소통 과정 전체에 초점을 맞추는 접근법이다. 또한 의사소통 중심 접근법에서는 문법에 대한 구조적 연습이 가능하다.[5] 그러나 과제 중심 접근법에서의 문법 학습은 의미 중심의 형태 초점 방식으로 접근한다. 이러한 차이점을 알고 과제를 어떻게 수행하게 할 것인가를 고민하고 설계하는 것은 이 연구의 중요한 연구 지향점이 될 수 있다.

2.2. 연구 방법

이 연구는 학습자의 의사소통 능력 향상에 효과적인 SIT 수업 모형을 개발하기 위해 SIT 수업 모형을 설계한 후 실제 한국어 수업에 적용하고, 평가를 거쳐 개선점을 점검하여 최종 SIT 수업 모형을 제시하는 절차를 밟는다. SIT 수업 일반화를 위한 최종 모형 개발 진행 절차는 다음과 같다.

---

5) Izumi Shinichi(2009)에서는 의사소통 중심 교수법을 약한 버전(weak version)과 강한 버전(strong version)으로 구분하면서, 일본을 비롯한 아시아 지역의 영어 교육에서는 약한 버전이 도입되었다고 하였다. 약한 버전은 의사소통을 수단이 아닌 최종 목적이라 생각하여, 반드시 의사소통을 통해서만 언어를 습득하려 하지 않는다. 이에 문법 설명이나 유형 연습 등도 도입하여 언어를 학습한다. 결과적으로 약한 버전은 전통적 교수법과 절충적 형태가 되었다고 하면서 PPP 교수법 또한 약한 버전이라고 하였다. 강한 버전은 의사소통이 목적이자 수단이 된다고 하면서 내용 중심 교수법과 과제 중심 교수법을 그 예로 들고 있다(강윤구(역), 2012 : 91-92). 이 연구자는 초창기 의사소통 중심 교수법에서 최근의 과제 중심 교수법까지 넓은 의미로 의사소통 중심 교수법으로 칭하고 있다. 이 연구에서도 과제 중심 교수가 의사소통 중심 교수의 발전적 형태라는 것에는 동의하나, 초창기의 의사소통 중심 교수법과 과제 중심 교수법의 차이점에 집중하여, 이 두 교수법을 구분하여 사용한다.

(1) I단계 : 연구 설계 단계

I 단계에서는 모형의 설계를 위해 기존의 과제 관련 연구, 과제 중심 수업 관련 연구 등을 검토하고 이에 관한 이론적 배경을 고찰한다. 이와 함께 학습자 요구 분석을 바탕으로 SIT 수업 모형을 설계한다. 이 연구는 선행 연구 및 이론적 검토를 통해 연구의 필요성과 목적을 살피고 연구 과제 도출을 위한 모형 및 체제를 탐색한다. 학습자 요구 분석은 학습자 중심 수업인 과제 중심 수업을 진행하기 위한 필수 단계이다. 연구자는 학습자의 요구 분석을 토대로 수업의 세밀한 방향을 설정한다. 그리고 연구자의 설계 방향과 학습자의 요구 사항 중 불일치 사항은 없는지 점검한 후 조정한다.

(2) II단계 : 수업 적용 단계

II 단계에서는 설계된 SIT 수업 모형을 실제 수업에 적용한다. SIT 수업 모형은 총 3가지의 역할극 과제로 구성되어 있고, 역할극 과제는 상황과 목적이 통제된 역할극, 토론극, 즉흥극 순으로 진행된다. 개별 SIT 수업은 과제 전 단계 – 과제 수행 단계 – 과제 후 단계의 순으로 진행된다. 이때 연구자는 교사의 역할을 맡아 수업을 진행하는데, 대상 학습자와 3차 수업까지 함께 수업을 이끌어가게 된다.

(3) III단계 : 평가 단계

III단계에서는 최초 설계한 SIT 수업 모형의 효과를 점검하기 위해 SIT 수업 후 평가가 실시된다. 평가는 개별 수업 후에 진행되는 평가도 있고 모든 SIT 수업이 종료된 후 진행되는 평가도 있다. 개별 수업 후에는 문법 평가, 목표 형태 사용 평가, 학습자 성장 평가, 수업에 대한 학습자 정의적 평가가 실시되며, 모든 SIT 수업 완료 후에는 외국어 숙달도 평가 중 하나인 OPI 평가가 실시된다. 개별 SIT 수업 후 숙달도 평가를 실시하지 않는 이유는 의사소통 능력이 한 번의 수업을 통해 가시적으로 관찰되지 않을 것이라는 연구자의 판단 때문이었다. 또한 SIT 수업 모형은 개별 과제들이 독립적이면서도 교사의 통제성에 의해 배열된 조직적 과제들이다. 따라서 모든 SIT 수업이 완료된 후 의사소통 능력의 향상을 측정하는 것이 수업의 실질적인 효과를 분석하는 데 적절하다고 판단되어 SIT 수업이 완전히 종료된 후 마지막에 OPI 평가를 실시하는 것이다.

(4) Ⅳ단계 : 검토 및 개선점 추출 단계

Ⅳ단계는 수업 평가를 통하여 나타난 수업 설계의 문제점에 대한 검토 단계이다. 최초 설계된 SIT 수업 모형은 학습자의 요구 분석이 반영되었다고 해도 매우 이론적 설계이다. 따라서 실제 수업에 적용하면 많은 문제점이 드러날 것이다. 이에 설계자는 수업을 객관적으로 평가한 후 그 평가 자료를 검토하여 개선점을 추출해야 한다. 특히 학습자가 형태 초점 기법을 통하여 목표 문법을 학습한 후 역할극 과제에서 자연스럽게 목표 문법을 발화할 수 있도록 하기 위해서는 연구자의 정교하고 세밀한 교수 설계가 필요하다. 실제 수업 후 SIT 수업 설계 모형의 문제점이 파악되면 연구자는 수업의 미비점을 보완하고 개선점을 검토하여 새로운 설계 원칙을 세워야 한다.

(5) Ⅴ단계 : 최종 SIT 수업 모형 제시 단계

마지막으로 최종 SIT 수업 모형을 제시한다. 이 연구는 중고급 학습자를 대상으로 SIT 수업 모형을 설계하여 제시하고자 하는데, 이는 SIT 수업이 학습자들의 의사소통 능력 향상에 효과적일 것이라는 가설의 기반

하에 진행된다. 이 모형은 실제 한국어 수업에서 적용 가능한 일반화된 모형이다. 이를 위해 현재의 한국어 교육 현실에 대한 점검 또한 이 단계에서 이뤄져야 한다. 이 연구의 진행 절차를 표로 제시하면 다음과 같다.

[표 1] 연구 진행 절차

단계	내 용
Ⅰ단계 : 연구 설계 단계	선행 연구, 이론적 검토 및 학습자 요구 분석을 바탕으로 최초 SIT 수업 모형을 설계
Ⅱ단계 : 수업 적용 단계	최초 설계된 수업 모형을 실제 수업에 적용
Ⅲ단계 : 평가 단계	학습자 평가
Ⅳ단계 : 검토 및 개선점 추출 단계	설계의 전반적인 문제점 및 개선점 검토
Ⅴ단계 : 최종 SIT 수업 모형 제시 단계	설계 원칙 확립 및 최종 SIT 수업 모형 제시

제2장 과제와 과제 중심 교수

1. 외국어 학습에서의 과제

1.1. 과제의 개념

교육과정에서 과제의 개념을 받아들여 사용한 것은 이미 1950년대의 일이다. 그러나 이 개념은 직업 훈련 과정에서 나타난 개념으로, 언어 교육에서의 과제와는 차이가 있다. 일반적으로 과제는 과제의 범위, 관점, 실제성, 수행에 필요한 언어적 기술, 인지 과정, 결과 등에 의해 개념화된다(Ellis, 2003 : 2). 제2 언어 교육에서 과제의 개념은 의사소통 중심 접근법의 등장 이후에 도입되었는데, 그 개념이 연구 관점에 따라 약간의 차이가 있다.

제2 언어 교육에서 처음 과제의 개념을 정의한 것은 Long(1985)이다. Long은 과제를 일상생활에서 행하는 '일'이라고 하였는데, 이 '일'이라는 용어에서 Long이 생각하는 과제의 개념이 잘 나타나 있다. 그는 '담장 칠하기'나 '아이 옷 입히기', '신청서 양식 쓰기' 등이 모두 과제라고 하였다. 위의 예를 통해서도 알 수 있듯이, 이 개념에는 언어적 개념이 포함되어 있지 않다. 즉, 일상생활에서 사람들이 행할 수 있는 모든 일이 과제라는 것인데, 그가 밝힌 과제의 정의는 언어적인 것에 초점을 맞추지 않고, 교실 상황 등 교수-학습적인 상황도 고려하지 않은 매우 포괄적인 정의이다. 그러나 Long이 정의한 과제의 개념에 교수-학습적인 면이 고려되지 않았다고 해도, 과제의 일상성, 즉 실제성에 주목했다는 점에서는 의미가 있다.

Richards, Platt과 Weber(1986)에서는 과제의 범위가 교실에서 일어날 법한 활동들로 좁혀진다. 이들의 과제 정의에서부터 과제라는 용어에 언어적 개념이 포함되기 시작하였다. 이들은 과제를 '언어 처리 과정이나 언어 이해에서 오는 결과로 수행되는 활동 혹은 행동'이라 하였는데, 과제가 교실에서 수행된다고 명확히 언급한 것은 아니다. 그러나 학습자들이 테이프를 들으면서 지도를 그리는 활동 등은 교실 외에서 수행되기가 어렵다. 다시 말해, 과제가 교실에서 수행된다는 것을 언급한 것은 아니나, 과제가 수행되는 장소가 교실임을 내포하고 있는 것이다. 또한 이 정의는 학습 현장에서 교사의 역할이 포함되어 있으며 언어 발화가 일어나지 않아도 과제로 간주된다는 것이 특징이다.

Prabhu(1987)는 과제를 중심으로 절차적 교수요목을 제안하였다. Prabhu(1987)의 정의에서부터 과제에 교수·학습적 의미가 포함되기 시작한다. 그는 과제는 학습자가 일련의 사고 과정을 통하여 주어진 정보로부터 결과물에 이르도록 요구받은 활동이고, 이 과정에서 교사는 학습자를 통제하고 규제할 수 있다고 하였다. 그는 과제를 정의하는 동시에 과제 수행에서 학습자의 역할과 교사의 역할을 밝힘으로써 과제의 교수·학습적 의미에 관심을 두기 시작하였다.

Nunan(1989)은 학자들에 의한 과제 정의의 변화를 받아들이면서 과제

를 재정의하였다. 그는 과제를 '형태보다는 의미에 초점을 맞추고, 목표
어로 이해, 처리, 산출, 상호작용하는 교실행위'로 정의하였다. 또한 과제
가 그 자체로 의사소통적 활동으로서의 독립 가능한 완결성을 가져야 한
다고 하였다. 형태보다 의미에 초점을 맞춘다는 것은 과제가 문법적 지
식 학습을 위한 것이 아니라 성공적인 의사소통을 위한 도구라는 점을
명확히 한 것이다. 그런데 Nunan(2004)에서는 의사소통적 과제가 교육적
과제로 변화되고, 의미 표현을 위해 문법 형태에 초점을 맞출 수 있다고
하며 형태 초점에 관한 언급을 포함하고 있다. 또한 과제가 구조적으로
도 완전성을 가져야 한다고 밝힘으로써 과제의 정의가 좀 더 구체적이고
상세화되었다. 그는 교육적 과제는 목표어로 이해, 조작, 산출, 상호작용
이 포함되는 교실 활동으로서, 과제 수행 시 학습자들은 의미를 표현하
기 위해 동원하는 교육적 지식에 초점을 맞추는 인지적 활동을 수반한다
고 하였다. 그는 또한 교육적 과제는 형태 조작보다 의미 전달이 목적이
되어야 한다고 하였다.

　Ellis(2003)의 정의는 과제의 교육적 의미가 매우 구체적이다. 그는 과
제는 학습자들에게 올바른 혹은 적절한 내용 전달의 측면에서 평가될 수
있는 결과를 얻어내기 위해 언어를 실제적으로 처리하는 작업계획이며,
비록 이 목적을 위해 과제의 설계가 특정 형태를 선택하도록 하지만 그
것은 의미에 가장 우선 집중하며, 그들의 언어적 자원을 사용하도록 요
구한다고 하였다. 또한 실제 상황에서 사용되는 언어적 방법은 직접적,
간접적으로 유사한 언어 사용을 의도한다고 하였다. 그리고 다른 언어활
동과 같이 과제는 생산적 혹은 수용적이며, 구어나 문어 기술 등 다양한
인지적 처리 과정을 수반한다고 하였다.

　이상의 정의들을 통해 일상에서 행해지는 다양한 신체적 · 정신적 활
동들을 과제의 개념에 포함한 Long(1985)의 정의를 제외한 나머지 정의들

을 종합하면 과제는 다음과 같은 특징을 갖는다. 첫째, 과제는 문법 중심이 아닌 의미 중심이며, 둘째, 과제는 언어 교육적 목적이 있다. 셋째, 과제 수행 평가는 결과물을 통해 이루어지며, 넷째, 학습자는 과제 수행을 위한 일련의 활동을 한다는 점이다.

한편 Ellis는 과제의 특징으로 7가지를 제시한 바 있다. 첫째, 과제는 작업 계획이며, 둘째, 과제는 의미에 가장 초점을 둔다. 셋째, 과제는 언어 형태를 제약하고 넷째, 과제는 실생활의 언어를 사용하는 과정을 거친다. 다섯째, 과제는 언어의 네 가지 기술을 사용할 수 있으며, 여섯째, 과제는 인지적 과정을 수반하고, 일곱째, 과제는 명확하게 정의한 의사소통적 결과물이 있다는 것이다(2003 : 9-10). 이러한 Ellis(2003)의 정의는 좀 더 과제를 구체화하고 있다. 이 연구에서는 앞서 언급한 여러 학자들의 과제의 정의를 종합하여 과제의 개념을 다음과 같이 사용할 것이다.

1) 과제는 의사소통적 목적을 위해 교실에서 행해지는 활동 계획이다.
2) 과제에 사용되는 언어는 실제성을 갖고 있다.
3) 과제는 의미에 초점을 둔다.
4) 과제는 언어 교육적 목적이 분명하다.
5) 과제는 과제 수행을 위한 암시적 혹은 명시적 교수를 할 수 있다.
6) 과제는 네 가지 언어 기술을 사용할 수 있으며, 네 가지 영역의 종합적 발달을 고려한다.
7) 과제는 과제 수행 전반에 인지적 과정을 수반한다.
8) 과제는 학습자간 혹은 교사-학습자간 상호작용을 수반한다.

1.2. 과제의 구성 요소 및 유형

이 절에서는 과제가 어떻게 구성되어 있는지에 대해서 살펴보고자 한다. 먼저, 과제의 구성 요소에 대한 논의를 살펴보면 다음과 같다.

Candlin(1987; Nunan, 1996에서 재인용)은 입력(input)과 역할(role), 환경 설정

(setting), 행동(actions), 모니터하기(monitoring), 결과(outcome), 평가 및 피드백 (feedback)을 제시하였다. 입력은 과제 수행을 위한 자료 제공을 뜻하며, 역할 은 과제 수행에 있어 참여자들의 관계를 명확히 함을 말한다. 환경 설정은 교실에서 교육적 목적으로 여러 가지를 배치함을 뜻하고, 행동은 과제 진행 절차, 부수 과제(sub-task) 등을, 모니터하기는 교사의 과제 수행 관리, 결과 는 과제 수행의 목표를 의미한다. 마지막으로 피드백은 과제의 평가이다.

Shavelson and Stern(1981; Nunan, 1996에서 재인용)도 Candlin과 유사한 과제 구성 요소를 제안하였는데, 내용(content), 자료(materials), 활동(activity), 목표(goal)와 함께 사회적 공동체(social community), 학습자(learner)도 과제 구 성 요소에 포함하였다. 내용은 수업의 주제, 자료는 학습자들이 수업 중 관찰 혹은 조작하는 것, 활동은 학습자와 교사가 수업 중 수행하는 작업, 목표는 과제 활동의 목적을 의미한다. 또한 구성요소로서의 학습자는 학 습자 자체를 뜻한다기보다 그들의 능력, 요구, 흥미 등을 의미하며, 사회 적 공동체란 전체로서의 학급을 의미한다.

Nunan(1989)은 구성 요소로 목표(goal)와 입력(input), 활동(activity), 교사 의 역할(teacher role), 학습자의 역할(learner role), 환경 설정(settings)을 꼽고 있는데, 이를 그림으로 표현하면 다음과 같다.

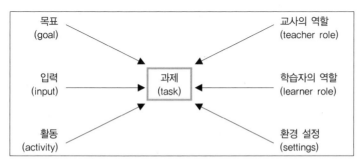

[그림 1] 과제의 기본 구성 요소(Nunan, 1989 : 11)

목표란 과제 수행의 의도이다. 모든 과제는 의도를 갖고 수행되며, 과제 고안자가 의도한 대로 과제가 수행되었다면 그 과제는 성공적이라 할수 있다. 목표가 꼭 하나일 필요는 없다. 수업의 단계마다 목표가 다를수 있으며, 전체 수업의 목표가 하나 이상일 수 있다. 입력은 과제 수행을 위해 학습자에게 제공되는 자료이다. 과제는 입력으로부터 시작되는데, 학습자들은 입력된 정보로 수행할 과제를 파악한다. 수업 시간에 흔히 사용되는 읽기 자료 등과 같은 텍스트 자료, 그림이나 사진 자료 등은모두 입력에 속한다. 활동은 제공된 입력 자료를 바탕으로 학습자가 실제적으로 하는 일을 뜻한다. 활동은 제시된 입력으로부터 학습자들이 과제 수행 정보를 얻은 후 학습자들이 실제로 행하는 행동들이다. 역할은학습자의 역할과 교사의 역할로 나눌 수 있는데, 과제 수행에서 교사 및학습자에게 요구되거나 기대되는 역할을 말한다. 학습자 및 교사의 역할은 시대에 따라, 혹은 접근법에 따라 변화된다. 환경 설정은 과제 교실내외의 배치나 과제 자체가 포함하고 있는 환경을 의미한다. 이러한 환경은 교실 내 과제를 위한 배치를 결정하며, 교실 내에서 과제를 수행할것인지 교실 외에서 과제를 수행할 것인지를 결정한다. 또한 환경은 개인 과제, 짝 과제, 소그룹 과제, 전체 학급 과제 등과 같이 과제 참여 규모에 따라 달라질 수 있다. 이러한 과제가 교육적 효과를 얻기 위해서는과제 구성 요소가 적절하게 배치되고 고려되어야 한다. 따라서 과제를수업에 적용할 교사는 과제 고안 시 구성 요소를 반드시 고려해야 한다.

과제 구성 요소와 함께 과제 유형에 대한 논의도 필요하다. 과제의 유형 또한 기준과 학자에 따라 그 분류가 다양하다.

Nunan(1989 : 40)은 앞서 살펴본 정의에서와 같이 과제를 실제적 과제(real-world task)와 교육적 과제(pedagogic task)로 나누었다. 실제적 과제는실제 의사소통 상황에서 요구되는 언어 사용에 대해 연습하는 것이다.

실제적 과제는 인위적인 조작이 배제되므로 실제성은 높으나 학습자에 따라 어려움을 느낄 수도 있다. 이때 교사가 교육적 필요에 의해 자료를 인위적으로 조작하거나 새롭게 수정된 자료를 사용할 수 있는데, 이것이 교육적 과제이다. 따라서 초급 단계에서는 교육적 과제를 주로 사용하고 단계가 올라갈수록 실제성을 고려한 실제적 과제를 많이 사용한다.6)

Clark(1987 : 238-239)은 구체적 활동 형태의 과제를 제시하고 있다. 그는 동료 학습자간 상호활동을 통한 문제 풀이 활동(convergent tasks), 토의 활동(divergent tasks), 물건 싸게 사기 등 특정 정보로 목표 수행하기 활동, 주어진 정보나 자료를 활용한 요약, 토의, 쓰기 활동, 개인적 경험에 맞춰 대화하기나 문서 양식 채우기 활동, 시나 기사 등을 읽고 평하는 활동, 상상 이야기 만들기 활동 등을 과제의 유형으로 제시하고 있다.

Prabhu(1987 : 46-47)는 과제 활동(activity)으로 과제의 유형을 분류하였는데 정보 차 활동(information-gap activity), 논리 차 활동(reasoning-gap activity), 의견 차 활동(opinion-gap activities) 등 세 가지 활동으로 제시하였다. 먼저, 정보 차 활동은 주로 짝 활동에서 많이 활용할 수 있는 방법으로, 불완전한 그림이나 자료를 가진 학습자가 그 정보를 갖고 있는 학습자와 의사소통을 통해 정보를 획득하여 자료를 완성하는 것이다. 다음으로, 논리 차 활동은 빠른 길 찾아 목적지에 도착하기 등 논리적 과정을 통한 새로운 정보 획득으로 과제를 수행하는 것을 말한다. 마지막으로, 의견 차 활동은 상황에 따른 개인적 선호, 감정 등을 표현하는 활동이다. 이야기 완성하기나 토론하기 등이 이 활동에 포함되는데, 개인의 의견이 반영되기 때문에 정해진 답은 없다.

---

6) 실제적 과제에서 인위적 조작이 배제된다고 해도 상당수의 실제 자료들은 교사에 의해 수정을 거친 후 학습자에게 제공된다. 따라서 실제적 자료라는 용어는 '인위적 조작이 가급적 배제된 실제성 높은 변형된 실제적 자료'의 의미로 쓰이는 경우가 많으며, 이는 교육적 자료의 성격을 띠고 있다.

그런데 이러한 유형은 명확한 기준을 제시하기가 어렵고, 학습자 단계별 순차적 구성도 아닌 활동 나열에 그치고 있다. Nunan은 실제적 과제와 교육적 과제가 순차적으로 적용이 가능하다고 하였으나, 실제적 과제가 초급 단계에서, 교육적 과제가 고급 단계에서 사용되는 경우도 많다. 그리고 Prabhu는 과제 활동에서 흔히 행해지는 역할극을 포함하지 않았다. 역할극이나 상황극은 단순 정보 전달, 의견 교환이 아닌 사회적 상호작용 안에서 언어를 사용할 수 있도록 연습할 기회를 제공하기 때문에 교육 현장에서 흔히 사용하는 과제 활동이다. 따라서 역할극이나 상황극 등 사회 언어학적 능력을 신장시킬 수 있는 과제 활동도 포함되어야 할 것이다.

한편, 김영만(2005)은 과제 유형에 대한 학자들의 의견을 종합하여 한국어 교육에 과제 구성 과정을 제안하였다. 김영만(2005)에서는 한국어 교육 과제를 학습자들에게 제시하기 위해 언어적 측면에서의 관련 형태와 기능, 과제적 측면에서의 등급, 주제, 내용, 활동 유형 등을 고려하여 학습 목표에 부합하는 과제를 구성하는 것이 필요하다고 하였다(2005 : 103). 이를 그림으로 나타내면 다음과 같다.

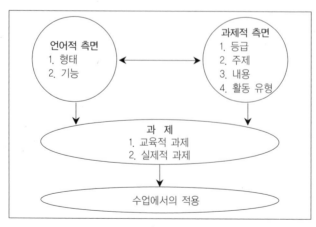

[그림 2] 언어적 측면과 과제적 측면을 고려한 과제 구성 과정

또한 김영만(2005)에서는 이러한 과제 구성의 최종 목적은 학습자의 의사소통 능력 향상이며, 한국어 학습의 일반적 목표와 등급별 목표에 부합하는 누적적이고 나선형적인 구조의 교육이 되도록 해야 한다고 하였다(2005 : 104).

과제 중심 교수와 과제 자체에 대한 논의 및 분석 또한 결국 학습자의 의사소통 능력 향상이 목적이다. 과제 중심 교수는 교실에서 학습한 것과 실생활의 사용에서의 괴리감을 줄이기 위한 교육 현장의 노력과 학습자의 요구를 반영한 결과물이다. 그리고 특정 상황에서의 성공적 의사소통을 위해서는 교실 내에서 유사한 환경을 제공하고 학습자가 그 상황 안에서 처리 과정을 익히고 적용하는 것이 가장 효과적이라는 점을 받아들인 결과이기도 하다.

1.3. 사회적 상호작용 활동의 특징과 유형

이 연구에서 주목한 사회적 상호 작용 활동을 의사소통 활동 수업에 적용한 학자는 Littlewood(1981)이다. Littlewood(1981 : 86)는 의사소통적 수업에서 언어 활동의 단계를 의사소통 전 활동 단계와 의사소통 활동 단계로 구분하였다. 의사소통 전 활동 단계는 구조적 활동과 유사 의사소통 활동으로 다시 나뉜다. 의사소통 활동은 기능적 의사소통 활동과 사회적 사회 작용 활동으로 구분되는데, 이는 아래와 같이 도식화할 수 있다.

[그림 3] Littlewood의 의사소통 활동 수업의 구조

의사소통 전 활동은 본격적인 의사소통 행위 이전 활동으로서 의사소통에 필요한 기술을 갖추게 하려는 목적이 있다. 특히 의미를 위해 형태 사용하기, 즉, 특정 의사소통 행위에 필요한 언어 형태를 익히게 하는 활동이다. 구조적 활동 단계는 기존의 연습(practice)과 같이 구조 연습이며, 유사 의사소통 활동 단계는 제한된 의사소통 상황을 설정하여 의사소통 기능 연습을 하는 것이다. 이는 의사소통 활동에 앞서 의미를 위한 형태를 익히고 생산해 내는 부분적 기능 연습이다(Littlewood, 1981 : 8-14).

의사소통 활동은 기능적 의사소통 활동과 사회적 상호작용 활동으로 구분된다. 기능적 의사소통 활동7)은 정보 교환 활동(sharing information), 정보 처리 활동(processing information)이 있다. 정보 교환 활동은 같은 짝 찾기, 순서나 위치 알아내기 등의 활동을 학습자들끼리 정보를 교환하면서 수행하는 활동이며, 정보 처리 활동은 정보를 교환하거나 찾아내는 것이 목적이 아닌 문제 해결, 평가를 위한 토론 활동이다. 또 위 두 활동을 모두 포함하는 정보 교환 및 처리 활동이 있는데, 이는 유형이라고 보기보다 두 가지 활동을 단계적으로 수행한 것으로 보는 시각도 있다(정선화, 1999).

사회적 상호작용 활동은 기능적 의사소통 활동에 '사회적 맥락'을 고려하여 수행하는 활동이다. 즉, 언어활동을 할 때 기능적 의미뿐만 아니라 사회적인 의미까지도 고려해야 한다는 뜻이다(Littlewood, 1981 : 43). 기능적으로는 정확하고 효과적으로 표현하였지만 사회적 의미로서는 부적

---

7) 기능적 의사소통 활동은 학습자들이 정보 차 활동이나 문제 해결을 할 수 있도록 상황을 설정하는 것이 기본 원리이다. 교사가 설계한 이 과제에는 의사소통을 위한 자극과 성공의 척도가 내재되어 있다. 학습자들은 주어진 상황 안에서 문제를 해결하거나 결정을 해야 한다. 기능적 의사소통 활동은 정보의 공유와 처리를 우선으로 하는데, 활동은 자료의 종류, 내용의 다양성, 필요 언어의 복잡성 정도에 따라 달라질 수 있다(Littlewood, 1981 : 22). 기능적 의사소통 활동은 정보 공유 목적과 정보 처리 목적으로 분류된다. 이는 제한된 협력으로 정보 공유하기, 제한 없는 협력으로 정보 공유하기, 정보 공유하고 처리하기, 정보 처리하기로 세분화된다. 이들은 다시 세부 활동으로 나뉜다(Littlewood, 1981 : 21-42).

절한 언어 표현들이 있다. 사회적 상호작용 활동은 관계와 맥락을 고려하는 언어 사용을 학습하게 하는 것을 목적으로 한다. Littlewood(1981 : 43-64)는 사회적 상호작용 활동의 종류로 사회적 맥락으로서의 교실8)과 상황극(simulation)이나 역할극을 제시하였다. 상황극과 역할극은 대화 지시문으로 통제된 역할극(Role-playing controlled through cued dialogues), 지시와 정보가 있는 역할극(Role-playing controlled through cues and information), 상황과 목적이 통제된 역할극(Role-playing controlled through situation and goals), 토론 및 토의극(Role-playing in the form of debate or discussion), 대규모 모의 상황극(Large-scale simulation activities), 즉흥극(improvisation) 등으로 구분되는데, 이들은 언어 활동의 제약 정도, 학습자의 창의성 발휘 정도에 따라 나뉜다.

다음은 Littlewood가 제시한 통제와 창조성에 따른 의사소통 과제의 분류이다.

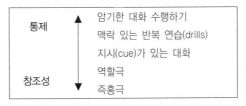

[그림 4] 통제와 창조성의 정도에 따른 의사소통 활동의 분류(Littlewood, 1981 : 50)

통제와 창조성의 정도에 따른 분류는 점진적 의사소통 활동에 따른 분류로 해석할 수 있다. 그는 언어 형태 학습부터 시작하여 의미를 고려한 활동으로 확장하여 학습하는 것이 좋다고 하였다. 그에 따르면 형태 학습 → 형태 학습 + 의미 → 의미 초점 + 형태 → 의미 초점 순으로 교육이

8) 교실에서 학습자나 교사가 목표어를 사용하여 토론, 토의 등의 대화를 하는 것을 뜻한다.

진행되는 것이 바람직하다(이미혜, 2005 : 152). 또한 연습 단계는 기계적인 반복 연습, 문맥이 있는 통제된 연습, 의사소통적 연습으로 확장된다.

Littlewood가 제시한 의사소통 활동 중 '기능적 의사소통 활동'은 사회적 맥락이 고려되지 않고 교사의 목적에 의해 실세된 활동이다. 학습자들은 교사가 제시한 활동에서 문제를 찾아 해결하면 성공적으로 과제를 수행한 것으로 간주된다. 이 연구는 Littlewood의 의사소통 활동 중 사회적 상호작용 활동을 수정·변용하여 SIT 수업에서 활용하고자 하므로, 기능적 의사소통 활동에 대한 설명은 생략하고 사회적 상호작용 활동의 분류와 특징을 살펴보겠다.

(1) 대화 지시문으로 통제된 역할극

교사에 의해 대화 지시문으로 통제된 역할극(Role-playing controlled through cued dialogues)은 통제성이 매우 강하다. 학습자는 교사가 제시한 자료를 보면서 대화를 해야 하는데, 이 역할극은 학습자가 창조성을 발휘할 기회의 제약이 매우 크다. 다음은 대화 지시문이 있는 역할극의 예이다.

학습자 A	학습자 B
•B를 길에서 만납니다.	•A를 길에서 만납니다.
A : B에게 인사하십시오.	A :
B :	B : A에게 인사하십시오.
A : B에게 어디에 가는지 물어보십시오.	A :
B :	B : 산책하러 간다고 말하십시오.
A : B에게 어떤 곳을 같이 가자고 제안하십시오.	A :
B :	B : A의 제안을 거절하십시오. 대신 다른 제안을 하십시오.
A : B의 제안을 받아들이십시오.	A :
B :	B : 기쁘다고 표현하십시오.
	—Littlewood, 1981 : 51

대화가 통제되어 있다고 해도 이 과제는 역할극의 성격을 띠고 있다. 지시가 있기는 하지만 학습자들에게 실생활과 같은 불확실성이 생기기 때문이다. 학습자들은 자신이 대답할 정보는 있지만 상대방이 말할 정보는 갖고 있지 않는데, 상황의 예측이 가능하기 때문에 학습자가 대화를 준비할 수 있다. 학습자들은 단서(cue)로 인해 사용해야 할 언어 범위의 제한을 받는데 그 요소는 학습자들이 표현할 기능적 의미, 의미 표현을 위한 사회적 상황과 관계에 따른 적절한 언어의 선택, 초급 학습자들의 특정 단서에 따른 표현 레퍼토리의 부족을 들 수 있다(Littlewood, 1981 : 52).

(2) 지시와 정보가 있는 역할극

대화 지시문으로 통제를 받게 되면 학습자는 짝 활동을 하는 상대방의 발화에 맞는 대화를 해야 한다. 자신의 대답은 다음 대화 지시문과도 연결되어 어색하지 않아야 하므로, 자율성과 창의성은 매우 제한적일 수밖에 없다. 지시와 정보가 있는 역할극(Role-playing controlled through cues and information)은 대화 지시문으로 통제된 역할극보다 유연한 체계를 가진다. 짝 활동으로 구성된 이 역할극은 한 학습자에게 지시문이 주어지고 그 내용에 따라 질문을 한다. 나머지 학습자에게는 정보만이 주어지고, 정보에 의해 답을 하게 된다.

다음은 호텔을 배경으로 고객과 호텔 매니저의 역할극 예시이다.

학생 A : 당신은 어떤 저녁에 작은 호텔에 도착합니다. 호텔 로비에서 당신은
매니저를 만납니다.
- 빈 방이 있는지 물어보십시오.
- 방값에 조식이 포함되어 있는지 물어보십시오.
- 며칠 동안 머무를 수 있는지 물어보십시오.
- 밤에는 주차를 어디에 해야 하는지 물어보십시오.

> • 몇 시에 아침을 먹고 싶은지를 말하십시오.
>
> 학생 B : 당신은 친절하고 아늑함을 자랑으로 여기는 작은 호텔의 매니저입
> 니다. 이 호텔에는 오늘 밤 싱글룸과 더블룸이 비어 있습니다. 가격
> 은 싱글룸은 8.50파운드, 더블룸은 15파운드입니다. 조식은 1인당
> 1.50파운드이고 별도로 청구됩니다. 호텔 뒤에 있는 길가에 무료 주
> 차장이 있습니다. 손님들은 50펜스를 내면 아침에 침대에서 차를 마
> 실 수 있습니다.
>
> — Littlewood, 1981 : 52-53

이들의 상호작용은 주로 학생 A의 단서로 진행되며, 학생 B는 자신의 정보대로 학생 A의 질문에 대답하면 된다. 그런데 학생 A는 학생 B가 갖고 있지 않은 정보에 대해서도 질문하는데, 자신이 먹고 싶은 시간을 말한 후 그것이 가능한지에 대한 질문은 B에게는 없는 정보이다. 이때 학생 B는 자신의 창의성을 발휘해 대답할 수 있다. 또한 학생 B가 갖고 있는 정보에 대한 A의 질문이 없을 경우에, B는 자신이 갖고 있는 정보를 활용하여 상호작용을 먼저 시작할 수 있다.

이와 같은 대화는 대화를 시작하는 사람이 주로 정해져 있어 단서가 상호작용을 통제하기 적절하다. 기차 출발 시간, 여행사 상황, 은행 대출 등의 정보 수집이나 서비스에 관련된 것들이 이에 속한다고 할 수 있다. 이는 기능적 의사소통 과제의 '빠진 정보 알아내기'와 비슷할 수도 있지만 사회적 맥락을 고려하여 수행해야 하는 과제라는 점에서 차이를 갖는다.

(3) 상황과 목적이 통제된 역할극

대화 지시문으로 통제된 역할극과 지시와 정보가 있는 역할극에서는 교사에 의한 통제성이 강하기 때문에 학습자들은 창조적 작업에 대한 부담과 책임이 크지 않다. 그러나 학습자들의 실력이 향상될수록 교사의

제시 구조는 보다 느슨해질 것이며, 이에 맞춰 학습자들은 주체적으로 상황을 해석하고 새롭게 상황을 이끌어가야 한다는 책임감이 커진다.

상황과 목적이 통제된 역할극(Role-playing controlled through situation and goals)은 교사에 의해 자세한 정보나 단서가 통제되지 않으며, 학습자들은 개략적 상황과 목표만 파악 가능하다. 학습자들은 상호작용을 시작하게 되면 상대 학습자의 행위나 의사소통 전략에 즉각적으로 반응하고 협상도 해야 한다.

다음은 상황과 목적이 통제된 역할극 텍스트의 예시다.

학습자 A : 당신은 차를 사고 싶어 합니다. 그래서 지금 전시장에서 적당해 보이는 중고차를 보고 있습니다. 그 차가 연식이 얼마나 되었는지, 그 전 차 주인은 누구였는지, 차량 유지비는 얼마나 드는지, 차량 품질 보증은 되는지를 알아보고 싶습니다. 당신은 현금 900파운드 정도를 지불할 수 있습니다.

학습자 B : 당신은 자동차 판매원입니다. 당신은 전시장에서 차를 구경하고 있는 손님을 봅니다. 그 차는 2년 정도 되었고, 그 전 주인은 지역 팝 그룹의 리더였습니다. 1갤런에 20마일쯤 달릴 수 있습니다. 회사는 차에 대해 3개월 품질 보증을 해 주고 있으며, 할부 구입도 하게 해 줍니다. 당신이 원하는 찻값은 1400파운드쯤입니다.

— Littlewood, 1981 : 55-56

학습자들은 전체의 대략적인 상황과 목적만이 공유한 채 활동을 시작하는데, 학습자 간 상호작용이 전개되면 상대방의 의사소통적 행위와 전략에 즉각적 반응을 보이며 대화를 이어가야 한다. 활동이 시작되면 역할극 내 캐릭터는 고유 역할이 주어지기 때문에 통제 상황에 맞춰 대화가 진행되며, 어느 한 사람이 대화를 시작하면 대개는 큰 무리 없이 순서대로 대화가 이어지게 될 것이다. 이 역할극은 전체 상황과 목적이 통제

되므로 시작과 끝이 분명할 수밖에 없다. 앞서 제시한 차량을 구입하는 상황에서의 시작은 차를 사기 위해 손님이 가게에 들어서는 순간이 되며, 차를 산 후 손님이 가게를 떠나면 극이 끝나게 된다. 참여자 수가 많은 경우라면 시작과 끝의 통제가 다소 복잡해질 수도 있는데, 이때는 교사가 적절하게 통제를 조절하여 학습자들이 스스로 시작과 끝을 결정하게 하는 것이 좋다.

학습자들이 상호작용을 해야 하기 때문에 그들이 정보를 공유하며 대화를 매끄럽게 이어가야 하는 것이 무엇보다 중요하다. 이때 교사의 개입이 필요할 수도 있는데, 교사가 제시한 정보 중에는 학습자 모두가 알아야 하는 것도 있고, 대화 상대방은 몰라야 하는 것도 있다. 이는 교사가 통제할 사항이며, 수업 중에 교사가 개입하여 조정할 수도 있다.

(4) 토론 및 토의극

토론 및 토의극(Role-playing in the form of debate or discussion) 또한 역할극의 변형된 한 형태이다. 토의나 토론은 대화의 주제가 필요하고 자료 준비가 필요한 역할극이다. 토의나 토론의 주제는 매우 실질적인 주제일 수도 있고, 교육을 위해 교사가 개발해 낸 주제일 수도 있다. 학습자들은 역할을 맡은 후 함께 토론이나 토의에 필요한 지식을 학습하고, 주제에 맞는 내용과 관련지어 의견을 주장하거나 찬성 혹은 반대를 할 수 있다. 토론과 토의를 위해서는 공유되는 지식이 있어야 하는데, 학습자들은 토론 혹은 토의 형식으로 말하기 때문에 의식적으로 격식체를 사용해야 한다.

한편 화법 교육에서는 토론과 토의가 구분되는데, 토의는 어떤 공통된 사안에 대하여 협력적 사고를 거쳐 해결책을 협의하는 담화 유형이고(임칠성, 2008 : 163), 토론은 논제에 대하여 긍정 측과 부정 측이 논거를 들어 자신의 주장이 옳음을 내세우며 상대방의 주장이나 논거가 부당하다는 것을 명백하게 하는 화법의 한 형태이다(이창덕 외, 2012 : 316). 그러나 Littlewood가 제시한 토론은 정식 토론 절차를 준수하는 교육적 의미의 토론이 아니라 광의의 토론9)이다. 그는 형식적 절차를 중요시하기보다는 토론과 토의를 해야 할 상황에서 학습자들이 타 학습자들과 상호작용하고 협력하면서 논쟁과 논의를 마무리할 수 있도록 주문하고 있다.

다음은 Littlewood가 제시한 토의극의 예이다.

여러분은 소도시에 있는 노인들을 돕고자 하는 사람들입니다. 지역 주민들의 기부금과 자선 바자로 1000파운드를 모으는 것으로 시작했습니다. 여러분의 역할을 살펴보고 이 수익금을 어떻게 사용하는 것이 좋은지를 토의하십시오.

학생 A : 역할 - 줄리아 젠킨스 양, 독신자
　　　　당신은 조언을 듣기 위해 <Over to you>의 94-95쪽에 광고가 실린 자선 단체 중 하나와 연락을 해 봐야 한다고 생각합니다.

학생 B : 역할 - 로널드 릭스 신부, 그 지역 담당 사제
　　　　당신은 성당 강당 안에 노인들이 모일 수 있는 노인 동호회 방을 만들고 싶습니다. 모금된 1000파운드 중에는 이 성당 강당에서 열린 자선 바자에서 벌어들인 수익금도 일부 포함돼 있으니까요.

학생 C : 역할 - 데이비드 힉스 씨, 지역 초등학교 교장.
　　　　당신은 어르신들을 돕는 데에 초등학교 학생들도 참여할 수 있기를 바랍니다.

학생 D : 역할 - 도로시 포스터 부인, 미망인
　　　　당신은 노인들의 취미나 오락을 위한 문화 센터로 사용할 수 있는 낡은 시골집을 보수하는 데에 그 돈을 사용하는 것이 좋다고 생각합니다.

—Littlewood, 1981 : 57

---

9) 표준국어대사전(2008)에서는 토론을 '어떤 문제에 대하여 여러 사람이 각각 의견을 말하며 논의함'으로 정의하고 있다. Littlewood가 제시한 토의 및 토론극에서는 특정한 방식이 있는 것이 아니다. 그는 상황에 맞게 의견을 표출하거나 논쟁하는 것을 역할극으로 수행할 것을 제안하고 있다.

토의나 토론을 위해서는 주제를 이해하기 위한 읽기 텍스트가 필요할 수 있으며, 중급 이상 학습자에게는 주제에 관한 자료 조사를 하게 할 수도 있다. 또한 토의나 토론에서 그룹원이 되어 의견을 조율할 때는 격식 없는 편한 말하기를 하게 된다. 그러나 논의나 논쟁 상황에서는 격식체를 사용하며, 자신의 의견만이 아닌 공적인 관점에서 말해야 한다. 그런데 위에서 제시한 예에서와 같이 특수한 상황과 역할을 설정하여 토의나 토론을 진행할 수 있다. 이때는 상황이나 역할에 따라 격식체가 아닌 비격식체가 더 적절할 수도 있기 때문에 상황과 역할의 특성을 잘 파악해야 한다. 교사는 토의와 토론이 끝나면 이를 토대로 보고서를 작성하게 할 수도 있고 지역 신문 기사로 작성하게 할 수도 있다(Littlewood, 1981 : 58).

(5) 대규모 모의 상황극

수업 시간이나 학습자 수 등의 제약이 크지 않다면 대규모 모의 상황극(large-scale simulation activities)을 실시할 수 있다. Littlewood(1981)는 이 활동으로 '북해 도전(North Sea Challenge) 프로젝트'를 소개하고 있다. 이 프로젝트는 세 개의 모듈로 구성되는데, 각 모듈을 수행하려면 적어도 서너 시간은 소요되는 대규모 활동이다. '북해 도전 프로젝트'의 내용은 다음과 같다.

모듈 1 : 학습자 4-5명으로 구성된 각 그룹들은 얼마 전에 유전을 발견한 석유 회사 대표이다. 관련 배경 정보들을 조사한 후, 그 현장을 개발할 여러 다른 방법들을 평가하고, 가장 좋은 방법을 결정해야 한다.
모듈 2 : 학습자들은 기름 오염 문제를 담당한 공무원이다. 이들은 심각한 기름 유출 문제의 해결책을 찾아야 한다.
모듈 3 : 스코틀랜드 마을 두 곳 중 한 곳 근처에 플랫폼 건설 부지를 마련하

대규모 모의 상황극은 보통 외국어 교육 이외의 교육 현장에서 행해진
다. 지리 수업이나 의사 결정 학습 수업 등에서 사용되는 이 역할극은 고
급 외국어 학습자들에게도 도움이 된다. 즉, 이 역할극은 모어 화자와 외
국어 학습자 모두의 의사소통 능력 향상을 위해 사용될 수 있는 과제이
다(Littlewood, 1981 : 59).

(6) 즉흥극

즉흥극(improvisation)은 이름에서 알 수 있듯이 '연극'과 관계가 있다.
또 즉흥극은 Littlewood가 제안한 역할극의 마지막 단계로 학습자들이 창
의력을 가장 활발하게 발휘할 수 있는 단계이다. Littlewood는 즉흥극도
역할극의 일부이며 "통제-창조성이라는 연속선의 한 끝"이라고 하였다
(1981 : 60). 이 뜻은 통제가 가장 약화된 역할극이라는 뜻인데, 학습자들
은 다른 지시와 통제 없이 '상황'이라는 자극을 받음으로써 그 상황에 대
해 자유롭게 수용하여 재해석한다. 즉흥극은 학습자의 창의적 해석이 가
능하기 때문에 수업 적용 시 다양한 결과물이 산출될 가능성이 높다. 앞
서 밝힌 대로 학습자들은 상황을 교사로부터 제공받기는 하나 특정한 결
과나 정해진 목적이 있는 것은 아니다. 또한 상황은 일상적인 것에서부
터 상상력이 더해진 상황 등 다양하게 제시된다.

> 당신은 지금 지하철을 타고 가고 있습니다. 그런데 갑자기 전동차가 두 역 사이에서 멈춰 버렸습니다. 처음에 당신은 그 사실을 몰랐지만 곧 무슨 일이 일어났는지 알고 싶어집니다. 객실은 점점 더 따뜻해지고, 점점 더 긴장감이 몰려옵니다. 10분 후에 다행스럽게도 전동차가 다시 움직이기 시작합니다.
>
> ─Littlewood, 1981 : 60

위에서 제시한 상황은 실제로 쉽게 일어날 만한 것은 아니지만 학습자들은 상상력을 동원해 극을 구성할 수 있다. 위 텍스트는 그룹원 6명이 수행하는 즉흥극 텍스트인데 등장인물이 누구인지, 어떤 대화를 해야 할지도 통제 사항에 포함돼 있지 않다. 물론 필요에 따라 등장인물이 텍스트에 제시될 수도 있고, 몇몇 대화는 텍스트에 힌트가 있을 수도 있다. 또한 교사는 학습자들을 위해 극의 대략의 시작과 마무리 지점을 일러줄 수도 있다.

이 즉흥극은 목적이 정해지지 않았기 때문에 학습자들은 통제된 상황이나 목적을 위해 노력할 필요는 없다. Littlewood는 학습자들에게 관광객이 관광 정보를 묻거나 수년 동안 만나지 못한 친구들의 동창회 상황 등을 제시하고 있는데, 이때 교사는 학습자에게 따로 준비 시간을 주지 않고 즉각적 반응으로 극을 꾸미게 할 수도 있다. 그러나 다소 시간적 여유를 주어 학습자들 간 해석 및 합의 시간을 줘도 무방하다.

2. 과제 중심 교수의 원리와 특성

2.1. 과제 중심 교수의 원리

과제 중심 교수는 일반적으로 과제 전 단계 - 과제 수행 단계 - 과제 후 단계로 진행된다. 대표적인 교수 모형은 Richards(1985)와 Willis(1996)와 Skehan(1996), Ellis(2003)의 과제 중심 교수 모형이 있다.

　과제 중심 교수를 수업에서 도입하려면 우선 요구 분석을 통하여 학습자들에게 필요한 과제가 무엇인지를 판단해야 한다. Richards(1985)는 미국에서 일본 대학생들을 대상으로 실시한 영어 회화 여름 방학 특별 프로그램을 소개하면서 과제 중심 수업의 진행 절차를 소개하였다. 요구 분석에서 학습자들에게 필요한 과제는 '생존에 필요한 정보 전달, 면 대면 대화, 전화 대화, 대학 내 인터뷰, 서비스 이용에 대한 대화로 확인되었으며, 과제 수업에서는 이중 한 가지인 서비스 이용을 위한 대화를 위한 역할극을 실시하기로 하였다. 이를 위해 Richards(1985)가 제안한 절차는 다음과 같다.

　과제 전 활동으로 학습자들은 과제를 위한 예비 활동에 참여한다. 예비 활동에는 역할극 과제에서 사용할 대본을 소개한다. 대본 소개에는 단순히 대본을 제공하는 것만이 아니라, 과제에 대한 아이디어 내기, 문제 해결 과제 등의 '과제를 위한 과제'를 실시할 수 있다. 이것은 본격적인 과제를 소개하기 위한 준비 단계인데, 이러한 일련의 준비 활동을 통하여 교사는 학습자들에게 과제에서 실시할 주제 혹은 화제를 환기시키고 준비시킬 수 있다. 그 후, 학습자들은 대본을 읽어 보는데, 이를 통해 학습자들은 자신이 맡은 역할을 살피고, 그 역할 수행을 위해 사용할 수 있는 표현에 대해서도 미리 알아볼 수 있다.

　과제 수행 활동에서는 과제 전 활동에서 준비했던 과제인 역할극을 실시한다. 과제 활동은 그룹으로 진행되는데, 3-4명의 소그룹이나 2명의 짝 활동 모두 가능하다. Richards(1985)는 이 프로젝트에서 짝 활동을 제안하였다. 학습자들은 짝 활동으로 역할극을 수행하게 되며, 협력하여 과제를 해결한다. 과제 수행 활동은 학습자들이 능동적으로 참여하여 수행하는 과제이며, 학습자들은 서로가 협력하여 과제를 성공적으로 이끌어야 한다.

과제 후 활동에서 학습자들은 자신들이 과제로 수행했던 역할극을 모어 화자들이 실시한 역할극으로 들어봄으로써 학습자들과 모어 화자와의 과제 수행을 비교하는 시간을 갖는다. 이 자료는 교사가 미리 녹음하여 준비하는데, 학습자들은 자신들의 수행과 모어 화자들의 수행에서의 표현이나 의미 차이 등을 비교하여 발표한다.

과제 절차에 대해 Willis(1996 : 56-77)도 Richards(1985)와 유사한 과정을 소개하였는데, Wills는 과제 후 활동에서 언어 형태에 더 집중하는 것이 특징이다. 과제 전 단계에서 교사는 주제 및 주제를 기반으로 한 과제를 소개하여 학습자들의 과제 수행에 대한 전반적인 이해를 돕는다. 교사는 화제에 대한 개인적 경험을 전해 줄 수도 있고, 간단한 그림으로 학습자들의 주의를 환기시킬 수도 있다. 학습자들이 과제나 과제의 주제에 대해 자유롭게 말할 수도 있다. 이러한 과정을 통하여 학습자들은 자연스럽게 과제를 준비한다.

Willis는 과제 수행 단계를 과제 순환 단계로 칭하고, 이 단계에서 과제 수행과 발표 계획, 학습자 보고를 실행한다고 하였다. 과제 수행 단계에서 학습자들은 짝이나 그룹으로 과제를 수행한다. 학습자들은 문법이나 언어 형태, 오류 등에 구애받지 않고 자유롭게 말하는데, 그룹 활동은 그룹원 간의 자유로운 대화가 가능한 비공개적 환경이다. 학습자들은 그룹 활동을 통해 자연스럽되 언어에 대한 진지한 접근으로 자신감을 형성할 수 있도록 한다. 교사는 학습자들이 끊임없는 상호작용으로 의사소통하려는 시도를 격려하고 학습자들을 관찰한다. 그런데 교사가 학습자들의 시도를 격려하고 명확히 표현할 수 있도록 도와줄 수는 있으나 이것이 언어 형태에 대한 오류 수정은 아니다. 교사는 학습자가 의도한 의미가 정확히 표현되도록 격려하되 형태에 대한 오류 수정은 직접적으로 하지 않는다.

학습자들의 과제 수행이 끝나면 교사는 그 결과에 대해 동료 학습자 앞에서 발표할 수 있도록 준비시킨다. 학습자들은 발표할 자료의 초안을 작성하고 연습한다. 교사는 학습자 그룹 사이를 돌아다니며 학습자들을 돕는데, 이때는 언어 표현에 대한 조언, 적절한 표현 제시 등으로 학습자들의 언어 수정을 도와준다. 발표는 보고서로도 작성될 수 있는데, 이때는 동료 학습자 간 협력 학습이 기본이 된다. 교사는 학습자들이 협력하여 수정하게 하고, 사전 사용도 허용한다. 학습자들은 이 준비 시간에 특정 언어 형태에 대한 질문을 할 수 있으며, 교사는 이 시간을 통해 언어 형태에 대한 설명을 할 수 있다. 또한 발표 내용 면에서의 명확성, 응집성, 정확성을 강조하여 발표 준비가 잘 될 수 있도록 격려한다.

Willis의 과제 수업에서 교사는 그룹을 대표한 학습자들에게 전체 학생들 앞에서 요약 발표를 하게 한다. 전체 학습자들은 타학습자가 발표한 것과 자신들의 과제 수행물 혹은 과제 수행 자료를 비교한다. 모든 그룹이 다 발표를 할 수도 있으나 한두 그룹만 선정하여 발표를 할 수도 있다. 이때는 다른 학습자들은 발표에 대해 논평을 하거나 다른 사항에 대한 추가 발표를 할 수도 있다. 마지막으로, 교사는 학습자들의 보고를 논평하는데, 이때 교사는 간단한 수정을 할 수 있으나 전체 학습자 앞에서 공개적인 오류 수정은 하지 않는다. 그 후, 교사는 원어민 화자들이 수행한 과제를 녹음 자료로 제시하고 학습자들이 수행한 방법과 비교할 수 있도록 한다.

그리고 Willis는 과제 후 단계를 언어 초점 단계로 하고, 이 단계는 분석과 연습으로 이루어질 수 있다고 하였다. 과제 수행 후 교사는 과제 수행에서 읽었던 텍스트나 학습자들의 과제 수행 녹음 자료의 필사본을 기초로 하여 언어에 초점을 둔 과제를 설정한다. 이 과제는 과제 수행에 사용되었던 주제와 관련된 단어나 구를 찾아 그 중 초점을 둔 언어 형태에 대한 의미에 대해 질문하는 과제이다. 예를 들어 교사는 -s나 -'s로 끝나는 단어를 찾게 하여 이것의 의미에 대해 질문하고 학습자들의 대답을 유도한다. 또 텍스트에서 다른 동사의 단순 과거 형태를 찾게 하고 어떤 것이 과거 시제인지 구별하게 한다. 교사는 이러한 문법 형태 학습을 짝 활동을 통해 실시하는데, 짝 활동 이후 학습자들의 문법 형태에 대한 질문을 받거나 형태에 대한 것을 칠판에 정리할 수도 있다.

필요할 경우, 교사는 칠판에 제시된 교사의 언어 분석 자료를 근거로 연습 활동을 할 수 있다. 이 연습 활동에는 확인해서 분류된 구 반복하여 따라하기, 기억도전 게임하기, 문장 완성하기 등이 포함된다. Willis(1996 : 38)가 제시한 과제 수행 중심의 언어 수업 모형은 다음과 같이 도식화할 수 있다.

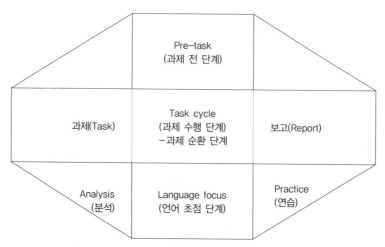

[그림 5] Willis(1996)의 과제 수행 중심 언어 수업 모형

Skehan(1996)에서는 Willis의 교수 모형이 언어 형태 학습에 지나치게 집중되어 언어 의미 학습이 약화될 우려가 있다고 지적하며, 언어 의미를 고려하면서 형태에 집중할 수 있는 모형을 제시하였다. Willis(1996)와 Skehan(1996)의 과제 중심 교수 모형은 각 단계별로 차이가 있다. Willis의 모형은 과제 전 단계에서는 언어 형태에 대해 명시적 학습 없이 암시적으로 제시되는 것에 그친다. 그러나 Skehan(1996)에서는 학습자들의 과제 수행의 부담을 줄이기 위한 목적으로 명시적 언어 형태 학습이 이뤄질 수 있다. 또한 Willis에서는 발표가 과제 수행 단계에서 이루어지는데, Skehan에서는 과제 후 단계에서 실시된다. 또한 과제 후 단계의 경우, Willis에서는 언어 초점 단계로 설정되어 언어 형태 연습이 강조되는 데 반해 Skehan에서는 형태의 정확성을 강조하되 유사 과제를 수행하는 것에서 차이가 난다(이정민, 2011 : 12).

Skehan(1996)이 제시한 교수·학습 모형에서의 과제 전 단계에서는 학습자에게 새 과제를 소개한다. 과제 수행은 학습자가 적극적으로 참여해야 하므로 학습자는 부담을 느낄 수도 있다. 이 단계에서는 본격적 과제 수행에 앞서 유사 과제 수행을 하고, 과제 수행 계획을 수립하여 학습자들의 과제 수행에 대한 부담을 덜어주어야 한다. 또한 이 단계에서 명시적 및 암시적 교수 방법을 활용하여 의식 상승 활동을 함으로써 언어 형태를 제시하게 된다.

과제 수행 단계에서 교사는 수행 시간, 수행 참여자 조정 등을 통해 과제를 통제하여 학습자들의 압박감을 조절하게 된다. 또한 과제의 난도에 따라 학습자들의 부담감도 커질 수 있기 때문에 과제의 난도 조정으로 학습자들의 압박감을 조절할 수 있다. 과제 수행 단계에서는 학습자들에게 단서가 될 수 있는 새로운 시각적 자료를 제시하거나 새로운 요소를 소개하여 학습자들의 수준에 맞는 과제가 되도록 해야 한다.

과제 후 단계에서는 학습자들이 수행 과제를 발표하고, 각 학습자들의 발표 내용을 평가하고 분석하는 시간을 가진다. 앞서 밝힌 대로 이 단계에서는 형태의 정확성을 강조한다. 그러나 형태에 대한 단순 연습을 하는 단계는 아니다. 과제 수행 단계에서는 수행한 과제와 유사한 과제를 반복 수행함으로써 언어 형태 학습을 하게 된다. Skehan(1996)의 각 단계는 다음과 같은 모형으로 나타낼 수 있다.

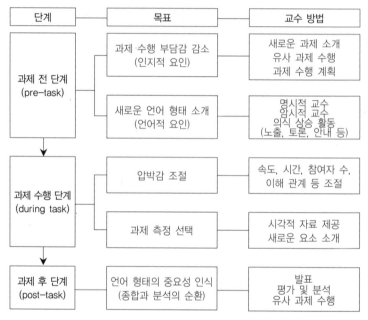

[그림 6] Skehan(1996)과제 중심 교수 모형(이정민, 2011 : 11 재인용)

Ellis(2003) 또한 과제 중심 교수가 과제 전 단계 – 과제 수행 단계 – 과제 후 단계로 구성된다고 하면서 다음과 같은 과제 중심의 교수・학습 틀을 제시하였다. Ellis가 제시한 과제 중심 수업의 교수・학습의 구조는 다음과 같다.

[표 2] Ellis(2003 : 244)의 과제 중심 수업의 교수·학습 구조

과제 전 단계	과제 수행 단계	과제 후 단계
예) • 활동의 구조화 (예 : 과제 결과 예상) • 학습자에게 과제 계획 시간 부여 • 유사 과제 수행	예) • 시간을 제한한 과제 수행 • 참여자 수를 조절한 과제 수행	예) • 다른 학습자 앞에서 보고하기 • 의식 상향 • 과제 재수행

Ellis(2003)는 이 세 단계 중 필수적인 단계는 과제 수행 단계라고 하였다. 그리고 과제 전 단계와 과제 후 단계는 최상의 과제 수행을 위하여 교사가 조절할 수 있고, 교사의 통제 정도에 따라 학습자의 창의성, 과제의 다양성이 조절될 수 있다고 하였다.

과제 전 단계는 과제 수행을 위한 촉진 단계로 학습자가 과제 수행을 준비하는 단계이다. 이 단계에서 교사는 과제의 결과를 예상하여 활동을 구조화하거나 학습자에게 직접 과제를 계획할 수 있는 시간을 갖게 할 수 있다. Ellis(2003)는 유사 과제를 과제 전 단계에서 실시하는 것이 특징이다. 학습자들은 과제 수행 전 유사 과제를 수행함으로써 배경 지식을 활성화하고 과제 수행에 필요한 전략을 마련할 수 있다. 유사 과제는 본격적인 과제는 아니며, 과제 수행 준비를 위한 예비 과제 성격을 지닌다.

과제 수행 단계는 학습자들이 직접 과제를 수행하는 단계이다. 이 단계는 시간 제한, 자료의 접근, 추가 정보 제공 여부 등 과제 수행 전반에 관련된 선택과 과제 중 담화 수행 방식과 관련된 선택이 가능하다. 이는 명시적 학습이 아닌 의사소통 중에 의미 안에서 언어를 학습할 수 있다는 뜻이다. Ellis(2003)는 학습자들은 그룹 활동 등 학습자 중심의 활동을 하면서 과제 수행을 위한 의사소통의 도구로 언어를 사용하는데, 과제 수행은 언어 사용 주체가 학습자 자신임을 확인하는 과정이 되어야 한다

고 하였다.

과제 후 단계는 과제를 통한 습득을 강화하는 단계이다. 이 단계에서는 과제의 반복 수행, 과제 수행 과정에 대한 반성 및 숙고, 혹은 형태 초점 활동을 포함하는 등의 활동이 가능하다. 특히 이미 과제 수행이 끝났기 때문에 과제와 문법 형태의 인위적 분리에 대한 부담 없이 형태를 초점화할 수 있는데, 이는 정확성을 포기하고 유창성을 향상시킬 위험을 줄이기 위해서 필요한 과정이다. 또한 Ellis(2003 : 243-262)는 형태 초점 활동이 과제 후 단계에서만 실시될 필요는 없다고 하면서 학습자 피드백, 의식 상승 과제, 산출-연습 활동, 주목하기 활동 등을 제시하고 있다.

한편, 김지영(2012 : 126)은 과제는 유의미한 맥락에서 실제적 의사소통 목표를 달성하기 위한 교실에서의 활동 계획이라고 정의하고, 과제는 과제를 수행하는 행위인 활동이라는 절차를 통해 내용이 조직된다고 하였다. 이 논문에서는 과제 전 단계를 맥락 지식 구성하기 활동으로, '과제 수행의 목표 설정하기 활동', '주제 관련 지식 구성하기 활동', '활동 계획하기 및 활동 준비하기'로 이루어진다고 하였다(2012 : 127). 또한 과제 수행 단계는 상호작용 활동 및 인지적 활동 단계로, 과제의 의사소통 목표가 언어 습득이라는 고등 정신 기능을 발달시키는 것이기 때문에 사회적 상호작용 활동을 발달적인 기초로 삼아, 물리적 도구, 상호작용 방식, 언어 사용 방식 등을 조작하는 방법을 익히고, 후속되는 인지적 활동을 통하여 이러한 수단들의 구조나 기능 등을 조절하고 변형시켜 내재화함으로써 언어 습득이라는 고등 정신의 발달을 이루어야 한다고 하였다(2012 : 131). 이어 과제 후 단계는 상위 담화를 통한 상호작용 활동의 단계라 하였는데, 이는 과제 수행 후 교사와 학습자가 과제 수행의 절차나 과제를 수행하며 사용한 언어 형식의 정확성 혹은 적절성에 대해 점검하거나, 좀 더 효율적이고 적절한 수행 방안 모색을 위한 상호작용 과제 후 단계의 활동이라고 하였다(김지영, 2012 : 134).

　핵심적인 것은 과제 중심 교수에서 가장 중심이 되는 것은 과제 수행이라는 것이다. 연구자 별로 과제 중심 수업의 단계가 조금씩 차이가 난다 해도 가장 중요한 것은 과제 수행이다. 과제 전 단계와 과제 후 단계는 교수·학습의 목표나 과정, 교사의 수업 설계에 따라 차이가 날 수 있다. 예를 들어 문법 형태의 정확성을 기르는 데 집중하는 수업이라면 과제 전 단계에서 문법 형태에 대해 입력을 강화하여 문법 형태에 좀 더 초점을 맞출 수도 있고, 학습자들의 문법적 시행착오의 반복을 줄이기 위한 교사의 명시적 설명을 투입할 수도 있다. 과제 후 단계에서 교사나 동료 학습자의 피드백을 강화하고, 문법 형태에 초점을 두고 과제를 재수행하게 할 수도 있다. 이렇듯 과제 전 단계와 과제 후 단계는 과제 수행에 있어 촉진적인 역할을 함으로써 완전한 과제 수행을 위한 보조적 역할을 하게 된다.

2.2. 과제 중심 교수의 특성

■수업 목표

　다양한 언어 학습 이론을 적용한 제2 언어 혹은 외국어 수업의 공통적인 목표는 목표 언어 숙달도의 향상이다. 물론 언어 숙달도에 대한 정의가 각 언어 학습 이론마다 상이하므로, 숙달도 향상이라는 목표를 달성하는 과정에서 각각 다른 교수요목과 교수-학습의 특성을 갖게 된다. 또한 수업에서 무엇에 우선점을 두고 교수하느냐에 따라 수업 방법도 달라진다.

　청화식 교수법은 단기 목표와 장기 목표로 구분된다. 단기 목표는 듣기 이해, 정확한 발음, 교재에 수록된 발음기호 읽기와 쓰기 등이 포함되는데, 이러한 단기 목표는 목표 언어의 소리와 형태, 어순 구조의 처리 능력을 기르고, 구조에 내용을 담아내는 어휘에 익숙해지며, 구조 및 어휘를 이해할 수 있는 능력이 포함된다(Brooks, 1964 : 111-113). 장기 목표는 원어민 화자처럼 능수능란하게 언어를 사용 가능하게 하는 것으로 '이중 언어 사용자'와 같은 언어 지식을 갖추게 하는 것이다(Brooks, 1964 : 107).

의사소통 중심 접근법의 목표는 학습자들의 의사소통 능력을 신장시키는 것이다. 의사소통 능력 향상을 위해 학습자들은 언어 형태, 의미, 기능에 대한 지식이 필요하다. 학습자들은 사회적 맥락이나 상황에서 청자와 화자의 역할이 주어졌을 때 적절한 형태로 목표어로 발화할 수 있어야 한다(Larsen-Freeman, 2000 : 128).

과제 중심 접근법은 과제를 통한 학습자들의 의사소통 능력 향상이 목표이다. 즉, 과제 수행을 통해 실제 언어 사용 맥락을 유사 경험하고 그 맥락 안에서 의미를 표현할 수 있게 하는 것이다. 이 과정에서 학습자들은 의미를 고려하면서 언어 형태에도 초점을 둔다. 또한 의미를 전달함에 있어 맥락에 대한 고려도 필요하다. 단순한 의미 전달이 아닌 장소, 사회적 관계, 나이 등을 고려해 사회적 상황에 맞게 발화해야 하는데, 학습자들은 과제에 의해 이러한 맥락을 제공받게 되고, 관계성을 고려하여 시도하는 발화의 전체 과정 속에서 학습이 이루어지게 된다.

■교수요목

Nunan(1999 : 149)은 교수요목을 '특정 학습자 집단을 대상으로 언어의 내용 및 학습 과정을 실행하기 위해 사용하는 학습적 도구나 기술 및 절차'라 정의하였다. 즉, 교수요목은 교육 내용과 순서, 교육 방법을 보여주는 교육 과정의 설계도인 것이다(김정숙, 2003 : 120).

수업 내용 구성에 있어서 어떠한 요소에 중점을 두느냐에 따라 교수요목은 문법적 교수요목, 개념·기능적 교수요목, 과제 중심 교수요목, 내용적 교수요목 등으로 구분할 수 있다. Graves(1996 : 19-25)는 문법적 교수요목에서의 내용 범주를 기본으로 두고, 새로운 교육 내용을 추가하는 방식으로 교수요목의 전체적 내용 범주를 설정하였다. 이는 범주-교육 내용, 교육 방법, 언어 기술 등을 평면적으로 제시한 것이나 교수요목 개발의 전 과정에 고려 대상이 될 수 있는 모든 항목들을 제시한 것이다(김정숙, 2003 : 124). 이를 표로 나타내면 다음과 같다.

[표 3] Graves의 교수요목 내용 범주

참여 과정 (Participatory processes)	학습 전략 (Learning strategies)		내용 (Content)
문화 (Culture)	과제와 활동 (Tasks and activities)		일상과 업무에 필요한 능력 (Competences)
듣기 기술 (Listening skills)	말하기 기술 (Speaking skills)	읽기 기술 (Reading skills)	쓰기 기술 (Writing skills)
기능 (Functions)	개념과 주제 (Notions and topics)		의사소통 상황 (Communicative situations)
문법 (Grammar)	발음 (Pronunciation)		어휘 (Vocabulary)

과제 중심 접근법은 의사소통 중심 접근법의 가장 최신 유형이라 할 수 있고 기본적으로 언어 학습에 관한 의사소통 중심 접근법의 기본 가정을 인정하고 있으나(Rechards & Rodgers, 2001 : 223), 의사소통 중심 접근법 초기의 기능적 교수요목에 대한 비판으로 등장한 것이다. Nunan(198

8 : 27-60)은 교수요목을 종합적 교수요목과 분석적 교수요목으로 나누었는데, 종합적 교수요목은 언어를 전체 구조물로 보고 분절적 요소를 단계별로 교육하여 전체적 완성을 목표로 하는 교수요목이며, 분석적 교수요목은 언어 학습의 결과보다는 학습 과정에서의 지식 습득 방법이나 기술 등을 중시하는 방법이다. Nunan의 구분에 따르면, 과제 중심 교수요목은 분석적 교수요목에 속한다. 그런데 Nunan은 전통적 문법적 교수요목뿐만 아니라 의사소통 교수요목의 근간인 개념·기능적 교수요목 또한 언어를 분절적 요소로 구분하고 학습의 결과를 중시한다는 점에서 종합적 교수요목으로 보았다. 이것은 기능적 교수요목이 전통적 교수요목의 대안으로 제시되었으나 여전히 분절적 요소를 보이고 있으며, 실제 제2언어 습득 과정과 차이가 있다는 비판의 근거이다(Long & Crookes, 1992 : 31).

Long(1985)은 과제 중심 교수요목 절차는 학습자 요구 분석에서부터 시작한다고 하였다. 학습자 요구 분석은 교수요목 설계에 필요한 입력 정보를 얻기 위함이다. 즉, 과제 중심 수업은 학습자 중심으로 진행되기 때문에 학습자가 수업에서 얻고 싶어 하는 요구를 정확하게 파악하는 것이 필수라는 것이다. Long(1985 : 91)이 제시한 과제 중심 교수요목 절차는 다음과 같다.

1) 목표 과제 설정을 위해 학습자 요구 분석을 실시한다.
2) 목표 과제를 유형 별로 구분한다.
3) 유형 별 과제에서 교육적 과제를 도출한다.
4) 수업에서 실시할 교육적 과제를 선정 및 배열한 후 교수요목을 작성한다.

과제의 배열은 난이도 별로 진행된다. 난이도는 학습자가 과제 수행 전후 받게 되는 맥락의 정도, 과제의 인지적 난이도, 학습자에게 제시된 단서의 정도, 학습자가 과제 수행 시, 처리 및 발화해야 하는 언어의 복잡성, 심리적 부담감, 과제 수행에 필요한 배경지식의 정도와 형태 등이 포함된다(Nunan, 1988).

과제 중심 교수요목은 언어적 용어를 사용하여 학습을 상세화할 수 없고 특정의 의사소통 상황 전체를 하나의 단위로 여겨 의사소통 과제를 전체 단위로 한 후, 그 과제를 상세화해야 한다는 시각에서 출발한다(김지영, 2012 : 22).[10] 과제 중심 교수요목은 학습자가 수업 중 수행하게 될 과제나 활동을 중심으로 구성되며, 수업 후의 결과가 아니라 수업 과정에 초점을 두고 구성된다. 그리고 학습자가 실생활에서 수행할 가능성이 높은 과제를 중심으로 교육 내용이 구성되므로, 학습자의 의사소통 욕구를 내적으로 동기화하는 데 큰 도움을 주며, 실제적 의사소통 능력을 향상시킬 수 있다는 장점을 갖는다(김정숙, 2003 : 130-131).

■교수·학습 과정 특성

교수·학습 과정의 특성도 각 외국어 교육 접근법에 따라 다르다. 교수·학습 과정의 특성은 교사-학습자-수업 자료의 관계를 총체적으로 보여 준다.

청화식 교수법의 가장 큰 특성은 반복 연습과 모방이다. 수업에서 학습할 어휘나 문법 형태는 대화문을 통해 제시되고, 학습자들은 교사를 모방하여 반복 연습한다. 또한 이 교수법은 교사가 명시적으로 규칙 설명을 하지 않는다. 문법 규칙은 교사가 제시하는 예문을 학습자들이 반복 연습하는 과정에서 이루어지며, 학습자들은 이를 통하여 문법 규칙을

---

10) 이를 Ellis(2003)는 전체 단위(holistic units), 김정숙(2003)은 덩어리, Nunan(2004)에서는 포괄적 언어(global language)라 하였다.

예측한다.

　의사소통 중심 접근법의 특성은 Johnson & Morrow(1981)의 주장을 눈여겨 볼 필요가 있다. 이들은 정보 차이(information gap), 선택(choice), 대화 반응(feedback)이 진정한 의사소통 중심 활동의 필수 요건이라고 한 바 있다. 정보 차이의 특성이란 청자와 화자가 질문하고 대답할 때 정보가 달라야 한다는 뜻으로, 답을 모두 알고 있는 뻔한 질문은 진정한 의사소통이라 할 수 없다는 것이다. 선택의 특성이란 화자가 말할 화제 및 주제, 말하는 방법 등에 대해서 선택할 수 있어야 한다는 것인데, 화자가 주어진 질문을 정해진 방식대로 그대로 질문한다면 이를 의사소통이라 말하기 어렵다는 것이다. 마지막으로 대화 반응의 특성은 청자의 대화 내용에 대한 반응을 뜻한다. 의사소통적인 대화에서는 화자의 발화에 청자는 자연스럽게 반응하게 된다. 만일 대화 반응이 정해져 있고, 그것을 발화했다면 그것은 진정한 의사소통이 아니라는 것이다.

　의사소통 중심 접근법의 또 다른 특성은 자료의 실제성이다. 자료는 실생활에서 접할 수 있거나 실제 관련 자료이다. 이는 학습자들이 교실에서 학습한 내용을 실생활에서 사용할 수 있게 하기 위함이다. 그러나 이는 실생활 자료를 완전히 그대로 사용해야 하는 것을 뜻하는 것은 아니다. 숙달도가 낮은 학습자들에게는 자료를 실제 자료보다 단순하게 수정하여 제시할 수도 있다. 숙달도가 높은 학습자를 대상으로 하는 수업이라 해도 교육적 목적에 따라 실제 자료를 수정해 학습자에게 제공할 수 있다.

　의사소통 중심 접근법에서의 활동들은 소그룹을 중심으로 수행된다. 이는 학습자들에게 보다 많은 상호작용 기회를 제공하기 위함이다. 교사 중심의 수업이 진행되면 학습자들은 상호작용 기회를 갖기 힘들다. 학습자 그룹이 너무 커도 상호작용할 기회는 줄어든다. 학습자들은 소그룹에서 제한된 수업 시간을 최대한 활용해 상호작용할 수 있다(Larsen-Freeman, 2000 : 129-130).

과제는 의사소통 중심 접근법에서도 사용되었기 때문에 과제 중심 접근법의 교수·학습의 특성이 의사소통 중심 접근법과 비교해 특성이 모호할 수도 있고, 특성이 중복될 수도 있다. 물론 학습이 과제 중심으로 이루어진다는 것은 두 접근법의 공통점이다. 두 접근법은 과제 수행에 있어 초점을 두는 것이 언어인지 과제 수행 과정 자체인지에 따라 차별화된다.

■학습자 역할

수업을 설계할 때 설계자인 교사는 학습자와 교사, 교재 등의 수업 자료의 역할을 가정하고 설계할 것이다. 그런데 이러한 학습 환경의 역할에 대한 가정은 외국어 접근법마다 달라지게 되는데, 각 접근법의 차이점은 학습자의 참여 방법에 따라 직접적 혹은 간접적으로 나타난다. 좀 더 세밀히 말하자면, 각 접근법에 따라 학습자의 수행 활동의 유형, 학습자 간 영향을 미치는 정도, 학습자들의 유형, 참여 그룹의 크기의 차이가 있으며, 학습자를 보는 관점-학습의 처리자(processor), 수행자(performers), 활동 창안자(initiator) 및 문제 해결자-도 각 접근법별로 차이가 난다(Richards & Rodgers, 2001 : 27-28).

청화식 교수법에서는 학습자들의 역할이 매우 제한적이다. 이 교수법에서는 학습이 반복된 연습의 결과로 이루어진다고 보기 때문에 학습자들 또한 연습이라는 자극에 반응을 보이는 수동적 대상물일 뿐이다. 이로 인해 개별적 학습자에 대한 관심은 적을 수밖에 없다. 또한 이 교수법에서는 학습자를 교사를 따라하면서 배우는 모방자로 본다. 또한 교육 내용 및 방법에 대한 고민은 교수자의 몫으로 여기므로 이 부분에서 학습자가 하는 일은 거의 없다고 본다.

언어 형태에 대한 지식의 습득보다 의사소통 과정을 통한 언어 사용을 강조하는 의사소통 중심 접근법은 학습자에 대한 가정 또한 청화식 교수법과는 다르다. Breen & Candlin(1980 : 110)은 학습자들을 집단 내의 공동 교섭자(joint negotiator)라 하였다. 이는 학습자가 동료 학습자와 협동하여 수업 과정에 참여하면서 자신이 그 수업을 통해 얻는 만큼 동료 학습자에게도 그에 상응하는 도움을 주게 되는 상호의존적인 관계가 된다는 뜻이다. 전통적인 의사소통적 수업에서는 교재 제공도 없고, 목표 문법 형태에 대한 학습도 없으며, 교사에 의한 오류 수정도 거의 없다. 학습자들은 동료 학습자들과의 상호작용을 통해 의사소통을 하고 공동의 책임으로 수업을 이끌어가기 때문에 학습자의 역할은 매우 능동적이다.

과제 중심 접근법 또한 의사소통 중심 접근법의 학습자 역할을 기본으로 한다. 과제 중심 접근법에서는 교육 내용의 중심이 과제이기 때문에 학습자의 역할 또한 성공적인 과제 수행에 초점을 둬야 한다. Rechards & Rodgers(2001 : 235)는 과제 중심 접근법에서의 학습자 역할을 집단 참여자(group participants), 감시 점검자(monitor), 모험 감수자와 개혁자(risk-taker and innovator)로 구분하였다.

우선 학습자들은 집단 참여자로서 과제를 수행한다. 과제는 대부분 짝 활동 혹은 그룹 활동으로 실시된다. 학습자들은 개별적 활동으로 과제 수행을 할 수 없는 집단 참여자이다. 학습자들은 공통의 과제를 성공적으로 수행하기 위해 서로 협력하고 노력한다. 학습자의 성격 혹은 문화권에 따라 소극적인 참여를 하는 학습자들이 있을 때는 전체 수업 진행이 어려워질 수도 있다. 활동에 소극적인 학습자들이 긴장감이나 불안감 없이 수업에 참여하도록 하기 위해서는 교사의 노력이 우선되어야 한다. 그러나 학습자 또한 모든 것을 교사의 지시에 수동적으로 따라가기만 해서는 안 된다. 학습자 스스로 과제 참여와 집단 활동에 대해 적응하는 적극적 노력이 필요하다.

학습자들은 감시 점검자의 역할을 한다. 학습자들이 과제를 수행하는 것은 과제 자체가 목적이 되기 때문이 아니다. 학습은 과제를 수행한 결과가 아닌 수행의 과정을 통해서 이루어진다. 교사는 교육적 의도를 갖고 수업을 설계하고 과제를 선택하는데, 학습자들이 과제 수행의 성공만을 목적으로 삼고 그 과정에 주의를 기울이지 않으면 설계자의 의도와 목적이 학습자에게 완전히 전달되지 않을 가능성이 높다. 따라서 학습자들은 과제 수행의 각 과정에 집중하고, 수업의 각 단계에서의 교사의 의도를 파악하려는 적극적 태도를 가져야 한다.

또한 학습자들은 모험 감수자와 개혁자의 역할을 한다. 학습자들이 과제 중심 수업에서 접하는 과제는 과제 수행 이전에 예상되거나 사전 통보되지 않은 새로운 과제이다. 또한 사전 경험이 없는 과제들도 상당수이다. 소극적 학습자라면 과제 중심 수업이 매우 부담스러운 수업이 될 수도 있다. 특히 과제 중심 수업은 짝 활동이나 그룹 활동이 기본이 되기 때문에 내성적이거나 낯가림이 있는 학습자들에게는 불편함과 불안감을 줄 수도 있다. 과제 중심 수업에서는 학습자는 끊임없이 동료 학습자들과 상호작용해야 한다. 말을 걸거나 대화를 진행해야 할 용기가 필요하고 추측 전략이나 어휘 대치 전략 등의 의사소통 전략을 구사하여 동료 학습자와 의사소통을 하여 과제를 수행해야 한다. 따라서 기존의 전통적 수업에 익숙하거나 교사 위주의 수업에 더 안정감을 느끼는 학습자들은 모험을 감수하여 도전해야 하고, 자신감 있게 기존의 틀을 깨며 동료 학습자와 함께 공동 작업을 수행할 수 있어야 한다.

■교사 역할

교수 설계에서 교사의 역할과 학습자의 역할은 밀접히 관련될 수밖에 없다. 각 접근법에서의 교사의 역할은 그 접근법의 언어 학습 과정에 대한 가정에 기반한다. 어떠한 방식으로 학습이 이루어지는가에 대한 가정에 따라 교사의 역할의 설정도 이루어지기 때문이다.

외국어 교수법에서의 교사 역할은 교사의 학습자 통제, 교수 내용에 관한 교사의 책임 정도, 교사와 학습자 간 전개되는 상호작용의 유형 등과 관계가 있다(Richards & Rodgers, 2001 : 28-29).

청화식 교수법에서는 교사가 수업의 중심이다. 이 교수법에서 학습자들은 교사를 통해 학습 자료를 얻고 학습한다. 교사는 학습자의 행동을 지도하고 통제하는데, 이는 오케스트라의 지휘자의 역할과 같다. 또한 학습자는 교사의 언어 사용을 모방하는 존재이므로, 교사는 학습자들이 정확하게 학습할 수 있도록 언어 사용의 모델을 제시할 수 있어야 한다(Larsen-Freeman, 2000 : 43).

의사소통 중심 접근법에서는 교사의 역할에 대한 학자들의 견해도 다양하다. Breen & Candlin(1980 : 99)은 교사는 학습자와 학습자, 학습자와 텍스트 간의 의사소통을 활성화시키는 역할, 수업의 독립적 참여자로서의 역할이 있다고 강조하였는데, 이러한 교사의 주 역할은 자료의 조직 및 독립적 자료로서의 역할, 수업 절차의 안내자, 수업을 탐구하는 연구자 및 학습자의 역할과 같은 부차적인 역할을 함축한다고 하였다.

Littlewood(1981)에서는 교사는 감시자, 상담자 혹은 조언자, 교실의 운영자, 언어 교수자, 공동 의사소통자의 역할을 한다고 하였다. 특히 공동 의사소통자라 함은 학습자들의 학습 주도권을 보장하면서 학습자들의 학습 향상을 위해 자극을 하고 새로운 표현 등을 자연스럽게 제시하는 역할이다(1981 : 91-93). 그리고 Littlewood(1981)와 Larsen-Freeman(1986 : 2003)에서는 교사가 의사소통 촉진자의 역할을 한다고 하였다. 교사가 의사소통을 촉진시키려면 의사소통을 향상시킬 수 있는 상황을 만들어 내야 한다. 그리고 교사는 학생들의 질문에 대답하고 학생들의 언어 수행에 대한 모니터를 하는 등 학습자들의 학습 주도권을 유지하면서 도움을 줄 수 있는 상담자 역할도 해야 한다(Larsen-Freeman, 2000 : 128).

Richards & Rodgers(2001 : 255-257)에서는 이외에도 교사가 학습자의 필요에 따라 수업 설계 및 지도 계획을 세울 수 있는 필요 분석자, 그룹 활동으로 수행 과정에서 학습자들의 활동을 격려하고 도와주며, 문제점을 토의할 수 있는 집단 과정 처리자의 역할도 있다고 하였다.

이렇듯, 전통적 교수법에서는 교사에게 '언어 교수자'의 역할이 압도적 비중을 차지하지만 의사소통 교수법에서는 교사의 교수자로서의 역할은 교사의 여러 역할 중 하나일 뿐이다. 학습에서 '전통적 지배자' (Littlewood, 1981)의 역할은 점점 약화되고, 학습자 중심 수업에서 학습을 촉진시키는 '촉진자'의 역할이 점점 더 커지고 있는 것이다. 이는 기존의 접근법이 학습자와 교사의 잠재적 역할 관계가 오케스트라의 지휘자와 단원, 치료자와 환자와 같은 비대칭적 관계로 받아들여지다가 친구 대 친구 동료 대 동료, 팀 대 팀 관계와 같이 대칭적으로 설정되고 있는 추세라는 것을 말해 준다(Richards and Rodgers, 2001).

과제 중심 접근법은 이러한 의사소통 중심 접근법의 교사의 역할에, 과제 선택 및 배열의 역할과 학습자들에게 과제를 훈련시키는 역할, 의식 고양의 역할이 추가된다. 과제의 선택이 교사의 중심적인 역할이라고 해도 학습자의 필요와 요구 분석에 근거하여 설정되어야 한다. 과제가 설정되면 교사는 학습자의 수준, 흥미 등에 따라 수업을 배열하여 교수의 순서를 정한다. 과제 훈련은 학습자들이 과제를 잘 수행할 수 있도록 연습을 시키는 역할이다. 교사는 과제를 처음 접하는 학습자들이 원활하게 과제 수행을 할 수 있도록 과제 준비 단계에서 도움을 줄 수 있어야 한다. 이때에는 과제의 소재나 주제에 관한 배경지식 활성화, 과제에 필

요한 언어 형태 떠올리기, 과제 절차에 대한 부분적 설명 제시 등이 포함
될 수 있다. 또한 과제 중심 접근법에서는 학습자들이 과제 수행에 필요
한 언어 형태에 주목할 수 있도록 교사가 도움을 주는 역할을 제시한다.
교사는 과제 전 활동 등을 통해서 학습자들이 형태에 주의하거나 주목할
수 있도록 형태 초점 기법을 사용할 수 있다. 물론 이것이 학습자들이 과
제 수행 전에 문법을 공부한다는 의미는 아니다. 형태 초점 기법을 적용
하여 문법 형태에 집중하지만 이 모든 것은 의미 중심의 형태 집중이며,
문법을 위한 문법 공부는 아닌 것이다(Richards & Rodgers, 2001 : 236).

■교수 자료의 역할

모든 언어 수업은 교수 자료가 있다. 따로 교재가 없어도 교사는 실제
자료나 교사가 준비한 교수 자료를 토대로 가르친다. 교수요목이 마련되
어 있지 않더라도 교수 자료가 있으면 자료의 순서대로 수업을 진행할
수도 있다. 교수 자료는 교사 없이 사용하기 힘든 것도 있지만, 교사의
도움 없이 학습자 스스로 학습할 수 있는 자료도 있다.

청화식 교수법에서 교수 자료는 교사를 돕는 보조적 역할을 한다. 청
화식 교수법에서는 수업이 주로 반복 연습, 대체 연습 등으로 구성되기
때문에 초급에서는 교재가 사용되지 않을 수도 있으며, 교재를 사용한다
고 해도 교사 위주로 구성된 교재를 사용하게 된다. 교재는 반복 연습이
나 대체 연습을 위한 것이어서 의미와 맥락이 고려되지 않은 연습 문제
로 구성되어 있어도 큰 문제가 되지 않는다. 학습자들의 표현 암기와 문
장의 자동적 발화가 가능하게 되면 교수 자료의 역할은 완수된다.

의사소통 중심 접근법에서 교수 자료의 일차적 역할은 의사소통 촉진
이다. 의사소통 중심 수업에서는 교과서 외에도 과제 자료 및 실제적 자
료가 교수 자료로 사용되는데, 이를 통하여 학습자들은 실생활에서 사용

되는 언어를 학습한다. 말레이시아의 English Language Syllabus(1975)와 같은 문형 제시, 반복 연습 등의 전통적인 교과서 형식을 탈피한 의사소통적 교재가 존재하지만 실제로는 배열만 약간 조정한 구조적 교수요목으로 쓰인 교재들도 있다(Richards & Rodgers, 2001). 역할극이나 게임 등과 같은 과제 자료, 신문 기사, 잡지 등과 같은 실제 자료 등도 모두 의사소통 활동을 위한 것이다.

과제 중심 접근법의 교수 자료는 앞서 밝힌 것과 같이 교육적 자료와 실제적 자료로 나누어 볼 수 있다. 교육적 자료는 실제 의사소통의 성공적 수행을 위해 교실에서 사용되는 과제로, 교사가 고안한 과제와 실제적 자료를 학습자의 수준과 환경에 맞게 수정한 변형된 실제적 자료가 있다. 실제적 자료는 신문이나 텔레비전, 인터넷 등 매우 다양하다. 시뮬레이션 활동 등과 같은 과제 자료들은 학습자들에게 언어 학습과 언어 사용의 다리 역할을 한다(Larsen-Freeman, 2000).

3. 과제 중심 교수에서의 문법 교육

3.1. 외국어 학습에서의 문법 교육

외국어 학습에서의 문법 교육은 언어 교수법의 변화와 관계가 있다. 교수법에 따라 문법에 관한 관점이 변화되어 왔기 때문이다. 전통적인 교수법에서부터 청화식 교수법을 거쳐 최근의 의사소통 교수법까지 문법에 대한 시각은 각 교수법에 따라 다르다.

전통적 문법 번역식 교수법과 청화식 교수법은 교사에 의해 수업이 주도된다. 전통적 문법 번역식 교수법은 번역에 필요한 문법 규칙과 어휘 등이 교사에 의해 제시되며, 청화식 교수법도 학습자들이 암기와 반복적 문형 연습을 한다고 해도 수업을 통제하고 수업 방법에 대해 지시하는 것은 교사이다. 전통적 방법과 다소 차이가 있을 수는 있지만 이 두 교수 법은 현재에도 여전히 수업 현장에서 사용되고 있다. 이 교수법들은 학습자가 수동적으로 교사의 제시를 받아들여야 하기 때문에 교사 중심 교수법이 될 수밖에 없고, 교사 중심 수업은 실제적 과제를 통한 언어 학습 기회 부족으로 인해 유창성 결여의 문제가 발생한다.

초기 의사소통 교수법에서는 유창성을 강조하여 문법 교육을 따로 실시하지 않았다. 문법 형태 교육이 필요하다고 판단되는 경우는 과제 수행에 필요한 경우로, 과제 수행 이전에 구조적 연습을 통하여 문법 교육을 실시하였다. 더욱이 자연 교수법과 몰입 프로그램 등에서는 의미에 치중하였다. 문법 교육이 실제적 과제와 연계되지 않거나 의미에만 집중한 결과, 학습자들의 발화의 정확성이 떨어지고 오류가 화석화되어, 학습자들의 실력이 고급 단계로 상승하지 못하는 등의 문제가 지적되었다.

의사소통 교수법의 적용에 있어서 유창성에 비해 정확성이 결여되는 문제가 계속해서 제기되자, 형태 초점 접근법이 등장한다. '형태 초점'이라는 용어를 처음 사용한 학자는 Long(1996)이다. Long은 학습자들이 의사소통 과정 중 목표어의 이해나 산출을 위해 언어 형태에 집중하는 현상을 형태 초점(focus on form)이라 하였다. 그런데 Long이 제시한 개념은 수업 주도의 주체 등에 관한 세부적인 정의는 포함되지 않고 형태에 집중하는 현상만을 일컬었으므로 매우 협소한 개념이었다. 따라서 문법 교육이 명시적, 교사 주도적 방법으로 실시되는 것이 아니라 과제 수행 과정에서 간접적이고 암시적인 방법으로 이루어진다고 보았다. 그러나 현재는 명시적, 암시적 방법이 모두 개발 및 사용되고 있어, 형태 초점 교수의 의미 역시 교실에서 행해지는 의미 중심 접근법으로서의 과제 활동 중, 과제 수행에 필요한 언어 형태를 명시적, 암시적으로 교수하는 모든 방법을 의미하게 되었다(전진애, 2009 : 15).

과제 중심 교수는 문법 학습의 방법론적 측면에서 형태 초점 교수에 속한다. 제2 언어 교육에서의 문법 교육에 대한 접근법은 시대에 따라 변해 왔는데 그 변화를 표로 정리하면 다음과 같다.

[표 4] Long(1998)의 제2 언어 교수법에 따른 문법 교육의 변천 분류

문법적 형태 중심 접근법 (Focus on Forms)	의미 중심 접근법 (Focus on Meaning)	형태 초점 접근법 (Focus on Form)
1970년대 이전	1970년대와 1980년대	1990년대
문법 형태 중시	언어 의미, 기능 중시	언어 형태, 의미, 기능 중시
정확성 신장	유창성 신장	정확성, 유창성 신장
교사의 명시적 문법 설명, 연습	학습자 의사소통 활동	의사소통 활동 및 언어 자료에 주목하기
구조 중심, 개념-기능 중심 교수요목	절차 중심 교수요목	과정 중심 교수요목
문법 번역식, 청화식, 침묵식, 전신반응 교수법	자연교수법, 몰입 프로그램	내용 중심, 과제 중심 교수법

* 이미혜, 2005 : 149 재인용

형태 초점(FonF)은 문법적 형태 중심(FonFs)과 의미 중심(FonM) 사이에 존재하는 연속선상의 개념이다. 문법적 형태 중심은 문법 항목에 따라 수업을 계획하는 전통적 방법으로서, 학습의 대상은 언어이며, 학습자들은 특정한 문법 항목을 학습한다고 본다. 그런데 형태 초점은 언어는 의사소통의 도구이며 학습자는 언어 사용자로 본다. 따라서 형태 초점과 문법적 형태 중심은 서로 대립관계가 될 수 없다. 오히려 의미에만 치중하고 정확성이 결여되는 의미 중심이 문법적 형태 중심과 대립 관계라 할 수 있고 이 둘 사이에 존재하는 개념이 바로 형태 초점이다. 즉, 정확성과 유창성의 고른 향상을 위한 절충적 접근법인 것이다(김영주, 2009 : 85).

3.2. 과제 중심 교수에서의 문법 교육

이해 가능한 입력(comprehensible input)으로 대표되는 의미 중심 교육은 제2 언어 습득을 설명하기에는 충분치 않으며, 더욱이 고급 단계의 학습자를 충족시키기에는 한계가 있었다. Swain(1985)에서 캐나다 몰입 교육 프로그램에서 충분한 '이해 가능한 입력'이 이뤄졌음에도 프로그램 학습자들의 문법 습득은 만족할 수준에 도달하지 못하였다고 한 바 있다. 학습자들은 입력뿐만 아니라 직접 언어를 생산하는 과정에서 언어에 집중하며 이때 언어 습득의 효율이 높아진다는 것을 간과한 것이다. 이후로 제2 언어 학습 연구자들은 학습자들의 언어 산출, 즉 출력에 관심을 갖게 되었다. 이에 Swain(1993, 1995)은 이해 가능한 출력 가설(comprehensible output hypothesis)이라는 견해를 밝히면서 학습자들은 출력으로 언어의 기능과 문법에 주의를 기울이고 자신의 중간 언어와 목표어의 차이를 인지하게 되며, 이러한 과정으로 언어를 습득하게 된다고 주장하였다.

형태 초점 교수는 언어 형태의 초점화의 명시성 정도에 따라 명시적 방법과 암시적 방법으로 나뉜다. Ellis(2001)에서는 이를 두고 우연적 형태 초점 교수(incidental FonF)와 계획된 형태 초점 교수(planned FonF)로 구분하였다. 앞서 말한 것처럼 Long이 제안할 당시에는 암시적 형태 초점 교수만을 형태 초점 교수라 하였으나, 최근에는 암시적 방법과 명시적 방법을 모두 포함하여 형태 초점 교수라 칭한다. Doughty & Williams(1998)에서는 형태 초점 기법으로 입력 홍수, 과제 필수 언어, 입력 강화, 의미 협상, 오류 고쳐 말하기, 출력 강화, 상호 작용 강화, 딕토글로스, 의식 상승 과제, 입력 처리, 오류 유도 등을 제시하였는데, 이를 명시성에 따라 분류하면 다음과 같다.

[표 5] 형태 초점 기법의 종류(Doughty & Williams, 1998 : 258)

	의미 집중 (암시적)						형태 집중 (명시적)
Input flood(입력 홍수)	X						
Task-essential language(과제 필수 언어)	X						
Input enhancement(입력 강화)		X					
Negotiation(의미 협상)		X					
Recast(오류 고쳐 말하기)			X				
Output enhancement(출력 강화)			X				
Interaction enhancement(상호작용 강화)				X			
Dictogloss(딕토글로스)					X		
Consciousness-raising tasks(의식 상승 과제)					X		
Input processing(입력 처리)						X	
Garden path(오류 유도)							X

[표 5]를 보면 입력 홍수와 과제 필수 언어 등의 기법은 보다 의미에 집중하면서 형태에 초점을 두는 기법이고, 입력 처리, 오류 유도 등과 같은 기법은 형태 초점의 성격이 더 짙다. 의미에 집중한다는 것은 이러한 기법을 적용할 때 의사소통에 방해가 없다는 것, 다시 말해 명시적 교육이 이루어지지 않아 의사소통이 자연스럽게 일어나고 있다는 뜻이다. 반대로 형태를 초점화한다고 하면 명시적 교육을 실시해 자연스러운 의사소통의 흐름에 방해를 받는다는 것이다. 주의해야 할 것은 이 기법들이 단일 현상으로 나타나는 것이 아니라는 것이다. 즉, 이 기법 안에서 좀더 명시적이거나 더 암묵적 현상이 있을 수 있다는 것을 뜻한다(김영주, 2009 : 85-86).

이와 같은 형태 초점 기법들 중 한국어 교육에서는 의식 상승 과제, 입력 강화, 딕토글로스 등의 기법을 중심으로 연구가 이어지고 있다. 각 기법들의 특징과 절차, 교육 효과 등을 이어서 살펴보겠다.

(1) 입력 홍수

입력 홍수(input flooding)는 목표 형태를 명시적인 설명 없이 입력 자료 내에서 풍부하고 반복적으로 노출시켜 목표 형태에 대한 주목이 일어나 게 하는 방법이다. 이 기법은 명시적 설명이 없고 입력 자료 노출 외에 다른 조작이 없다. 캐나다의 몰입 프로그램에서 이 기법을 사용하였으나, 단기 언어 연수 과정에서는 그리 적합한 기법이라 할 수는 없다. 반복적 노출에 주목하여 목표 형태를 인지하고 학습자들이 습득하는 과정이 모 호하며, 학습자 성향에 따라 이 기법에 부정적일 수 있기 때문이다. 따라 서 이 기법은 단독으로 적용하기보다는 다른 기법과 동시에 적용하는 것 이 더 효과적이다.

(2) 과제 필수 언어

과제 필수 언어(task-essential language)는 목표 문법 형태의 사용이 불가 피한 과제를 설정하여, 학습자가 과제 수행을 위해 해당 언어 형태를 사 용하게끔 만드는 기법이다. 이 기법은 암시적 기법으로 분류되는데, 이는 의사소통 활동 중에 교사가 의사소통을 방해하지 않은 상태에서 학습자 에게 동기를 제공하여 형태에 주목하게 하기 때문이다.

학습자들이 과제를 수행하면서 자연스럽게 목표 문법 형태를 사용하 게 하고, 그 과정에서 생산되는 출력에 대해서 교사가 피드백을 해 줄 수 있다. 앞서 말한 바와 같이 이때 교사의 피드백은 비명시적이다.

(3) 입력 강화

입력 강화(input enhancement)는 자료나 과제 제시에 있어서 목표 형태를 시각적 혹은 청각적으로 주목 가능하게 처리하는 방법이다. 시각적 입력 강화는 글자체 변경, 색깔 바꾸기나 줄긋기 등의 방법을 말하며, 청각적 입력 강화는 교수자 혹은 청각 자료의 발화자가 강세나 억양으로 주목하게 하는 방법을 말한다. 입력 강화는 입력 홍수보다는 좀 더 명시적으로 목표 형태가 드러나기 때문에 학습자의 자연스러운 알아차리기(noticing)가 가능하다.

(4) 의미 협상

교사와 학습자, 학습자와 학습자 사이에 의사소통을 하는 과정에서 전달이나 이해에 문제가 발생했을 때 발화자는 자신의 발화를 조정하는데 이것이 바로 의미 협상(negotiation)이다. 의사소통을 위해 발화자가 언어 형태를 수정하는 과정이 습득에 도움이 된다는 것이 Long의 상호작용 가설인데, 그가 처음 이 상호작용 가설을 제시할 때의 대상은 외국어 학습자와 원어민 화자 간이었고, 협상 전략은 반복이나 확인, 명료화 요청 등이었다. 또한 Long은 상호 작용 과정에서 발생하는 의미 협상이 Krashen의 이해 가능한 입력의 출력의 부족함을 상당 부분 채워준다고 하였다. 왜냐하면 이해 가능한 입력에서 부족한 부정적인 증거들, 다시 말해 학습자 발화 오류에 대한 수정이 가능하기 때문에 오류의 화석화를 줄일 수 있다는 것이다.

(5) 오류 고쳐 말하기

오류 고쳐 말하기(recast)는 교사가 학습자의 출력에 반응하는 피드백의 한 유형이다. 학습자가 범한 실수에 대해 교사는 정확하고 적절하게 수정하게 되며, 학습자는 자신의 발화와 피드백 받은 발화의 차이점을 통해 바른 것과 틀린 것에 대해 고민하면서 형태에 대해 집중한다. 이 기법은 학습자 간에서도 이루어질 수 있다. 학습자들이 동료 학습자의 오류를 수정해 주고 자신의 오류도 피드백 받는다. 이 과정에서 학습자들은 정확한 형태를 인지한다. 이렇듯 과제 수행 시에는 교사의 개입뿐만 아니라 학습자들이 상호간의 오류 수정으로 정확성을 높일 수 있다.

(6) 출력 강화

Swain(1995)에서는 외국어 교육에서 입력은 물론 출력(output) 기회가 있어야 하며, 이러한 출력을 통하여 형태의 주목이 향상된다고 하였다. 학습자가 알고 있다고 생각한다 해도 학습자 자신이 그 형태를 표현하지 못한다면, 학습자는 자신이 목표 형태를 정확하게 알지 못한다는 것을 인지할 것이고, 다시 한 번 형태에 주목하게 된다는 것이다.

그런데 Doughty & Williams(1998)에서 정의한 출력 강화(output enhancement)는 학습자가 산출한 출력 언어에 오류가 있을 경우, 교사가 학습자에게 문법 형태의 명료화를 요구하여 학습자 스스로 오류를 수정하고 출력할 수 있도록 하는 것이다. 따라서 학습자의 출력 자체도 학습자가 오류 유무에 집중하게 하는 기능을 한다는 것이다. 이러한 출력 강화를 통해 출력 또한 학습자에게 형태에 초점화하는 기능이 있음을 알 수 있다.

(7) 상호작용 강화

상호작용 강화(interaction enhancement)는 교사가 과제 수행 시 문제 해결 과제를 통해 학습자들이 목표 형태를 사용할 수 있도록 유도하는 것을 말한다. 교사는 학습자들이 산출할 때 발생하는 오류를 알아채게 하여 학습자가 수정할 수 있도록 하며, 학습자간 상호 협력을 통해 과제 안에서 목표어를 산출할 수 있도록 도와주는 역할을 하게 된다. 상호작용 강화는 예행연습 단계, 수행 단계, 보고 단계로 구성된다.

(8) 딕토글로스

딕토글로스(dictogloss)는 교사가 들려주는 텍스트를 학습자가 문법 및 어휘 중심으로 메모한 후, 그것을 기반으로 하여 새로운 텍스트로 재구성하는 방법이다. 딕토글로스 과제 수업에서 교사는 학습자들에게 미리 준비한 듣기 자료를 청각적으로 제시하고, 학습자들은 그룹 활동을 통해 들은 내용을 구성하고 다시 쓰면서 그들만의 텍스트를 생산해 낸다. 학습자들은 협력 대화를 통해 수정 및 보완하는 공동 작업을 하게 되고, 그 후 원래의 텍스트와 비교함으로써 전체 내용 오류, 문법 및 표현 오류를 바로잡게 된다. 이것은 특히 듣기 교육에서 활용하면 효과적인 기법이며, 입력된 내용을 학습자가 어떻게 이해하고 언어화할 수 있는지에 대해 살펴볼 수 있는 좋은 방법이기도 하다.

(9) 의식 상승 과제

의식 상승 과제(consciousness-raising task)는 학습자가 자료에서 문법적 일반화를 추론해 낼 수 있게 하는 방법이다. 이 기법은 문법 항목의 설명 없이, 예문을 제시하고, 학습자가 해당 규칙을 발견해 내게 하는 방식이다. Rutherford(1987)에 따르면 문법 의식 상승 과제로는 학습자 주목 끌기와 문법 과제 수행 방법이 있다. 주목 끌기 방법에는 오엑스(OX) 판단하기, 오류 고치기 등의 판단하기, 맞는 내용 고르기, 지시 관계 밝히기 등의 식별하기와 같은 방법이 있다. Fotos & Ellis는 의식 상승 과제를 명시적 방법과 암시적 방법으로 구분하여 제시하였다. 명시적 방법은 오엑스(OX)문제, 문법 특징 발견, 유사 항목 비교하기 등이 있으며(성지연, 2012), 암시적 방법은 교사가 학습자에게 명시적으로 목표 형태 사용을 지시하지 않으면서도 목표 형태를 사용하게 하는 전반적인 모든 방법을 말한다.

(10) 입력 처리

입력 처리(input processing)는 목표 문법 항목이 적용되는 유의미한 활동이 수행되는 동안, 학습자가 언어의 특성에 의식적 또는 무의식적으로 집중하고, 수용(intake)을 거쳐 입력된 언어 정보를 이해하게 되는 과정이다. 입력 처리 기법은 학습자의 효과적 입력 처리를 위해 명시적 교수 방법을 활용하며, 다양한 연습 활동을 할 수 있도록 고안된다.

(11) 오류 유도

오류 유도(garden path)는 학습자에게 해당 문법에 대해 완전한 정보를 주지 않고 일부분만 제공하여, 오류가 발생하도록 유도한 후 수정하는 방법이다. 즉, 교사가 의도적으로 과잉 일반화의 오류를 유도하고, 의도대로 학습자의 오류가 발생되면 목표 형태에 대한 새로운 정보를 덧붙여, 오류를 수정해 줄 수 있다. 이 기법은 규칙을 발견할 때 적절한 기법이다. 한국어의 경우, 불규칙 동사 학습, 연결 어미 제약 등에 적절하다.

제3장 사회적 상호작용 과제 수업의 설계

1. 사회적 상호작용 과제(SIT) 수업의 구안

이 연구는 Littlewood(1981)의 의사소통 모형을 수정 및 변용하여 SIT 수업을 설계한 후, 교수·학습 모형을 제시하고자 한다. SIT 수업은 과제 중심 교수의 일반적인 3단계(과제 전 단계 - 과제 수행 단계 - 과제 후 단계)의 순서로 진행된다. 교사는 이 단계에 따른 수업의 세부적 절차, 형태 초점화의 시점, 과제 활동 배열 등을 설정한 후 수업을 진행한다. 즉, Littlewood의 의사소통 활동 모형을 과제 중심 수업 모형으로 수정 및 변형하여 수업에 적용해야 한다는 뜻이다. 김정숙(1998)에서는 교실에서 의사소통 과제를 도입할 때, 과제와 형태 습득을 위한 의사소통 전 활동의 유기적 연결이 중요하다는 지적을 한 바 있다. 또한 성지연(2012 : 23)에서도 Littlewood가 제시한 의사소통 활동 모형을 활용하여, 의사소통 활동 이전 단계에 형태 초점 기법을 적용한 형태 초점 과제를 사용할 수 있다고 하였다. 성지연(2012)은 Littlewood 모형에서의 구조적 문법 연습을 지적하며, 이를 대신하여 형태 초점 과제를 적용할 수 있다고 제안한 바 있다. 다시 말해, 형태 초점 과제를 보조 과제로 설정한 후, 의사소통 전체 과제 수행 전 단계에서 언어 지식 활성화를 위한 방법으로 이를 사용하여 정확성 향상을 꾀하고, 사회적 상호작용 과제(social interaction task)를 통하여 사회적 맥락 안에서 유창성 신장 활동을 할 수 있다는 것이다.

이 연구는 구조적 연습 단계 대신 이 단계에 형태 초점 기법을 적용한 부분과제를 배치하고자 한다. Littlewood(1981)는 의사소통 전 활동을 두고 의사소통에 필요한 기술을 '분리하여' 연습한다고 하면서 기존 교재에서 흔히 제시되는 드릴 연습이나 묻고 답하기 연습 등이 이에 포함된다고 하였다. 이는 통제된 상황에서의 필요한 반응을 연습하는 것으로 구조적 성격을 띤다. 이후에 이어지는 유사 의사소통 활동에서 학습자들은 학습한 표현들을 실제 의사소통 상황과 유사하게 사용하게 된다고 하였는데, 이 또한 상황을 고려하고 있기 때문에 기계적 반복 연습과는 차이가 있다고 주장한다. 그러나 의사소통 전 활동은 Littlewood가 그것이 기계적 드릴 연습은 아니라고 밝혔다 해도 형태를 구조적으로 연습하는 본질은 그대로 남아있다. 그 역시 의사소통 전 활동이 의사소통의 목적을 위해 사용하도록 하지 않고 오로지 목표 형태를 유창하게 사용하도록 만들어 주는 데 있다고 하였기 때문이다. 학습자들이 의사소통을 위해 구조를 먼저 배운다는 인식을 하는 순간 학습자들은 기계적으로 구조를 만들고자 시도할 것이다. 따라서 학습자들이 과제를 수행함으로써 의미에 집중을 하고, 형태는 산출 과정에서 자연스럽게 적용될 수 있게 하는 것이 무엇보다 중요하다.

또한 이 연구는 기능적 의사소통 활동은 제외하고 사회적 상호작용 활동으로 과제 중심 수업을 구성할 것이다. Littlewood(1981 : 43)는 본격적인 의사소통 활동을 기능적 의사소통 활동과 사회적 상호작용 활동으로 구분하여 제시하면서, 의사소통 상황에서 기능적 측면을 중시할 때 학습자들이 의미 전달을 위해 효율적 언어를 선택하는 능력이 중요하다고 한 바 있다. 기능적 의사소통의 목적은 학습자들이 효율적으로 의미를 전달하는 것이다. 따라서 기능적 의사소통 활동에서는 화자가 언어를 통해 의도한 의미를 전달하여 의사소통을 하였다면 오류에 관계없이 의사소통의 성공이라고 판단한다. 그러나 그것이 성공적인 의사소통이라고 단정 짓기 어렵다. 왜냐하면 청자가 누구인지, 어떤 상황인지에 따라 발화자들은 동일한 의미라고 할지라도 다른 언어를 선택하기 때문이다. 사회적 관계를 고려하지 않은 예의 없는 말투나 연령에 관계없이 지나치게 어려운 용어를 사용했다면 의미를 전달했다고 해도 청자에게 불쾌감을 주거나 의미를 오독하게 할 가능성이 있다.

의사소통의 기능적 측면을 포함하면서 사회적 맥락을 강조하는 활동이 사회적 상호작용 활동이다. 이 활동들은 학습자들이 의사소통 상황에서 기능적 의미뿐 아니라 상호작용이 발생하는 의사소통 상황에 잘 대처하게 하는 것이 목적이다. 결국 언어에 대한 사회적 능력은 사회적 맥락을 잘 파악하는 것인데, 모어로 사회적 맥락을 인지하기는 쉽다. 모어로는 경험을 활용하여 직관적으로 사회적 맥락을 고려한 발화를 하지만 외국어로는 경험의 절대적 부족으로 관계성을 적절히 읽어내지 못한다. 따라서 외국어 학습자의 경우 경험 부족으로 인해 특정 상황에 맞는 언어 선택의 실패를 자주 겪는다.

이 연구에서는 사회적 상호작용 활동 중에서 상황과 목적이 통제된 역할극, 토론극, 즉흥극을 활용하여 과제 중심 수업을 실시할 것이다. Littlewood가 제시한 6가지의 사회적 상호작용 활동은 구분이 모호한 것도 있고 활동이 너무 단순한 것도 있다.[11] 이 연구는 '대화 지시문으로 통제된 역할극'과 '지시와 정보가 있는 역할극'은 교사에 의한 통제성이 너무 강해, 학습자가 지나치게 수동적으로 발화해야 하는 문제점이 있고, 사회적 상호작용도 제한되어 학습자들의 창의적 발화가 어려운 상황이 많을 것으로 판단하였다. 따라서 이 두 활동이 중급 학습자들의 자율성을 침해하고 흥미를 떨어뜨리게 할 수 있다고 보아 사회적 상호작용 과제 활동에서 제외하기로 하였다.

또한 이 연구는 '대규모 모의 상황극'을 제외하고, 즉흥극은 그 성격을 조정하고자 한다. '대규모 모의 상황극'은 전체 학습자가 공통 주제에 협력적으로 참여하여 결론을 도출해 내는 과정의 역할극인데, 이 역할극은 외국어 학습에서 주로 쓰이는 과제는 아니다. 2장에서도 밝힌 바와 같이 이 과제 활동은 외국어 학습 이외의 수업에 자주 활용되며, 수행에 많은 시간이 소요되고, 규모 또한 방대하다. 따라서 이를 한국어 교육 현장에 적용하기에는 무리가 따른다고 판단하여 제외하였다.

즉흥극은 제시된 상황에 따라 학습자들이 즉흥적으로 극을 만드는 과정이다. 즉흥극에서는 상황만 제시되고 그 이외에는 통제가 없다. 따라서 학습자들은 타 학습자들과 극의 전개에 대한 정보 공유 없이 즉흥적으로 역할극을 구성해야 한다. 그런데 이 방법은 학습자들에게 지나친 부담감을 줄 수 있다. 수업 현장에서는 다른 학습자 앞에서 역할극을 수행한다는 것 자체에도 불안감을 느끼는 학습자들이 많은데, 특정 상황만 제시한 후 학습자들의 상의 없이 즉흥적으로 극이 진행된다면 학습자들의 불안감이 더욱 심해질 것이다. 또한 즉흥극 수행이 매끄럽게 진행되지 않으면 극의 마무리도 어렵고 극의 흐름도 학습자들의 의도대로 가기 어려

11) 정선화(1999 : 24)에서는 대화 지시문이 있는 역할극의 경우 각 대화 당 지시문이 있어 중급 이상의 학습자는 창의성을 발휘하기 어려우며, 대규모 상황극의 경우도 역할극과 기능 면에서 큰 차이가 없다면서 과제 중심 교재에는 지시와 정보가 통제된 역할극, 상황과 목적이 통제된 역할극, 토론극이 포함되어야 한다고 보았다.

워 수업의 진행이 원활하지 않을 수도 있다. 이에 이 연구는 학습자들의 부담감을 줄이고 역할극의 완결성을 높이기 위해 교사가 열린 구조의 텍스트를 제시한 후 학습자가 결말을 완성하는 형식의 즉흥극을 제안하고자 한다. 즉, 각 그룹들은 동일한 상황으로 극을 시작하여 동료 학습자들의 창의성을 더해 극을 전개해 나간다. 이때, 학습자들은 극의 전체적 전개에 대하여 상의할 수는 있으나 이를 대본화하지 않는다. 대본화하게 되면 즉흥성이 훼손되어 즉흥극의 의미가 퇴색되기 때문이다.

2. 사회적 상호작용 과제(SIT) 수업의 개관

2.1. 수업 목표

SIT 수업의 목표는 과제 수행을 통한 의사소통 능력 향상이다. SIT 수업은 과제 중심 교수의 절차에 따라 3단계, 즉, 과제 전 단계 - 과제 수행 단계 - 과제 후 단계로 실행된다.

Ⅰ단계는 전체과제 전 단계로, 전체과제 수행에 사용할 언어 형태를 학습하는 단계이다. 이 단계에서는 형태 초점 기법을 적용하여 학습자들의 형태적 정확성을 향상시킬 수 있도록 한다. 형태의 설정은 전체과제 활동과 밀접한 연관을 갖는데, 교사는 전체과제 수행 시, 자주 노출될 언어 형태를 예상하여 Ⅰ단계에서 교수한다. 형태 초점 기법은 목표 언어 형태가 초점화할 가치가 있다고 판단되면,[12] 문법 및 학습자의 수준 등

---

12) Harley(1993)는 형태 초점 기법을 효과적으로 적용하기 위한 목표 형태 선정 기준을 제시하고 이 중 두 개 이상이 해당하면 형태 초점 기법의 선정 기준에 부합한다고 하였다. 그 기준은 아래와 같다.
　1) 목표어의 형태와 모어 형태가 얼마나 불규칙한 차이를 보이는가?
　2) 목표어 입력에서 불규칙적으로 드러나거나 자주 쓰이지 않아 형태가 명확히 드러나

에 의해 최종 결정된다.

Ⅱ단계는 전체과제 수행 단계로, 학습자들은 사회적 상호작용 과제 활동을 수행하며 의사소통 과정을 경험하고 학습한다. 교사는 학습자들에게 부분과제에서 초점화했던 언어 형태를 사용할 수 있도록 과제를 구성한다. 그러나 이 단계에서 언어 형태의 사용은 필수가 될 수 없고, 숙제처럼 여겨져서도 안 된다. 학습자들은 부분과제 수행을 통해 자연스럽게 내재화된 언어 형태를 사용하여 사회적 상호작용을 고려한 발화를 하게 될 것이다. 이때는 교사가 아닌 학습자들이 주도적으로 수업을 이끌어간다. 따라서 교사의 지시는 최소화되고, 모든 것은 학습자들이 결정하고 진행할 수 있도록 학습자들에게 자율권이 보장된다. 학습자들은 자신이 표현하고 싶은 모든 것을 충분히 발화할 수 있을 것이다. 물론 과제 활동은 관계성을 고려하여 수행할 수 있는 활동이기 때문에 학습자들은 언어의 정확성, 유창성 외에도 청자와의 관계, 대화가 수행되는 장소, 나이 등을 고려한 대화를 하게 될 것이다. 이러한 경험을 통하여 학습자들은 의사소통 능력을 향상시킬 수 있다.

SIT 수업에서 수행되는 모든 과제는 의미가 고려된다. 형태 초점을 위한 예문부터 본 과제까지 모든 과제에서 의미 없는 기계적 연습은 배제될 것이다. 학습자들에게 과제란 수행할 결과로서의 과제가 아니라 과정으로서의 과제이다. 학습자들은 과제를 수행하는 과정 전체를 통하여 의사소통을 학습하게 되는데, 의사소통의 학습은 단순히 언어에만 맞춰지는 것이 아니다. 학습에는 발화하는 언어와 의사소통 상황의 수용, 상대방과의 사회적 상호작용에 대한 이해의 모든 과정이 포함된다. 이러한

지는 않는가?
3) 의사소통의 성공을 위해 필수적인 형태인가?
4) 학습자가 형태의 의미와 사용을 오해할 위험이 있는가?

과정을 통해 학습자들은 분리된 특정 상황이 아니라 의미와 상황을 고려한 발화가 가능해진다. 즉, 학습자들은 실생활에서 그대로 외운 말이 아닌 진정한 의사소통 능력이 생기게 된다는 뜻이다. 각 단계의 목표를 표로 정리하면 다음과 같다.

[표 6] SIT 수업 및 수업의 각 단계별 목표

	I 단계 (전체과제 전 단계)	II 단계 (전체과제 수행 단계)	III 단계 (전체과제 후 단계)
목표	의사소통 능력을 향상시킨다.		
	목표 문법의 형태적 정확성을 향상시킨다.	실생활 과제를 통하여 의사소통 과정을 학습한다.	수행한 과제 수행 과정을 정리하여 내재화한다.
특징	맥락 안에서 의미에 집중하여 의사소통한다.		
	형태 초점 과제를 활용한다.	사회적 상호작용 과제 활동을 활용한다.	학습자들의 숙고 과정을 거치고, 피드백 활동을 한다.

2.2. 교수요목

SIT 수업의 교수요목을 설정하기 위해 이 연구에서는 Long(1985)이 제시한 과제 중심 교수요목 설계 방법을 따르는데 그 설계 방법은 다음과 같다.

1) 목표 과제 설정을 위해 학습자 요구 분석을 실시한다.
2) 목표 과제를 부분과제, 전체과제 유형 별로 구분한다.
3) 부분과제와 전체과제에서 교육적 과제를 도출한다.
4) SIT 수업에서 실시할 교육적 과제를 선정 및 배열한 후 교수요목을 작성한다.

사회적 상호작용 과제를 실제 수업에 적용하기 위해서는 우선 학습자들의 요구 분석[13]이 필요하다. 의사소통 중심 접근법 이전에는 음운론적 혹은 통사론적 요소들을 배열하고 학습자가 이에 정통하도록 하는 것이 외국어 교육의 임무라고 간주되었기 때문에 학습자 정보와 조사에 큰 의미를 부여하지 않았다. 그러나 의사소통 교수법이 대두되면서 단순한 문법적 형태 중심은 의미가 퇴색되고, 의사소통의 성공을 위한 외국어의 사용(use)과 기능(function)을 중시하여야 한다는 데 의견이 모아졌다. 그리하여 학습자가 외국어로 무엇을 하기를 원하며, 무엇을 할 필요가 있는가에 관심이 집중되었다. 이러한 요인들로 인해 학습자의 요구를 알아두어야 하며 이것을 교육 과정 수립에 반영하게 된 것이다(김영만, 2005 : 63). 이를 위해 이 연구에서는 학습자 요구 분석을 실시하고, 과제를 유형별로 구분한 후, 교육적 과제들을 선정하고 배열할 것이다.

SIT 수업의 교수요목은 다음의 사항을 고려한다.

(1) 부분과제는 전체과제 전에 실시한다.

부분과제와 전체과제는 분리 가능하며, 부분과제 자체는 완결성을 갖는다. 이는 부분과제 역시 하나의 완전한 수업이라는 뜻이다. 그러나 전체과제와 부분과제는 순차적으로 진행되어야 한다. 부분과제는 그 자체도 과제 중심 수업이기 때문에 분리되고 독립될 수 있으나 전체과제를 위한 준비 단계의 성격을 지닌다. 이는 초점화된 형태를 전체과제 수행을 통하여 직접 사용해 봄으로써 언어의 내재화에 도움을 주기 위해서이다. 만일 전체과제를 실시한 후에 부분과제가 실시된다면 부분과제는 사회적 상호작용 과제와는 동떨어진 별개의 과제가 될 수 있다. 왜냐하면

---

13) Graves(2000 : 102-104)는 요구 분석에서의 수집 정보를 '학습자의 현재와 관한 정보'와 '학습자 미래에 관한 정보'로 유형화하였다. 학습자의 현재 정보는 학습자의 국적, 나이, 성별, 학력 등의 개인 정보, 학습자의 목표어 숙달도, 학습자의 타 문화 경험 여부, 학습자의 관심도, 학습자가 선호하는 학습 방식, 학습자의 태도 등을 의미한다. 학습자의 미래에 관한 정보는 학습자의 해당 교육 과정 선택 이유나 목적, 학습자별 희망하는 목표어 사용 환경(예를 들어, 직장, 학교 등), 학습자가 희망하는 과제의 기능(목표어 사용 목적), 학습자들이 희망하는 영역(말하기, 듣기, 읽기, 쓰기 등) 등을 뜻한다.

부분과제에서 형태를 초점화하지 않는다면 과제 활동에서 우연적 사용 외에 목표 언어 형태의 발화를 기대할 수 없기 때문이다.

교수요목 구성의 기본은 과제를 부분과제와 전체과제로 분리하고, 부분과제를 단순한 형태 연습이 아닌 과제 수행을 통한 형태 학습 과정이 될 수 있도록 하는 것이다. 그리고 전체과제는 의미를 위해 형태의 사용을 최대화하는 것, 혹은 형태를 사용하기 위해 그에 적합한 과제를 개발하는 것에 중점을 둔다. 이것은 교사가 어떤 것에 집중하여 수업을 설계하느냐에 따라 달라질 수 있을 것이다. 의사소통 능력 향상에 목표를 두고 여러 과제 활동을 설계한 후 그 과제 활동에 주로 사용될 형태를 초점화할 수도 있고, 학습자들의 특정 형태 학습을 위해 목표 문법을 선택한 후 그 문법 형태를 학습하기 위한 사회적 상호작용 과제 활동을 설계할 수도 있다. 후자는 엄밀히 말해 과제 중심적 접근이라고 말하기 힘들 수도 있으나, 통합 수업을 지향하고 목표 문법 학습이 필수적인 일반 한국어 연수반 상황을 고려한다면 후자의 방법도 시행 가능하다. 수업의 목표와 교사의 의도가 특정 문법의 형태에 있다고 해도 과제 중심 교수요목 설계의 기준이 되는 것은 과제이다. 교수요목 설계의 기준이 문법 형태가 된다면 학습자들은 의미의 이해 혹은 과제 수행을 위해 형태를 사용하는 것이 아니라 형태 사용을 위해 상황을 조작하게 될 우려도 생기기 때문이다.

(2) 수업은 과제의 통제성 정도에 따라 상황과 목적이 통제된 역할극 과제, 토론극 과제, 즉흥극 과제로 배열된다.

총 3개의 사회적 상호작용 과제로 구성된 SIT 수업은 통제성에 따라 과제가 배열되어야 한다. 이는 달리 말하면 문법 형태가 아닌 과제의 난이도에 의해 과제가 배열되어야 함을 뜻한다. 통제성의 정도는 교사의 힘의 발휘 정도라는 뜻인데, 이는 교사와 학습자 간의 힘의 불균형이 있다는 것을 함축한다. Littlewood가 제시한 사회적 상호작용 활동 중 이 연구에서 활용할 과제는 통제성의 정도, 학습자들의 창의성 발휘 정도에 따라 세 가지가 추출되었으며, 그 성격도 다소 변화되었다. 과제의 배열 순서는 상황과 목적이 통제된 역할극, 토의 및 토론극,14) 즉흥극 순이다.

상황과 목적이 통제된 역할극은 교사에 의해 배경과 장소, 말할 화제 및 주제가 통제된다. 그 안에서 학습자는 자신이 전달하고자 하는 의미와 관계성을 고려해 표현한다. 물론 교사의 통제 내에서도 자율성과 창의성을 일부 발휘할 수 있기는 하지만 이 역할극 내에서 학습자들은 마치 정해진 무대와 확정된 주제와 화제에 대한 이야기를 해야 하는 연극 배우와 같다. 그러나 통제성이 강한 것은 학습자들에게는 좀 더 수월한 과정이 될 수 있다. 학습자에게 전후 맥락이 제시되므로 고려해야 할 사항들이 줄어들고, 이로 인해 학습자들의 심리적 압박도 감소할 것이기 때문이다.

상황과 목적이 통제된 역할극 후, 토론극이 시행된다. 토론극의 내용은 다소 무거운 주제가 포함되고, 언어의 복잡성을 수반할 수 있으나, 찬-반을 미리 정하거나 자신의 입장이 정해진 후 역할극을 전개해야 하기 때문에 과제의 통제성이 있다. 일정한 사안에 대한 학습자들의 찬-반 의견, 각 그룹의 입장이 정해지면 학습자들은 협의를 통해 토론을 준비한다. 이 과정에서의 준비 및 발화는 학습자들이 자율적으로 실시한다.

마지막으로 배열되는 것이 즉흥극이다. 즉흥극은 통제성이 가장 약하다. 교사가 완결되지 않은 텍스트를 제시하면 학습자는 상황과 배경 외

---

14) 주제나 상황, 교실 환경에 따라 토의극이나 토론극 중 하나를 실시할 수 있다. 이 연구에서는 긍정 측과 부정 측을 나눠 논쟁하는 토론극을 실시하였다. 이에 앞으로 토론극으로 칭한다.

에 모든 것을 창조적으로 만들어 내어 역할극을 이끌어야 한다. 텍스트의 사전 맥락 정도는 제시되어 있으나 나머지는 학습자들 스스로가 맥락을 창조해야 한다. 새로운 캐릭터를 만들어 낼 수도 있고, 새로운 사건을 일으킬 수도 있다. 모든 가능성이 열려 있는 만큼, 학습자들이 고려해야 하는 사회적 상호작용도 그만큼 다양하다. 이러한 과정 속에서 학습자들은 점진적으로 관계성을 고려하게 될 것이고, 학습자들의 의사소통 능력은 점차 성숙되고 향상될 것이다.

2.3. 교수·학습 과정 특성

외국어 교육에서 구조적 교수요목은 반복 연습과 모방이 기본이 되기 때문에 실제 대화에서 배운 것을 활용할 수 없을 것이라는 우려가 있다. 개념·기능적 교수요목은 교실 활동이 실생활에서 맞닥뜨리는 상황들의 '총연습'이 되는데, 그 연습도 결국 학습자들이 경험했던 그 상황에서만 수행할 수도 있다는 비판이 있다(Nunan(2003), 송석요 외(역), 2003 : 70). 이는 개념·기능적 교수요목 역시 기능 범주, 개념 범주로 언어 목록을 구성하기는 하였으나, 학습이 어떠한 과정을 거쳐 일어나는지에 대해 관심을 두지 않았기 때문에, 학습자들이 의사소통 목적의 수업 활동을 한다고 해도 그것을 응용하거나 상황의 재해석 및 창조적 발화를 하기 힘들다는 뜻이다. 따라서 학습자들은 외국어 수업을 통해 연습한 대화만 할 수 있는 제한된 언어 사용 능력이 아닌 새로운 상황에 대처할 수 있는 진정한 의사소통 능력을 기를 수 있어야 한다.

SIT 수업의 교수·학습 과정의 가장 큰 특성은 맥락 중심의 의사소통 학습 과정이라는 것이다. 따라서 SIT 수업의 전 과정이 의미 중심으로 진행된다. 전체과제 전 단계도 구조적인 연습이 아니라 형태 초점 기법을 통해 의미 중심으로 형태에 접근한다. 또한 학습자들은 전체 수업 과정을 통해 의사소통 과정을 학습한다. 학습자들이 학습하는 것은 의사소통 상황에서의 언어 사용이 아니라 의사소통 과정의 경험이다. 학습자들은 의사소통 과정의 경험을 통해 실제 의사소통 상황에서 상황을 새롭게 해석할 수 있는 능력이 생기고, 이에 따른 창조적 발화가 가능하게 될 것이다. 이를 토대로 SIT 수업의 교수·학습의 특성을 제시하면 다음과 같다.

(1) 학습자들은 전체과제 수행 과정을 통해 진정한 의사소통을 학습한다.

의사소통 학습을 분절적 요소별로 인식하는 것이 아니라 과정 전체를 이해하고 재해석할 수 있어야 한다. 이 연구의 전체과제 또한 유사 의사소통 상황이다. 상황과 목적이 통제된 역할극 과제 활동은 교사에 의한 통제가 있기는 하나, 이는 상황에 대한 설정일 뿐이다. 학습자는 교사가 제시한 상황에 맞는 발화를 창조해야 한다. 토론극 또한 주제만 설정될 뿐, 학습자들이 토론 주제에 맞게 논쟁을 펼치며 토론을 이끌어야 한다. 즉흥극은 교사에 의해 제시되는 상황이 매우 제한적인데, 학습자들은 즉흥극 도입 부분 이후를 창의성을 발휘해 창조해 가야 하며, 선택한 결말로 활동을 마무리해야 한다. 따라서 학습자가 상황을 고려하지 않고 언어에만 초점을 둔다면 상황에 맞는 발화가 불가능할 수 있다. 학습자는 과제 수행 전체를 통해 그 과정을 경험하고 수행의 성취감을 느끼게 될 것이며, 이 경험으로 인해 실제 의사소통 상황에서도 수행에 성공할 수 있을 것이라는 자신감을 얻을 수 있다.

(2) 과제는 소그룹 중심으로 수행된다.

SIT 수업의 중심은 과제이며, 이 과제를 수행하는 주체는 학습자이다. 학습자들은 그룹별 공동 과제를 수행하면서 끊임없이 상호작용하며 과제를 수행한다. 이 연구의 전체과제는 사회적 상호작용 과제로서, 역할극으로 구성된다. 학습자들은 집단 참여자로서의 역할이 요구된다. 상황과 목적이 통제된 역할극은 교사에 의한 통제성이 강하므로 학습자들의 부담감이 줄어든다. 교수요목상 가장 먼저 배치될 이 역할극은 교사의 의도에 따라 짝 활동부터 3-4인의 소규모 그룹으로 학습자들을 구성할 수 있다. 토론극은 찬-반 양측이 있거나 각자의 입장을 전달해야 할 구성원이 필요하므로 짝 활동보다 소그룹 활동이 더 적합하다. 즉흥극은 텍스트에 따라 짝 활동이 가능할 수도 있다. 주어진 상황 이후를 학습자들이 즉흥적으로 구성하여 대화를 이어가야 하기 때문에 교사가 제시하는 텍스트의 내용이 그룹원의 수를 결정한다. 학습자-교사의 관계로만 구성된 수업에 익숙한 학습자는 동료 학습자와 공동 참여하여 수행하는 과제 중심수업이 어색할 수 있고, 수업에 대한 낯섦이 소극적 행동으로 이어질 우려가 있다. 교사는 학습자들이 소그룹 활동에 적극적으로 임할 수 있도록 그룹원을 조직하고 학습자들을 격려해야 한다.

(3) 과제는 실제성에 기반한다.

사회적 상호작용 과제는 실제성에 기반한 과제이다. 형태 초점 기법이 적용되는 부분과제는 실제 대화나 의사소통 상황이 일어나지 않을 수도 있기 때문에 의미 중심적이기는 하나 실제적 과제라 칭하기 어렵다. 그러나 전체과제 활동인 역할극은 모두 실제성에 기반한 활동이다. 상황과 목적이 통제된 역할극 활동은 통제성이 강하지만 특정 상황과 목적 아래에서 이루어지는 대화는 모두 실제적이다. 학습자들은 청자와 화자가 되어 통제된 상황과 목적에 맞추어 대화를 이어가고 종료해야 한다. 이때, 단순히 의미만을 전달하는 것이 아니라 통제된 상황에서의 사회적 맥락도 고려해야 한다. 토론극도 실제 토론 현장은 아니지만 유사 경험을 하는 상황이다. 학습자들은 토론 상대 측을 고려하며, 토론이라는 형식을 준수하며 발화해야 한다. 즉흥극 또한 학습자들이 인위적으로 구성한 역할극의 형식이나, 그 상황 속에서 일어나는 의사소통 과정은 모두 실제적이다. 학습자들이 구성한 역할극의 내용은 현실과 괴리감이 있을 수도 있다. 그러나 그 상황에서 일어나는 대화는 실제성을 띠어야 한다. 학습자들은 학습자들이 생각하는 가장 실제적인 태도로 역할극에 임할 것이며, 역할극에서 맡은 역할에 몰입할 것이다.

실생활에서 사회적 맥락이 고려되지 않을 때 의사소통 실패가 일어날 수 있는 것과 마찬가지로, 역할극 활동에서의 맥락이 고려되지 않은 기능적 말하기는 의사소통의 성공이라 보기 어렵다. 학습자들은 최대한 실제성을 살려 역할극에 임해야 한다. 학습자들은 발음, 억양, 몸짓, 태도에서부터 장소, 나이, 사회적 관계 등의 사회적 상호작용을 고려한 실제성을 발휘하여 과제를 수행한다.

2.4. 학습자 역할

과제 중심 수업을 기반으로 하는 이 연구의 SIT 수업은 성공적 과제 수행에 초점을 두어 학습자 역할을 설정한다. 이 연구는 Richards & Rodgers(2001 : 362-363)가 제시한 과제 중심 접근법에서의 학습자 역할에 공감하면서 SIT 수업에서의 학습자 역할을 집단 참여자(group participants), 감시 점검자(monitor), 모험 감수자와 개혁자(risk-taker and innovator)로 보았다.

(1) 학습자는 집단 참여자이다.

사회적 상호작용 과제는 짝 활동 혹은 그룹 활동으로 실시된다. 이는 의사소통은 청자를 기본으로 하여 이루어지고, 사회적 관계 또한 상대방이 설정되어야 가능하기 때문이다. 학습자들은 개별적 활동으로 과제 수행을 할 수 없고, 공통의 과제를 성공적으로 수행하기 위해 서로 협력하고 노력해야 한다. SIT 수업은 사회적 상호작용이 수반되는 역할극 과제가 중심이 되므로, 학습자들이 집단 활동을 해야 한다. 교사 중심 수업에 지나치게 익숙해져 있거나 성격이 내성적인 학습자들이 수업에 소극적인 태도를 보이면, 교사는 학습자들이 과제에 적극적으로 참여할 수 있도록 격려해야 한다. 학습자 스스로도 수업의 주체가 학습자임을 자각하여 적극적으로 과제 수행에 임해야 한다.

(2) 학습자는 감시 점검자이다.

교사가 전체과제를 설계하여 학습자에게 제시하면 학습자는 단순히 과제 수행만을 목표로 해서는 안 된다. 학습자들은 교사의 과제 설계와 과제 수행 요구에 대한 의도를 파악하려는 노력이 필요하며, SIT 수업에 대해 교사의 설명을 기다리기보다 학습자 스스로 과제를 모니터하고 학습 과정을 면밀히 관찰하는 적극성이 요구된다. 역할의 해석, 주제, 내용에 대한 이해는 세밀한 관찰에서 나온다. 수업을 설계하는 것은 교사이지만 이 수업의 중심은 과제이며, 그 과제를 수행하는 것은 학습자이다. 그리고 학습은 과제 수행의 결과로만 이루어지는 것이 아니라 과제 수행 과정 전체를 통하여 이루어지므로, 학습자들은 수업의 전반적 과정에 관심을 갖고 관찰해야 한다.

(3) 학습자는 모험 감수자와 개혁자이다.

학습자들은 이 연구의 전체과제를 수업 시간에 처음 접하게 된다. 과제에 대해 미리 통보받거나 어떤 것을 학습하게 될 것이라는 사전 정보가 없기 때문에 학습자들에게는 다소 긴장되고 부담스러운 수업이 될 수 있다. 특히 다른 과제 중심 수업과 마찬가지로 소그룹 활동으로 수업이 진행되므로, 학습자들은 동료 학습자들과 공동으로 과제를 수행하기 위해서는 모험을 시도할 용기가 필요하다. 또한 기존의 교사 중심 수업에서 학습자 참여에 대한 갈증을 느낀 학습자라면 이 수업이 매우 개혁적일 것이다. 따라서 사회적 상호작용을 포함하는 전체과제를 수행하면서 기존의 수업을 개혁하는 작업에 동참하게 되는 것이다.

2.5. 교사 역할

한국어 수업은 교사가 다양한 국적의 학습자와 만나는 문화 간 교류의 현장이어서 예측 불가능성이 높다는 특성이 있다. 한국어 수업의 이러한 특성으로 인해 한국어 교사의 수업 구성 능력은 수업의 예측 가능성을 높여 성공적인 학습 결과로 이어지게 하는 데 매우 중요한 역할을 한다 (진대연, 2009 : 452-453). 수업의 준비와 계획, 구성에 교사는 주도적 역할을 해야 한다. 과제 중심 수업이 학습자 중심 수업이기는 하나, 수업을 설계하고 구성하는 총 책임은 교사에게 있다. 여러 상황을 고려한 치밀한 수업의 준비 및 계획, 수업 자료로서의 교재와 교구의 개발 및 사용, 주안점과 대안을 마련해 둔 수업의 구성 및 운영 등은 단기적인 수업의 성공뿐만 아니라 중장기적인 교수·학습 결과에도 지대한 영향을 미친다 (진대연 외, 2009 : 174).

SIT 수업에서의 교사의 역할은 과제 중심 수업에서 요구하는 교사의 역할을 충실히 따를 것이다. 다음은 SIT 수업에서의 교사의 역할이다.

(1) 교사는 의사소통 촉진자이다.

과제 수행에서 학습자들은 그룹 활동을 해야 하기 때문에 활발한 상호작용이 필요하다. 그러나 학습자들은 목표어로 의사소통해야 하므로, 끊임없이 의미를 협상한다. 이 과정에서 학습자들의 대화가 중지되거나, 오해가 생겨 의사소통에 문제가 발생될 수 있다. 이때 교사는 학습자들의 발화 의도를 파악하여 오해를 해소시키고 대화를 이어가게 해 준다.

상황과 목적이 통제된 역할극은 짝 활동으로 수행되는데, 이 과제 활동에서 상황과 목적은 짝 학습자와 공유되지만, 각 학습자의 대화는 공유되지 않는다. 따라서 과제 수행 시, 갑자기 대화가 중단되거나 제대로 된 답을 못해 학습자가 당황하는 상황이 발생할 수 있다. 이때 교사는 학습자의 대화를 자연스럽게 이어줄 수 있도록 윤활유 역할을 해야 한다. 토론극에서 교사는 사회자와 토론자들이 원활하게 토론을 진행할 수 있도록 토론의 순서 등에 대해 조언할 수 있다. 또한 교사가 직접 개입하는 대신, 원만한 진행을 위해 사회자의 역할을 강조할 수도 있다. 즉흥극은 과제 수행의 시작부터 결말까지 학습자들이 모두 결정해야 하므로, 학습자들 간 협의 과정이 필요하다. 이때 교사는 학습자들의 의사소통을 돕는다. 또한 즉흥극의 특성상, 즉흥극 과정에서 휴지나 머뭇거림 등이 발생할 수 있다. 이때에도 교사는 극의 흐름이나 대화의 배경을 학습자들에게 설명하여 원활한 진행을 도와주는 역할을 한다.

(2) 교사는 과제의 선택 및 배열자이다.

과제 수행의 중심은 학습자이지만 과제를 선택하고 배열하는 것은 교사이다. 교사는 통제성에 따라 과제를 배열하고 전체과제의 성격에 따라 부분과제를 선택한다. 과제를 선택하고 배열한다는 것은 수업을 통제할 수 있는 권한이 교사에게 있다는 뜻이다. 수업 전체 진행을 통제하고 원활하게 이끄는 것은 교사의 중요한 역할이다. 교사는 SIT 수업에서 부분과제에서의 언어 형태 선정, 언어 형태에 맞는 형태 초점 과제 선정, 전체과제 간 배열 선정을 한다. 개별 SIT 수업은 부분과제 후 전체과제 활동의 순으로 배열하고, 전체 SIT 수업 과정은 상황과 목적이 통제된 역할극 - 토론극 - 즉흥극 순으로 배열하여 수업을 진행한다.

(3) 교사는 학습자의 의식 고양자이다.

교사는 학습자의 문법 학습 능력 향상을 목표로 SIT 수업의 부분과제를 설계한다. 이를 위해 교사는 형태 초점 기법을 적용하게 되고, 학습자들은 교사의 문법 학습 설계에 따라 문법 의식이 상승될 것이다. 의식이 상승되는 것은 명시적일 수도 있고 암시적일 수도 있다. 입력 처리, 의식 상승 기법, 딕토글로스와 같은 개별 형태 초점 기법뿐만 아니라 자연스러운 피드백 과정에서도 학습자들의 문법 의식은 상승될 것이다.

(4) 교사는 학습의 상담자 및 안내자이다.

SIT 수업은 학습자의 통제성의 정도에 따라 학습자의 창의성 및 자율성 발휘 정도가 달라지기 때문에 학습자가 수업에 어려움을 느낄 수 있다. 이때 교사는 학습자의 상담자 및 안내자가 된다. 교사는 수업 활동을 주도하지 않고 학습자들의 수행을 도와주거나 과제를 안내해 주는 안내자의 역할을 한다. 상황과 목적이 통제된 역할극에서는 통제의 구체적인 사항들을 모르는 학습자에게 통제 사항을 설명할 수도 있고, 토론극에서는 토론의 진행 절차를 안내할 수도 있다. 또한 교사는 언어 형태에 대한 학습자들의 궁금증을 해소해 주는 역할도 한다. 즉흥극 준비 단계에서 교사는 어휘나 문법 형태 등에 관해 학습자의 질문이 있으면 이에 대해 개별적으로 설명해 줄 수 있다. 학습자들은 수업에 관한 모든 의문점을 교사에게 자유롭게 질문하고, 수업 진행을 위한 안내자로서 교사를 활용할 수 있다.

2.6. 교수 자료의 역할

SIT 수업에서 사용될 교수 자료는 실제 의사소통의 성공적인 수행을 위해 교사에 의해 고안된 교육적 자료이다. 교사는 교수 자료를 통해 과제를 제시하며 학습자들은 이 교육적 자료를 통하여 과제 수행의 정보를 얻는다. 이 연구에서의 교수 자료의 역할을 제시하면 다음과 같다.

(1) 교수 자료는 학습자들의 의사소통을 촉진한다.

SIT 수업의 교수 자료에는 학습자들의 과제 수행에 필요한 정보들이 담겨 있다. SIT 수업의 부분과제에서는 형태 초점화를 위한 텍스트 및 형태 초점 기법 자료들이 학습자들에게 제시된다. 상황과 목적이 통제된 역할극 과제에서는 통제된 상황과 목적을 설명하는 텍스트가 학습자들에게 제공되며, 토론극 과제에서는 토론 주제에 관해 텍스트나 실제 자료(인터넷 기사 등)가 제시된다. 즉흥극 과제에서는 딕토글로스 활동을 위해 제시된 텍스트가 활용된다. 학습자들은 제시된 텍스트의 이해 및 해석을 위해 타 학습자와 끊임없는 상호작용을 할 것이다. 학습자들은 교수 자료를 바탕으로 과제를 수행의 정보를 얻고 서로 상호작용하면서 과제를 수행한다. 이러한 과정 속에서 교수 자료는 학습자들의 의사소통을 촉진시킨다.

(2) 교수 자료는 실생활에 관한 유사 경험을 제공한다.

전체과제에서 제시되는 자료들은 교사에 의해 고안된 교육적 자료이지만 매우 실제적이다. 학습자들은 이 텍스트를 통해 실생활에서 접하게 될 상황들을 간접 경험하고, 자료를 통하여 정보를 조직하여 본격적인 의사소통의 준비를 하게 된다. 토론극에서는 학습자들이 자신의 의견을 제대로 표출하기 위해 사전 준비를 하게 되는데, 이때 자료로 쓰일 수 있는 인터넷 신문 기사 등은 실제 자료이다. 이러한 자료들은 교사가 직접 제시하지 않아도 학습자가 과제 수행을 위해 사용할 자료이기 때문에 학습자가 적극적으로 준비하는 학습 자료가 된다.

3. SIT 수업 실행 절차와 참여자

3.1. SIT 수업 실행 절차

이 연구는 SIT 수업을 설계하여 실제 수업에 적용한 후 최종 모형을 제시하는 것을 목적으로 연구를 출발하였다. 이를 위해 먼저 수업 대상자를 선정한 후, 해당 학습자에게 한국어 수업에 대한 요구 분석을 실시한다. 이 요구 분석은 학습자들이 한국어 수업에 관한 전반적인 요구 사항이다. 요구 분석에는 학습자들이 생각하는 한국어 학습에서의 중요한 점, 선호하는 한국어 수업 방식, 선호하는 과제 활동 방식 등이 포함된다. 학습자들의 한국어 수업 및 학습에 대한 다양한 요구들은 SIT 수업을 설계할 때 활용하게 된다. 요구 분석 후, 연구 대상 학습자들의 의사소통 능력을 측정하기 위하여 OPI 평가를 실시한다. OPI 평가 후에는 한국어 능력시험(TOPIK) 문법 평가[15]를 실시한다. 문법 지필 고사로 실시되는 이 평가는 직접적인 학습자 의사소통 능력 분석 목적의 평가는 아니다. TOPIK 문법 평가는 학습자들의 의사소통 능력을 평가하는 데 있어, 문법 지식과 언어 수행 능력을 비교하는 등 보조적 자료로 활용된다.

---

15) 학습자 문법 평가는 TOPIK의 어휘·문법 시험을 활용하였다. 현재는 어휘·문법 영역 평가가 실시되고 있지 않으므로, 이 연구에서는 가장 최근(32회, 33회, 34회)의 어휘·문법 영역 시험 3개 중 중급 문제 18문항, 고급 문항 18문항을 추출하였다.

요구 분석과 사전 평가가 끝나면 SIT 수업이 실시된다. 연구자는 SIT 수업 과제 절차에 따라 상황과 목적이 통제된 역할극 과제, 토론극 과제, 즉흥극 과제 순으로 수업을 실행한다. 수업 실행은 수업 설계 - 현장 적용 - 수업 평가를 통한 개선점 검토 순으로 진행된다. 수업 평가는 교사가 평가하는 문법 평가와 목표 형태 사용 평가, 학습자가 스스로 평가하는 학습자 성장 평가와 수업에 대한 정의적 평가가 있다. 문법 평가 또한 지필 고사 형식으로 진행된다. 목표 형태 사용 평가는 학습자의 목표 문법 사용 측면을 관찰하기 위한 평가이다. 이 평가는 SIT 수업에서 발화되었던 목표 문법이 과제 수행 구술 과정에도 자연스럽게 발화할 수 있으리라는 기대로 실시되는 평가이다.

　학습자 성장 평가와 수업에 대한 정의적 평가는 학습자의 자가 평가이다. 학습자들은 개별 SIT 수업이 끝나면 이 평가들을 하게 된다. 학습자들은 SIT 수업이 언어의 정확성, 유창성, 관계성에 도움을 주었는지에 대한 평가를 하고, 수업의 흥미도와 자신감 향상 등 정의적 평가도 하게 된다.

　이 평가를 토대로 연구자는 수업의 설계 및 실행을 점검하여 개선점을 검토한다. 모든 SIT 수업이 끝나면 수업 후 의사소통 능력 향상 정도를 평가하기 위한 OPI 평가를 실시한다. 일련의 모든 과정이 완료되면 수업 후의 평가를 통한 개선점과 최종 OPI 평가에 대한 분석을 종합해 최초의 설계를 보완하여 SIT 수업 모형을 제시하게 된다. 이를 도식화하면 다음과 같다.

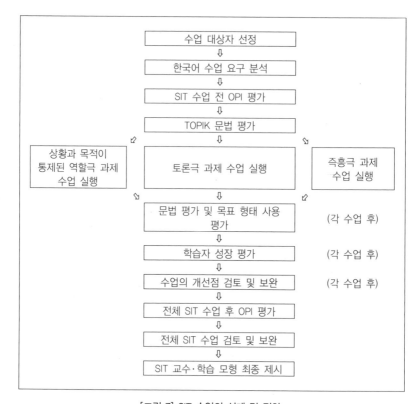

[그림 7] SIT 수업의 설계 및 절차

3.2. SIT 수업의 참여자

■교사

이 연구의 SIT 수업에서는 연구자가 교사로 참여하게 된다. 이 연구에서는 SIT 수업을 설계하고 실제 수업에 적용하고 나서 개선점을 검토한 후, 최종 교수·학습 모형을 제시해야 하므로, 설계자와 실행자 간의 긴밀한 협력 관계가 요구된다. 일반적으로 설계를 기반으로 하는 연구에서는 연구자는 '참여 관찰자(participant-observer)'의 역할이 가장 이상적이다(이민형, 2016 : 113). 설계자가 실제 수업에서 교수자로서 역할을 하게 되면 전체 수업을 객관적으로 참관하고 판단하기 힘들기 때문이다. 그러나 이 연구에서는 SIT 수업이 타 교사들에게 낯설어 교사의 충분한 이해를 바탕으로 수업을 원활히 진행하는 것은 무리가 있을 것으로 판단되었다. 또한 수업 후, 학습자의 의사소통 능력을 평가하기 위해 OPI 평가를 실시해야 하는데, 수업을 진행하고 평가까지 해야 하는 교사들의 부담감이 크다는 것과 OPI 평가자 교육을 받은 한국어 교사 중에서 SIT 수업 진행 교사를 선정해야 하는 문제, 교사 상호 간 수업 시간 조절이 쉽지 않은 현실적 어려움 탓에 연구자가 다중적인 역할을 하였다. 설계자가 교사로 참여하게 되면 객관적 수업 참관에는 약점이 있을 수 있으나, 수업 참여자로서의 직관적 문제 판단, 개선점에 대한 적극적이고도 실제적 보완이 가능할 것이다. SIT 수업에 교사로 참여한 연구자의 경력은 다음과 같다.

[표 7] SIT 수업에 참여한 교사의 경력

	직업	학력	경력	비고
교사 경력	한국어 교사	박사 수료	• ○○대학교 한국어 강사(現) • 한국어 강의 경력 11년	OPI 평가자 교육 수료

■학습자

SIT 수업에 참여한 학습자는 모두 10명이다. 참여 학습자는 모두 대학생이고, 교환학생이라는 공통점이 있다. 국적은 중국 학습자가 6명으로 가장 많으며, 타지키스탄 2명, 대만 학습자 1명, 미얀마 학습자 1명이다. 1명을 제외한 9명이 한국어 전공자인데, 한국어를 공부한 기간은 2년-5년이다.16) 연령은 1명을 제외하고 모두 22-23세이다. 한국어 공부의 목

---

16) 한국어를 5년 동안 공부했다고 밝힌 학습자는 졸업을 유예시킨 학습자이다. 이 학습자는 미얀마 학습자이지만 대만 대학교에서 한국어를 전공하고 있으며, 진로 문제로 인해 졸업을 유예시킨 후 한국으로 왔다.

적은 대부분 실용적인 목적이었다. 한국에 대한 호기심과 한국어의 유창한 사용을 목적으로 한다는 경우 외에 모든 학습자들이 진학이나 취업을 위해 한국어를 배우고 있었다.17) 성별은 여학생 8명과 남학생 2명으로 구성되었다. 말하기 능력을 제외한 한국어 능력을 평가하는 TOPIK 시험 자격증은 모두 6명이 보유하고 있는데, 2급에서 6급까지 급수가 다양하다. 동양권 학습자의 특성상, 평소 수업에서 분위기를 주도할 만큼의 능동적이고 적극적인 학습자들은 눈에 띄지 않았다. 소극적인 학습자들도 다른 학습자에게 폐가 되지 않기 위해 조별 활동에 열심히 참여하고, 다른 학습자 앞에서 실수하지 않으려고 메모하고, 자신 없는 부분은 외우는 등 체면을 손상하지 않으려는 노력을 하는 학습자들이다. 개별 학습자들의 특성을 표로 정리하면 다음과 같다.

[표 8] 수업 참여 학습자들의 개별 특성

	학습자	국적	성별(나이)	한국어 공부 기간	한국 거주 기간	한국어 공부 목적	TOPIK 자격증 보유
1	A	타지키스탄	여(23)	3년	9개월	한국어 교사	2급
2	B	중국	여(23)	3년	8개월	유창한 사용	×
3	C	미얀마	여(26)	5년	4개월	한국어 교수	5급
4	D	중국	여(23)	3년	4개월	취업	×
5	E	타지키스탄	여(22)	2년	9개월	한국어 교사	2급
6	F	대만	여(22)	4년	3개월	한국에 대한 호기심	6급

---

17) 고경숙 외(2010)에서는 한국에 3개월에서 최장 2년 간 체류하며 학점을 이수하는 교환학생들의 정체성에 대한 명확한 구분이 없다고 지적하였다. 단순하게 학문 목적 학습자로 분류하거나 단기 체류 학습자로만 분류하여 한국어 교육에서 이들을 소외시키고 있다고 하였다. 또한 이 논문에서는 교환학생들은 어학 연수반 학생들과 같이 많은 수업을 원하지 않으며, 고급 수준의 한국어 학습자에게 필요한 학업 전략이나 기술 습득을 필요로 하지 않는다고 하였다(2010 : 5). 그러나 교환학생들 중 상당수는 한국에서 생활을 하면서 유학을 결심하기도 하고, 유학 결심 후 사전 경험을 위하여 교환학생 제도를 신청하기도 한다. 따라서 교환학생의 정체성에 대한 명확한 구분이 없다는 것은 동의하나, 한국어 수업에 대한 기대나 목적은 단정하기 어려운 상황이다.

	학습자	국적	성별(나이)	한국어 공부 기간	한국 거주 기간	한국어 공부 목적	TOPIK 자격증 보유
7	G	중국	여(22)	3년	3개월	대학원 진학	4급
8	H	중국	남(23)	3년	8개월	취업	4급
9	I	중국	여(22)	2년	8개월	취업	×
10	J	중국	남(22)	3년	8개월	취업	×

이 연구에서는 SIT 수업 전, 학습자들의 의사소통 능력을 점검하기 위하여 OPI 평가를 실시하였다. 또한 학습자들의 문법 평가를 실시하였는데, 이는 문법 지식적 평가로, 앞서 밝힌 바와 같이 이 연구의 직접적 분석 자료는 아니다. 학습자들의 언어 수행 능력을 평가함에 있어서 필요하다고 판단되면 의사소통 능력과 비교하기 위한 보조 자료로 활용하고자 실시한 것이다. 다음은 SIT 수업 전 실시한 학습자 문법 평가와 OPI 평가 결과[18]이다.

[표 9] SIT 수업 전 학습자의 OPI 평가 등급과 문법 평가 성적

	학습자	OPI 평가 등급	문법 평가 점수	
			중급	고급
1	A	I-L (중급-하)	55	38.3
2	B	I-M (중급-중)	95	56.7
3	C	A-M (고급-중)	88.3	70
4	D	I-M (중급-중)	66.7	36.7
5	E	N-M (초급-중)	60	35
6	F	A-L (고급-하)	78.3	66.7
7	G	A-M (고급-중)	88.3	55
8	H	I-L (중급-하)	80	36.7
9	I	A-L (고급-하)	78.3	46.7
10	J	N-M (초급-중)	48.3	28.3

---

18) SIT 수업 전 OPI 평가에 대한 분석은 5장에서 다룬다.

3.3. 학습자 요구 분석

SIT 실제 수업에 앞서 학습자에 관한 인적 사항 질문과 한국어 수업에 관한 요구 조사를 실시하였다. 인적 사항에 대한 질문은 국적, 성별, 연령, 학력, 한국어 수학 기간, 한국 거주 기간, 한국어 공부의 목적, 한국어 수준이었다.[19] 또한 교수요목 설계를 위한 한국어 수업 전반에 관한 설문 조사도 분석하였는데 문항은 7문항이었다.

[표 10] 학습자들이 한국어 학습에서 중요시하는 영역

1. 한국어 학습에서 무엇이 가장 중요하다고 생각합니까?	응답	
	응답자 수	비율(%)
발음	5	50
문법 및 어휘	1	10
말하기	6	60
쓰기	1	10
듣기	3	30
읽기	1	10
합계	*17	*170[20]

학습자들은 한국어 학습에서 말하기와 발음이 가장 중요하다고 응답하였다. 이는 학습자들의 한국어 수준 및 한국에 온 목적과 무관하지 않은 응답이다. 학습자들은 한국 체류 기간 중 한국어 모어 화자들과의 의사소통을 위한 말하기 능력의 필요성을 느낀 듯하다. 또한 의사소통 상황에서 한국어 모어 화자들의 말을 이해하지 못했을 때나 자신의 말하기를 모어 화자들이 이해 못했을 때 의사소통 실패의 원인을 '발음 문제'로

---

19) 학습자에 관한 질문들은 개별 학습자 분석에서 학습자별로 분석한다.
20) 2~3개씩 복수 응답을 한 학습자들이 있었다. 복수 응답자들은 '말하기, 쓰기', '발음, 듣기', '발음, 말하기', '발음, 말하기, 듣기', '문법 및 어휘, 말하기, 읽기'로 응답하였다.

인식하는 경향이 있는 것으로 보인다.

[표 11] 학습자들이 생각하는 한국어 발화 시 어려운 점

2. 한국어로 말할 때 가장 어려운 부분이 무엇입니까?	응답	
	응답자 수	비율(%)
상황에 맞는 적절한 문장을 만들기 어렵다.	3	30
(발음이나 표현의 문제로) 상대방이 내 말을 잘 못 이해한다.	3	30
상황에 맞는 적당한 문법이 떠오르지 않는다.	2	20
시제, 높임말, 어휘 등이 상황에 맞는지에 대한 자신이 없다.	1	10
합계	10	100

학습자들은 한국어로 말할 때 상황에 맞는 적절한 문장을 만들기 어렵고(30%), 상대방이 자신의 말을 잘 이해하지 못하는 것(30%)에 가장 어려움을 느끼고 있었다. 즉, 적절한 문장을 생성해 내는 것에 대한 두려움과 상대방이 자신의 말을 이해하지 못하는 것에 대한 답답함이 있다는 것이다. 또한 적당한 문법이 생각나지 않는다(20%)와 의사소통에서의 관계성 즉, 사회적 상호작용에 대한 자신감 부족(10%)이라는 응답도 있었다.

[표 12] 학습자들의 한국어 의사소통 실패 경험

3. 한국어로 말할 때 상대방이 내 표현을 이해하지 못한 적이 있습니까?	응답	
	응답자 수	비율(%)
있다	10	100
없다	0	0
합계	10	100

학습자 자신의 한국어 사용의 문제가 의사소통 실패로 이어진 경험에 관해서는 모든 학습자(10명)가 그렇고 답했다.

[표 13] 한국어 의사소통 실패 이유

3-1. 있다면 왜 그렇다고 생각합니까?	응답	
	응답자 수	비율(%)
발음이 부정확해서	3	30
틀린 문법을 사용해서	3	30
문장 구조가 틀려서	3	30
틀린 어휘를 사용해서	1	10
뜻은 맞지만 상황과는 맞지 않는 표현이라서	0	0
합계	10	100

의사소통 실패의 이유에 관해서는 부정확한 발음(30%), 문법 오류(30%), 통사적 오류(30%) 때문이라는 응답이 있었고, 어휘 오류(10%) 때문에 의사소통에 실패했다는 답도 있었다. 사회적 상호작용의 실패로 의사소통에 실패한 적이 있다는 응답은 없었는데, 이는 실제 상황에서 관계성이 고려되지 않는다고 해도 기본적인 의미 전달이 되기 때문에 학습자들은 실패라고 여기지 않기 때문인 것으로 보인다.

[표 14] 학습자가 선호하는 한국어 수업의 방식

4. 한국어 수업은 어떤 방식이 좋습니까?	응답	
	응답자 수	비율(%)
교사의 설명으로 이루어진 수업	0	0
말하기·듣기 위주의 의사소통 활동으로 이루어진 수업	2	20
말하기·듣기 중심 의사소통 활동이지만 교사의 설명과 함께 이루어진 수업	8	80
합계	10	100

한국어 수업 운영 방식에 관한 질문에서는 학습자들은 교사의 설명 위주의 수업은 아무도 선호하지 않았다(0%). 의사소통 활동 수업만으로 이루어진 수업(20%)을 원하는 학습자도 있었으나 대부분(80%)은 의사소통

활동과 교사 설명으로 구성되는 수업을 선호하였다.

[표 15] 학습자가 선호하는 문법 수업 방식

5. 한국어 수업에서 문법은 어떻게 배우는 게 좋습니까?	응답	
	응답자 수	비율(%)
교사 설명	0	0
교사 설명과 연습 문제 풀이	3	30
교사 설명과 필요한 의사소통 과제 활동	7	70
의사소통 활동	0	0
없다	0	0
합계	10	100

문법 교육에서 전통적인 방식이라 할 수 있는 교사 설명식 수업(0%)이나 교사 설명과 연습 문제 풀이 방식을 선호하는 학습자(30%)들은 많지 않았다. 학습자들은 교사의 설명으로 명시적 학습을 한 후 의사소통 상황에서 과제를 수행할 수 있는 기회를 갖기(70%)를 희망하고 있었다. 의사소통 활동만으로 문법을 배우는 방식(0%)도 선호되지 않았다.

[표 16] 학습자들이 선호하는 과제 활동 방식

6. 한국어 수업에서 과제 활동은 어떤 방식이 좋습니까?	응답	
	응답자 수	비율(%)
혼자 하는 활동	0	0
짝 활동	4	40
3-4명의 소그룹 활동	3	30
교사와 전체 학생 활동	2	20
활동을 좋아하지 않음	0	0
합계	10	100

수업의 과제 활동 방식은 다양한 방식을 선호하였다. 혼자 하는 활동

(0%)이나 활동을 좋아하지 않는다(0%)는 대답은 없었으며, 짝 활동(40%), 소그룹 활동(30%), 교사와 전체 학생 활동(20%)에 대한 고른 분포의 요구가 있었다.

[표 17] 학습자들이 생각하는 과제 활동 수행 시 중요시할 점

7. 수업 중 과제 활동에서 중요시해야 할 내용은 무엇입니까?	응답	
	응답자 수	비율(%)
정확하게 말하기	3	30
유창하게 말하기	2	20
의사소통 상황과 목적에 맞게 말하기	5	50
합계	10	100

과제 활동에서 학습자들은 정확성과 유창성, 관계성을 모두 학습할 수 있어야 한다고 보았다. 3번 문항에서 학습자들은 사회적 상호작용의 문제로 의사소통을 실패했다는 대답이 없었으나, 7번 문항에서는 과제 활동에서 관계성을 학습할 수 있어야 한다고 응답한 것이 흥미롭다. 이는 학습자들의 한국어 수준이 중급 이상인 것과 관련이 있을 것이다. 학습자들은 의사소통에 실패하지는 않았어도 자신의 표현이 상황에 맞고, 청자와의 관계에서 적절한 표현이라는 것에 대한 확신이 없기 때문에, 좀더 완벽한 의사소통의 성공을 위해 과제 활동을 활용하고 싶어 하는 것으로 보인다.

이 연구는 이와 같은 학습자들의 요구 분석을 SIT 수업 설계에 반영할 것이다. 실험 참여 학습자들의 요구 분석을 정리하면 다음과 같다.

(1) 한국어 학습에서 말하기 학습이 강조되어야 한다.
(2) 의사소통을 위한 학습에서는 사회적 상호작용을 고려해야 한다.
(3) 한국어 학습에서는 의사소통적 활동과 언어 형태에 대한 학습이

필요하다.

(4) 언어 형태 학습 또한 과제 활동을 통한 학습이 되어야 한다.

(5) 짝 활동이나 그룹 활동 등 학습자 중심 활동이 필요하다.

(6) 과제를 통하여 정확성과 유창성, 관계성을 학습할 수 있어야 한다.

3.4. 학습자 성장 평가 문항 설정

이 연구는 SIT 수업 후, 전체 학습자가 평가하는 SIT 수업의 기여도를 측정해 보고자 한다. 이를 위해 학습자 설문을 실시하는데, 이는 수업 실시 후 전체 학습자가 느끼는 주관적인 만족도 또한 SIT 수업 모형 설계에 중요한 시사점을 제공하리라 보기 때문이다. 학습 및 수업에 대한 학습자 반응 설문 중 학습에 관한 항목은 정확성, 유창성, 관계성으로 분류하여 조사하며, 조사는 익명으로 실시한다. 구체적인 문항은 다음과 같다.

[표 18] 학습자 성장 평가 측정 도구 항목

〈정확성〉
• 이 수업에서 배운 문법을 정확하게 이해했습니까?
• 전체과제 활동에서 (말을 많이, 자연스럽게 하는 것보다는) 정확하게 말하는 것에 신경을 썼습니까?
• 전체과제 활동 수행 시, 부분과제 활동에서 배운 문법을 사용해서 말했습니까?
• 전체과제 활동과 비슷한 실제 상황에서도 이 수업에서 배운 문법을 사용해 말할 수 있습니까?
• 이 수업이 한국어를 정확하게 말하는 데에 도움이 된다고 생각합니까?

〈유창성〉
• 전체과제 활동에서 자신의 생각을 오해 없이 전달했습니까?
• 전체과제 활동에서 자신의 생각을 막힘없이 전달했습니까?
• 전체과제 활동에서 자신의 생각을 표현할 때 충분히 길게 말할 수 있었습니까?
• 전체과제 활동에서 (문법 형태보다는) 의사소통 전달에 더 신경을 썼습니까?
• 전체과제 활동과 비슷한 실제 상황에서도 이 수업처럼 말할 수 있습니까?
• 이 수업이 한국어를 자연스럽고 편하게 말하는 데에 도움이 된다고 생각합니까?

〈관계성〉
• 이 수업에서 의사소통 상황에 맞는 대화를 학습할 수 있었습니까?
• 이 수업에서 전체과제 활동 시 상황을 모두 이해했습니까?

- 짝(그룹원)과 전체과제 활동 시 대화하는 사람의 관계(나이, 성별, 직업, 사회 적 위치 등)를 고려하면서 말했습니까?
- 짝(그룹원)과 전체과제 활동 시 대화가 일어나는 장소(집, 회사, 공공장소 등)를 고려하면서 말했습니까?
- 오늘 대화가 실제 의사소통 상황에서도 문제없이 전달될 것이라 생각합니까?
- 이 수업이 한국 생활과 한국 문화 이해에 도움이 되었습니까?
- 이 수업이 실제 의사소통 상황을 이해하는 데에 도움이 된다고 생각합니까?

수업의 효과 측정을 위해서는 객관적 수치 측정과 함께 학습자의 자가 평가도 매우 중요하다. 과제 중심 수업은 학습자 중심 수업이기 때문에 수업의 효과나 효율성은 이 자료가 객관적 측정 자료보다 훨씬 더 풍부한 논의거리를 제공하기 때문이다. 의사소통 능력 향상에 대한 수업의 기여도는 정확성, 유창성, 관계성에 대한 수업의 기여 등 모두 세 가지 측정요소로 분류되었다.

정확성 측정은 학습자들의 목표 문법의 이해에 대한 질문에서 출발한다. 이는 정확성 학습에 대한 학습자 체감 정도를 수치화하는 것이다. 이를 위해 우선 학습자가 과제 수행에서 정확성, 유창성 중 상대적으로 어떤 요소에 주안점을 두었는지를 측정할 것이다. 또한 부분과제에서 학습한 언어 형태를 전체과제에서 사용했는지를 측정하는데, 이는 학습한 문법 형태를 정확하게 말하려는 시도와 실제 형태의 사용 정도가 상이할 수 있어 이를 측정 요소에 포함하였다. 과제 중심 수업은 수업 과정 전체가 학습에 포함된다. 이는 과제 수행 완료 후에 학습자들의 지식 내재화도 완료된다는 뜻이다. 따라서 과제 수행에서의 정확성이 중요한 것이 아니라 차후 실제 상황에서의 정확성이 중요한 것이다. 따라서 실제 상황에서 목표 문법을 사용할 수 있을 것이라는 학습자의 자신감 정도를 측정한다. 마지막으로 SIT 수업의 정확성에 대한 학습자 체감 기여도를 측정 항목에 포함하였다.

유창성에 대한 수업의 기여도를 측정하기 위하여 이 연구는 유창성의 사전적 정의를 활용하여 다양하게 측정하고자 한다. 제2 언어 및 외국어 교육에서 유창성이란 편하게 말하고 글을 쓸 수 있으며, 억양, 어휘, 문법이 완벽하지는 않지만 상당한 정도로 말할 수 있고, 생각을 효과적으로 전달할 수 있으며, 이해가 안 되게 하거나 의사소통이 두절되지 않을 정도로 계속 말할 수 있는 능력의 정도를 뜻한다(박경자 외, 2001 : 173).[21] 이 정의를 활용하여, 학습자들이 자신의 생각하는 바와 말하는 바가 일치하지 않아 상대방이 오해를 한 적이 있는지의 여부와, 적절한 표현이 떠오르지 않아 자신의 의도를 제대로 전달하지 못한 적은 없는지에 대해 측정한다. 또한 유창성이란 자신의 생각을 전달하기 위해 발화의 길이를 화자의 의도대로 조절할 수 있는 능력도 포함된다. 이에 학습자가 과제 수행에서 유창성 부족으로 짧은 발화로 그친 적은 없는지에 대한 항목도 추가하였다. 그리고 정확성에 비해 유창성에 더 주목하여 발화했는지의 여부와 유사한 실제 상황에서의 언어 사용 가능성 여부도 측정 항목에 포함하였다. 마지막으로 유창성에 대한 이 수업의 학습자 체감 기여도를 측정한다.

관계성에 대한 수업의 기여도는 언어의 관계성에 대한 학습자들의 인지 여부와 발화 시 학습자의 사회적 상호작용 고려 여부 등을 측정 요소로 포함하였다. 우선 SIT 수업을 통하여 학습자가 관계성을 학습했다고 느꼈는지에 대한 판단을 측정 요소에 포함하였다. 이는 학습자의 관계성 학습에 대한 인지 여부를 질문하는 것이다. 그리고 사회적 상호작용의 이해는 의사소통 상황의 이해에서부터 비롯된다. 이에 과제 수행 시 학습자의 의사소통 상황 이해 정도를 측정하고자 한다. 의사소통 상황 이

---

21) 이 정의는 Dalton & Hardcastle(1977)에서의 유창성 정의를 재정리한 것이다(박경자 외, 2001 : 173 재인용).

해 정도를 세밀하게 측정하는 항목도 포함하였다. 이를 위해 전체과제 수행에서 화자와의 관계, 대화가 일어나는 장소에 맞는 적절한 발화 여부에 대한 자가 점검을 실시한다. 또한 과제 수행이 실제 의사소통 상황에서 사회적 상호작용을 고려한 발화로 이어질 수 있을지에 대한 항목도 추가하였다. 마지막으로 SIT 수업의 한국 문화 이해에 대한 기여도 측정을 포함한다. 사회적 상호작용을 고려한 발화가 가능하다는 것은 한국 생활과 한국 문화 이해의 정도가 그만큼 높아졌다는 뜻이기도 하기 때문이다.

3.5. 학습자 정의적 평가 문항 설정

SIT 수업은 학습자 중심 수업으로서 학습자의 적극적인 참여가 필수적이다. 따라서 학습자들의 수업에 대한 흥미도, 단체 활동 참여 시 학습자 태도 등 학습자들의 정의적 평가에 대한 조사도 필요하다. SIT 수업이 학습자들의 정의적 측면에 미치는 영향은 학습자 의사소통 능력 향상에 직접적인 영향을 준다고 할 수는 없다. 그러나 이 조사가 SIT 수업의 교수·학습 방법에 대한 새로운 방향을 시사할 수 있을 것이다. 이에 이 수업의 흥미성 정도와 그룹 활동에 대한 학습자의 태도, 이 수업의 의사소통 능력 향상 기여도에 대한 총평과 그 이유, 실제 상황에 대한 두려움 해소 등을 포함한 측정 항목을 제시한다. 수업에 관한 학습자 정의적 평가의 측정 항목은 다음과 같다.

[표 19] 수업에 대한 학습자 정의적 평가

<표 19 수업에 대한 학습자 정의적 평가>

〈수업에 대한 학습자 정의적 평가〉

- 이 수업이 재미있었습니까?
- 이 수업에 적극적으로 참여했습니까?
- 짝 활동이나 그룹 활동이 만족스러웠습니까?
- 이 수업이 어려웠습니까?
  - 어려웠다면 그 이유를 고르십시오.
  ① 문법이 어려워서
  ② 활동이 어려워서
  ③ 단체 활동이 익숙하지 않아서
  ④ 상황을 이해하지 못해서
  ⑤ 기타 (   )
- 이 수업이 한국어 실력 향상에 도움이 된다고 생각합니까?
  - 왜 그렇다고 생각합니까?
- 이 수업과 비슷한 실제 상황에서도 말할 수 있는 자신감이 생겼습니까?

제4장 사회적 상호작용 과제 수업의 실행

1. 1차 수업 : 상황과 목적이 통제된 역할극 과제 수업

1.1. 수업 설계

SIT 수업 중 첫 번째 수업인 상황과 목적이 통제된 역할극 수업은 SIT 수업 중 통제성이 가장 강한 수업이다. 통제성이 강하다는 것은 학습자들의 창의성이 제약을 받는다는 것이기도 하다. 창의성의 제약이 약점으로 작용될 수 있으나, 교사의 의도대로 수업 설계가 비교적 용이한 장점이 있다. 상황과 목적이 통제된 역할극 과제는 이러한 강한 통제성에 의해 목표 문법을 먼저 설정한 후 전체과제 활동을 설계할 수 있다. 상황과 목적이 통제된 역할극 과제 수업 설계의 원칙은 다음과 같다.

(1) 상황과 목적이 통제된 역할극 과제는 목표 형태를 먼저 선정한다.

실제 수업 적용을 위한 설계에서 연구자는 역할극 과제의 상황 설정보다 목표 형태를 먼저 선정한다. 이유는 앞서 밝힌 바와 같이 이 역할극은 교사의 통제가 비교적 용이하여 교사의 의도대로 수업 설계가 가능하고, 상황이 통제되기 때문에 학습자들이 제한된 상황 안에서 자연스럽게 목표 형태를 발화하여 의사소통할 가능성이 높기 때문이다.

이동은 외(2010 : 296)에서는 한국어 교육 현장에서 개별 문법 요소에 대한 심도 있는 연구 개발이 부족하다고 지적하며, 특히 사동은 문장 차원에서 주어에 대한 이해와 더불어 동사의 어휘 의미적 속성에 대한 이해와 형태론적 지식이 요구되는 비교적 낯선 문법 요소라고 하였다. 실제 한국어 교육 현장에서도 학습자들이 중급 과정에서 사동을 학습하지만 의사소통 상황에서 사동을 제대로 구사하지 못하는 경우가 많다. 사동을 사용하려면 의미를 이해하고, 사동의 형태를 기억하여 발화해야 하기 때문에 학습자들에게는 매우 복잡하고 낯설게 느껴진다.

이 연구는 상황과 목적이 통제된 역할극 과제에서 사동을 목표 형태로 선정하여, 학습자들이 사동의 이해는 물론, 자연스러운 사용까지 가능하도록 하고자 한다. 학습자에게 낯선 문법 요소인 만큼, 지식적 접근이 아닌 실제적 접근이 필요하며, SIT 과제 수업을 통해 학습자들이 사동을 자연스러운 상황에서 발화할 수 있도록 해야 한다.

(2) 목표 형태에 적합한 형태 초점 기법을 선정한다.

상황과 목적이 통제된 역할극에서는 형태 초점 기법으로 입력 처리 기법이 적용된다. Van Patten(2003)에 의해서 제안된 입력 처리 기법은 구조화된 입력 활동을 통하여 학습자들이 자신에게 입력된 정보들을 처리하고 내재화시킬 수 있는 능력을 키우게 하는 기법이다. 구조화된 입력 활동은 교사가 학습자에게 초점화할 형태를 제시한 후, 이 형태의 문법적 특징을 명시적으로 설명하고 구조적으로 설계된 입력을 제공하게 되는 일련의 과정들을 일컫는다. 이 연구는 앞서 지적한 바와 같이 사동이 한국어 학습자들에게 낯선 문법 형태이기 때문에 교사의 명시적 설명이 학습자들의 문법 이해에 도움이 될 것이라 판단하였다.

SIT 수업이 구조적 문법 교수를 지양하는데 입력 처리 기법 또한 형태 초점 기법 중 하나이므로, 반복 연습과 같은 구조적 문법 학습을 포함하지 않는다. 입력 처리는 용어에서 나타나는 바와 같이 입력 활동을 주로 하게 되며, 학습자들은 교사가 제시한 과제를 수행하면서 자연스럽게 목표 문법의 특성에 주의를 기울이게 된다. 교사는 학습자들이 활발히 문법의 형태와 의미를 수용(intake)할 수 있도록 많은 이해 가능한 입력(comprehensible input)을 제공한다. Van Patten(2003 : 764)에서 제시한 입력 처리의 순서는 다음과 같다.

① 학습자들은 언어 형태에 관한 정보를 제공받는다.
② 학습자들은 학습하고 있는 목표 형태 이해 과정에서 형태 처리에 방해가 되거나 잘못 입력된 형태 처리 방법을 수정하게 하는 교사의 명시적 정보가 제공된다.
③ 학습자는 목표 형태를 처리하고 형태와 의미에 집중하면서 형태에 초점화될 수 있는 연습, 즉 구조화된 입력 활동을 제공받는다.
④ 학습자들은 구조화된 입력 활동을 하면서 형태에 대한 입력을 처리한다. 이 과정에서의 입력은 학습자들의 효과적 학습을 위한 도구로 작동되며, 이 모든 것은 의미에 초점을 둔 입력이다.

입력 처리의 특징은 학습자들의 출력을 필수로 하지 않는다는 것이다. 학습자들의 문법 형태에 대한 이해와 처리 전략의 습득이 중요하므로,

굳이 출력을 강요할 필요는 없다. 구조화된 입력 활동은 '지시적 활동과 정의적 활동'으로 나뉘고, 지시적 활동은 다시 '구어적 지시 활동'과 '문어적 지시 활동'으로 구분된다. 문어적 지시 활동은 문장으로 제시되고 구어적 지시활동은 교사의 목소리로 듣기가 제공된다. 정의적 활동은 실제 상황에서 일어날 상황들에 대한 질문들을 교사가 하게 되는데, 이때 교사는 굳이 학습자들의 발화를 유도하지 않아도 된다. 입력 처리는 학습자들의 이해에 무엇보다 중점을 두는 입력 기반 접근법이기 때문에 교사가 직접적이고 적극적인 방법으로 출력의 기회를 제공할 필요는 없다.

(3) 전체과제 텍스트를 개발한다.

전체과제는 목표 형태의 정확성, 언어의 유창성, 관계성이 자연스럽게 발현될 수 있는 텍스트가 전제되어야 한다. 학습자들은 이 텍스트를 기반으로 전체과제를 수행하기 때문이다. 설계자는 목표 형태인 사동이 자연스럽게 발화되고, 대화 상대방과 자신이 원하는 양과 질로 충분히 대화를 할 수 있는 상황, 대화 상대와의 관계나 대화 장소 등의 관계성이 포함되는 텍스트를 개발한다. 이 연구에서 이 모든 요소들을 고려해 개발한 텍스트는 다음과 같다.

[표 20] 설계자가 통제할 상황과 목적이 포함된 텍스트

통제할 상황과 목적 (1)	
학습자 1	학습자 2
당신은 인주시 인주동 주민입니다. 당신은 가정주부이고 아이를 돌보고 남편의 출퇴근 준비를 돕느라 아주 바쁩니다. 당신은 오늘 주민센터에서 개최한 '주민들을 위한 도우미 서비스 설명회'에 참석했습니다. 행사가 시작되기 전 옆 사람과 이야기합니다. 옆 사람에게 당신의 하루 일과를 이야기하고 당신에게 도	당신은 인주시 인주동 주민입니다. 당신은 지금 편찮으신 어머니를 모시고 있습니다. 그리고 당신은 개도 한 마리 키우고 있습니다. 당신은 오늘 주민센터에서 개최한 '주민들을 위한 도우미 서비스 설명회'에 참석했습니다. 행사가 시작되기 전 옆 사람과 이야기합니다. 옆 사람에게 당신의 하루 일과를 이야기하고

우미 서비스가 꼭 필요함을 말하십시오. 옆 사람에게도 질문해 보십시오.	당신에게 도우미 서비스가 꼭 필요함을 말하십시오. 옆 사람에게도 질문해 보십시오.
통제할 상황과 목적 (2)	
학습자 1	학습자 2
당신의 동생이 교통사고를 당해 병원에 입원했다가 퇴원합니다. 보호자인 당신은 환자를 위해 어떻게 해야 할지 궁금합니다. 환자는 손을 사용하기 불편하고 걷는 것도 힘듭니다. 동생이 건강을 회복하기 위해 어떤 도움을 줘야할지 의사의 설명을 듣고, 자신의 할 일 중 궁금한 것을 의사에게 질문하십시오.	당신은 의사입니다. 당신은 퇴원하는 환자의 보호자에게 조심해야 할 사항에 대해 말해 줍니다. 환자는 손이 좀 불편하고 걷기가 힘듭니다. 산책이나 가벼운 걷기 등의 운동을 해야 하고 일상생활에서 다른 사람의 도움이 많이 필요합니다. 약도 시간에 맞게 먹어야 합니다. 보호자가 환자를 위해서 할 일에 대해서 차근차근 설명하십시오.
통제할 상황과 목적(3)	
학습자 1	학습자 2
당신은 식당 주인입니다. 잠시 외출을 해야 합니다. 남은 음식도 있고 새로 쓴 메뉴판도 있습니다. 식당에서 사용한 수건도 빨았습니다. 외출한 사이 아르바이트생이 이 일들을 처리해 줬으면 좋겠습니다. 또 혹시 전화가 올 지도 모르니까 아르바이트생에게 전화 메모를 부탁하려고 합니다.	당신은 아르바이트생입니다. 식당 사장님이 외출하려고 하십니다. 식당에는 아주 많은 일들이 남아 있습니다. 쓰레기통도 가득 차 있고, 써 놓은 메뉴판도 있습니다. 일이 끝나면 열쇠는 또 어떻게 해야 할지도 잘 모르겠습니다. 여러 궁금한 사항을 사장님께 질문합니다.
통제할 상황과 목적(4)	
학습자 1	학습자 2
당신의 사장님이 출장을 가시면서 직원들에게 일을 시키셨습니다. 다음 프로젝트 기획서 준비와 발표, 다음 달 계획표 만들기, 신입사원 교육 등 할 일이 아주 많습니다. 다른 직원은 어떤 일을 맡게 되었는지 궁금합니다. 서로 도울 수 있는 일은 무엇인지, 나눠서 할 일은 없는지에 대해 알아보고 싶습니다.	당신의 사장님이 출장을 가시면서 직원들에게 일을 시키셨습니다. 회의 준비와 서류 복사 등 할 일이 아주 많습니다. 다른 직원은 어떤 일을 맡게 되었는지 궁금합니다. 서로 도울 수 있는 일은 무엇인지, 나눠서 할 일은 없는지에 대해 알아보고 싶습니다.

(4) 전체과제 전 단계를 설계한다.

① 부분과제 전 단계를 설계한다.

부분과제 전 단계에서는 형태를 초점화하기에 앞서 학습자들의 배경 지식을 활성화시키고 주의를 환기시키기 위한 시간을 갖는다. 상황과 목적이 통제된 역할극을 위한 부분과제 전 단계에서는 사동 형태 교육 전

'아침에 일어날 때 혼자 힘으로 일어날 수 있는지', '혼자 일어날 수 없을 때 어떻게 하는지', '아기는 혼자 밥을 먹거나 옷을 입을 수 없는데 엄마나 아빠는 아기에게 어떻게 해 주는지' 등에 대한 질문을 할 수 있다.

학습자들에게 사동에 대한 배경지식을 활성화시킨 후, 교사는 부분과제 전 단계에서 시각적 입력 강화[22] 기법을 제시한다.

---

(1) 친구가 나를 **깨웠어요.**
(2) 친구는 세탁기를 **돌리고** 저에게는 **청소를 시켰어요.**
(3) 친구는 나를 **태우고** 박물관에 갔어요.
(4) 친구가 가방을 나에게 **맡기고** 화장실에 갔어요.
(5) 박물관에서는 사진을 **못 찍게 했어요.**

입력 강화 기법은 개별 교수 기법으로서 시각적으로 형태를 도드라지게 하는 '시각적 입력 강화' 기법과 교사가 목표 형태를 다른 단어에 비해 강세를 주거나 강조하는 등의 '청각적 입력 강화'가 포함된다. 보통 시각적 입력 강화에는 글씨를 굵게 표시하거나 다른 색으로 표시하고, 청각적 입력 강화에는 교사가 목표 형태를 말할 때 휴지를 두어 학습자의 주목을 끌게 한 후 강조하여 말한다. 입력 강화 기법은 부분과제 전 단계에서 교사가 제시하게 된다.

---

22) 이 연구에서의 입력 강화, 입력 처리는 개별 교수 기법으로서의 용어이며, 이때의 '입력'은 Sharwood Smith가 제시한 상위 개념으로서의 '입력'과는 구분된다. Sharwood Smith는 입력 강화를 제2 언어 입력에서 학습자가 특정 자질에 주목할 수 있도록 그 자질이 좀 더 명시적으로 드러나게 하고자 하는 의도적 시도라고 하였다(Wynne Wong, 1991 : 81). 이는 입력 중심 형태 초점 기법을 두루 뜻하는 상위 개념적 용어이다. 이 연구는 '입력 강화'를 Doughty & Williams가 분류한 개별 형태 초점 기법의 의미로 사용한다.

시각적 입력 강화를 통해 학습자들은 시각적으로 돌출된 목표 형태에 대해 주목하게 되고, 수업에서 무엇을 초점화할 것인지에 대해 예상할 수 있다. 이와 함께 교사는 학습자들의 이해를 돕기 위해 상황을 설정하여 예문을 말하되, 목표 형태를 말할 때는 좀 더 크고 분명하게 말한다. 이러한 입력 강화를 통해 학습자들은 학습할 목표 형태에 대해 인지하기 시작하고, 비록 완벽한 이해를 하지 못한다고 해도 문법에 대한 주의를 하게 된다.

② 부분과제 수행 단계를 설계한다.

입력 강화 기법으로 사동 형태의 제시가 끝나면 부분과제가 본격적으로 수행된다. 그 수행 순서는 다음과 같다.

ㄱ. 교사에 의해 사동에 대한 입력이 제공된다. 교사는 학습자들에게 사동의 의미를 설명하고, 사동 접미사를 붙여서 사용하는 방법과 '-게 하다'를 붙여 통사적 사동문으로 만드는 것을 명시적으로 설명한다. 또한 통사적 사동문은 간접 사동의 의미만 있음을 설명한다. 학습자들에게 사동사 목록[23]을 제시한다.
ㄴ. 구어적 지시 활동을 실시한다. 교사는 학습자에게 문장을 들려주고 들은 문장이 사동문인지 주동문인지 고르게 한다. 모든 문장은 의미를 고려한 문장이며, 문법을 위한 억지스러운 문장은 사용되지 않는다. 다음은 실제 수업에서 사용할 구어적 지시 활동지의 일부이다.

---

23) 이는 한국어 교재 『열린한국어 중급』과 『한국어 문법 교육』(한재영 외, 2008)에서 제시한 사동사 목록을 종합한 목록이다. 부록 참조.

> ※ 문장을 듣고 들은 문장이 사동문이면 '사동문이다'에, 사동문이
> 아니면 '그렇지 않다'에 표시하십시오.

	사동문이다	그렇지 않다
1		
2		
3		
4		
5		
6		

학습자들은 '그건 벽에 붙이세요'나 '물이 끓으면 불을 좀 꺼 주세요' 와 같은 문장을 듣고 사동문인지 아닌지 활동지에 표시하게 된다. 활동 지의 예문이 모두 사동문으로 구성되면 학습자들이 기계적 대답을 할 우 려가 있으므로 의미를 고려하여 판단할 수 있도록 사동문과 주동문을 섞 어 구성한다. 그러나 이 과정에서 교사는 학습자들에게 들은 것을 확인 하여 발화할 것을 요구할 필요는 없다. 학습자들이 사동 형태를 정확히 인지하고 처리 전략을 세웠는지가 더욱 중요하기 때문이다.

ㄷ. 정의적 활동을 실시한다. 정의적 활동을 통하여 학습자들은 의미
에 집중하면서 형태의 인식을 높이게 된다. 교사는 '과자를 사서
아무도 못 먹게 한 적이 있다', '식물을 키운 적이 있다', '동생이
내 옷을 입으려고 할 때 못 입게 한 적이 있다'와 같은 실제의 경
험을 질문하여 형태와 함께 의미를 함께 고려하는 질문을 한다.
SIT 수업에서 활용할 정의적 활동은 다음과 같다.

> [구조화된 입력 활동 ②]
> ※ 잘 듣고 여러분이 해 본 경험이 있으면 '있다'에, 없으면 '없다'
> 에 표시하십시오.

	사동문이다	그렇지 않다
1		
2		
3		
4		
5		
6		

학습자들은 문법 형태가 아닌 자신의 경험에 의해 답을 표시할 것이다. 모든 경험이 있는 학습자들은 드물 것이다. 경험에 따라 '있다', '없다'로 대답을 하면서 학습자들은 자연스레 의미와 형태에 집중하게 된다.

ㄹ. 문어적 지시 활동을 실시한다. 교사는 문장에 의미에 따라 사동 형태, 주동 형태를 고르는 문제를 제시한다. 다음은 실험에서 사용할 문어적 지시 활동지 중 일부이다.

[구조화된 입력 활동 ③]
※ 맞는 것에 ○ 하십시오.
1. 이 사진은 어디에 (붙을까요, 붙일까요)?
2. 라면을 (끓이고, 끓고) 있어요. 물이 (끓으면, 끓이면) 라면을 넣으세요.
3. 엄마가 심부름을 (하셔서, 시키셔서) 마트에 가요.

※ 그림과 일치하는 문장을 고르십시오.
1.

　① 엄마가 아이에게 옷을 입고 있어요
　② 엄마가 아이에게 옷을 입히고 있어요

학습자들은 의미를 고려해야 해결할 수 있는 문어적 지시 활동을 하게 되는데, 이때에도 모두 사동문이 정답이 되면 학습자들이 기계적인 대답을 할 우려가 있으므로 사동문과 주동문을 적절히 섞어 놓는다.

③ 부분과제 후 단계를 설계한다.

학습자들에게 입력 처리 활동의 난이도에 대해 질문한다. 입력 처리 기법은 발화 기회가 거의 없기 때문에 학습자들에게 교사가 질문을 한 후, 학습자들이 오류를 범할 때 피드백으로 수정한다. 이때의 질문 또한 의미가 고려된 질문이어야 한다. 학습자들이 생성하는 문장들에서 오류가 많이 발견되면 교사는 사동에 대해 한 번 더 명시적으로 설명한다. 휴식 후 전체과제가 수행됨을 고지한다.

(5) 전체과제 수행 단계를 설계한다.

교사는 이 역할극에서 따라야 하는 지시 사항을 기재한 카드를 학습자에게 제시하고 다음 사항을 준수하도록 한다. 다음은 SIT 수업에서 사용할 학습자 지시 사항 카드이다.

〈지시 사항〉

• 카드를 읽은 후 카드에 제시된 상황 중 하나를 짝과 상의해 고르십시오.
• 카드에 제시된 상황에 맞게 짝과 함께 대화하십시오.
• 대화할 때, 오늘 배운 문법을 상황에 맞게 적절히 사용하십시오.

이 연구는 상황과 목적을 통제할 때, 부분과제에서 초점화한 언어 형태가 전체과제에서 자연스럽게 사용될 것을 고려하면서 설계한다. Littlewood가 제시한 상황과 목적이 통제된 역할극 과제에는 형태적 통제

는 포함되지 않는다. 그러나 실제 수업에서는 역할극이나 대화를 구성할 때 학습자들이 목표 형태에 대한 고려 없이 대화나 극을 구성하는 경우가 빈번히 발생하여 지나치게 단순한 문장이나 베이비 토크 등이 생산되는 경우가 많다. 이 때문에 형태적 통제 사항을 포함하려는 것이다. 상황과 목적이 통제된다는 것은 그만큼 교사가 발휘할 수 있는 교실 통제력이 크다는 뜻이기도 하다. 상황과 목적이 통제된 역할극에서 교사는 형태 초점 기법으로 학습한 언어 형태를 전체과제에서 사용할 수 있도록 설계하여 학습자들의 문법 의식을 상승시킬 수 있을 것이다.

SIT 수업의 부분과제에서는 사동을 초점화하였으므로 사동의 발화를 유도하는 상황을 네 가지를 제시하는데, 이는 [표 20]과 같다. 학습자들은 네 가지 중 상의를 거쳐 한 가지 상황을 선택한 후, 상황과 목적이 통제된 역할극을 실시한다. 단, 짝 활동을 함께 하는 학습자들은 전체적 상황을 공유할 수는 있으나, 구체적 내용이 제시되어 있는 텍스트를 교환하는 등의 공유는 금지된다. 상황과 목적이 통제된 역할극에서는 모든 학습자가 알아야 하는 정보와 한 학습자만 알아야 하는 정보가 분리된다. 학습자들은 이 단계에서 부분과제에서 초점화한 형태를 활용하여 사회적 상호작용 과제 활동을 구성한다. 상황과 목적이 통제된 역할극의 수업 절차는 다음과 같다.

① 과제 수행을 위해 2명씩 짝을 지어 앉는다.

이 수업은 교사에 의한 통제성이 강하기 때문에 학습자의 부담감이 크지 않다. 학습자는 전후 맥락에 대한 정보가 있으며 심리적 부담감도 크지 않아 과제의 난도는 높지 않게 느껴질 것이다. 학습자들은 짝 활동을 하며, 다른 학습자 앞에서 역할극을 수행하게 됨을 인지한다.

② 학습자들은 교사에 의해 통제된 상황과 목적이 제시된 텍스트를 읽은 후, 수행할 과제를 협의하여 정한다.

학습자들은 텍스트에서 상대방과 자신의 관계에 대한 인지가 필요하다. 관계 인지 후 학습자들은 과제에 대해 협의하고 상황에 맞는 대화를 할 것이다. 그러나 이때 학습자 간 협의를 하는 것이 대사를 정하고 연습하는 단계는 아니다. 즉, 그들이 가진 정보에서 역할극에서 필요한 것이 무엇인지를 추출하고 합의하는 과정이라는 뜻이지, 대화의 순서를 정하거나 대화를 메모한다는 뜻은 아니다. 짝 활동이기 때문에 대화의 순서는 학습자 간 협의하지 않아도 역할극 중에 자연스럽게 정해진다.

ㄷ. 다른 학습자 앞에서 역할극을 수행한다.

상황과 목적이 통제된 역할극을 위해 단일 텍스트를 사용하면 같은 이야기를 반복해서 들어야 하기 때문에 자칫 수업이 지루해지거나 산만해질 수 있다. 따라서 교사는 단일 텍스트가 아닌 몇 개의 텍스트를 준비하여 학습자들이 텍스트를 선택할 수 있게 한다. 다양한 텍스트 기반으로 역할극이 수행되면 수업이 단조로워지는 것을 막을 수 있다. 또한 학습자들은 다른 그룹의 수행에 대한 정보가 없기 때문에 흥미롭게 역할극 수행을 지켜볼 수 있을 것이다.

(6) 전체과제 후 단계를 설계한다.

전체과제 후 단계는 과제 수행을 끝내고 수업을 마무리하는 단계이다. 이 단계에서는 학습자들이 과제 수행 과정에 대한 설명을 하거나 다른 조와 과제 수행을 비교하여 발표한다. SIT 1차 수업에서는 과제 수행 과정에 대한 어려운 점을 회고하거나 역할극에 대한 총평을 한다. 또한 전체과제 활동에서 목표 문법인 사동을 자연스럽게 사용했는지에 대한 질문도 가능하다. 전체과제 후 단계에서의 언어 정확성에 대한 피드백은 목표 문법에만 한정되지 않는다. 학습자들의 발화 중 주목할 만하거나 학습이 필요한 오류 형태들은 교사가 바로잡아 준다.

지금까지 실제 수업에서 적용할 상황과 목적이 통제된 역할극 과제의 설계 절차를 표로 정리하면 다음과 같다.

[표 21] SIT 1차 수업의 설계 절차

설계 절차	내용
I 단계 : 목표 형태 선정	사동 선정
II단계 : 목표 형태에 적합한 형태 초점 기법 선정	입력 처리 기법 선정
III단계 : 전체과제 텍스트 개발	주민 간 대화, 의사와 환자 보호자 간 대화, 가게 주인과 아르바이트 직원 간의 대화, 동료 회사원 간의 대화 텍스트 개발
IV단계 : 전체과제 전 단계 설계	사동의 의미를 정확하게 인지할 수 있도록 입력 처리 기법을 통한 학습을 설계함.
V단계 : 전체과제 수행 단계 설계	학습자들이 언어의 유창성, 형태의 정확성, 관계성을 모두 고려하여 역할극을 수행할 수 있도록 설계함. 부분과제에서 학습한 사동을 자연스러운 의사소통 상황에서 발화하도록 설계함.
VI단계 : 전체과제 후 단계 설계	역할극에 대한 숙고의 시간, 학습자 간 비교, 피드백 실시

상황과 목적이 통제된 역할극 수업의 궁극적 목표는 통합 SIT 수업의 목표와 마찬가지로 학습자의 의사소통 능력 향상이다. 이를 위해 학습자들은 언어의 정확성, 유창성 및 관계성을 학습하고, 실생활과 유사한 상황을 경험함으로써 의사소통 능력을 향상시킨다. 상황과 목적이 통제된 역할극 수업의 수업 목표 및 특성을 정리하면 다음과 같다.

[표 22] SIT 1차 수업의 목표 및 특징

	전체과제 전 단계	전체과제 수행 단계	전체과제 후 단계
목표	의사소통 능력을 향상시킨다.		
	사동의 형태적 정확성을 향상시킨다.	교사에 의해 통제된 상황에서 의사소통 과정을 학습한다.	수행한 과제 수행 과정을 정리하여 수업에서 경험한 의사소통 과정을 내재화한다.
특징	맥락 안에서 의미에 집중하여 의사소통한다.		
	입력처리 기법을 통해 사동을 학습한다.	주민들의 대화, 의사와 환자 보호자 간의 대화 등의 실제적 과제 안에서 의사소통을 학습하고 자연스러운 상황에서 사동을 발화한다.	숙고 과정을 거치고, 피드백 활동을 한다.

1.2. 한국어 교실에서의 적용

■전체과제 전 단계

(1) 부분과제 전 단계

이 연구는 수업 설계에 따라 실제 수업에서 SIT 1차 수업인 상황과 목적이 통제된 역할극 수업을 진행하였다. 우선 교사는 학습자들의 주의를 환기시키고 학습자들이 갖고 있는 배경지식을 활성화시키기 위한 질문을 하였다. '아기는 혼자 밥을 먹을 수 없는데, 아기의 엄마나 아빠는 아기에게 어떻게 해 줍니까?' 등과 같은 질문을 하였다. 학습자 중에는 손으로 아기에게 먹여 주는 시늉을 하기도 하고, '먹여요'라고 정확하게 말하는 학습자도 있었다. 이 후 교사는 사동의 예문을 시각적 입력 강화 기법을 사용하여 PPT로 제시하였다. 교사는 예문의 문법을 설명하지 않는 대신 학습자에게 예문의 상황을 자연스럽게 묘사하여, 학습자들이 어떤 상황에서 어떤 문법적 요소가 쓰이는지를 알아차리게 하였다. 시각적 입력 강화 기법은 청각적 입력 강화 기법과 함께 사용되었다. 교사는 시각적 입력 강화 기법으로 표현된 목표 형태를 강세를 주고, 단어 앞부분에 휴지를 두어 학습자들의 주목을 끌게 하였다.

(2) 부분과제 수행 단계

입력 강화 기법이 끝난 후, 교사는 사동에 대한 명시적 설명을 하였다. 사동의 의미와 형태적 방법을 설명한 후 사동 접미사를 붙이는 방법과 '-게 하다'를 만드는 방법을 설명하고, 이 두 가지의 차이를 설명하였다. 또한 학습자들에게는 사동사 목록을 학습 자료로 배부하였다.

사동사 목록의 배부가 끝난 후, 구어적 지시 활동을 실시하였다. 구어적 지시 활동은 구어 텍스트를 활용하는 것인데, 실제 수업에서는 교사가 읽어 주는 문장이 사동문인지, 그렇지 않은지를 학습자가 판단하게 하는 활동이었다. 교사는 '일단 아이를 입원시켜서 검사를 해 보는 게 어떨까요?', '수미 씨는 차가 없으니까 태우고 가자' 등과 같은 사동문과 '물이 끓으면 불을 좀 꺼 주세요', '반복해서 연습하면 좋아질 거니까 너무 걱정하지 마세요'와 같이 사동문이 아닌 문장을 고르는 활동을 실시하였다. 학습자들은 직접 발화하는 기회는 없었지만 이 활동을 통해 사동의 형태에 대해 주목하고 인지하여 처리하는 과정을 거쳤을 것이다.

그 후, 교사는 정의적 활동을 실시하였다. 정의적 활동은 학습자들을 한층 더 의미에 집중하게 하는 활동이다. 이 활동을 통해 학습자들은 의미 안에서 형태의 인식을 높인다. 교사는 학습자들의 경험에 따라 '있다', '없다'를 표시하게 하였다. 교사는 '아기를 재워 본 적이 있다', '친구나 연인을 울린 적이 있다', '식물이나 동물을 키운 적이 있다'와 같이 실생활과 밀접한 질문을 하였고, 학습자들은 자신들의 경험에 따라 나눠 준 활동지에 표시하였다. 교사는 학습자들이 표시를 끝낸 후, 각 문항당 손을 들게 하여 학습자들의 경험을 공유하게 하였다.

정의적 활동이 끝난 후 문어적 지시 활동을 실시하였다. 교사가 배부한 활동지에는 문장의 의미에 따라 각각 사동과 주동 형태를 선택하는 문제가 제시되어 있다. 이 문어적 지시 활동은 문장으로 구성되어 있는 것도 있고, 그림을 보고 사동과 주동 형태를 고르는 문제도 있다. 사동 학습이라고 해서 사동 형태만 정답으로 제시하면 학습자들이 의미의 이해 없이 기계적으로 사동에 정답을 표시할 수 있으므로, 사동과 주동 형태의 정답이 섞이도록 하되 사동 정답의 비중을 더 높였다. 교사는 학습자들이 스스로 문제를 풀 수 있도록 일정한 시간을 준 후, 함께 정답을 말하게 하였다.

(3) 부분과제 후 단계

구조적 입력 활동을 끝낸 후 교사는 학습자들에게 입력 처리 활동이 어땠는지 질문하였다. 학습자들은 이해가 비교적 어렵지 않다고 대답하였다. 이에 교사는 따로 문법에 대한 재설명을 하지 않고 사동이 포함된 유의미한 문장으로 학습자에게 질문을 던졌다. 학습자들은 어렵지 않게 교사의 질문을 이해하고 대답하였다. 또한 발화가 필수적으로 일어나는 수업이 아니기 때문에 학습자의 오류가 없어 부분과제 후 단계는 전체과제 수행의 간단한 설명으로 마무리하였다.

■전체과제 수행 단계

휴식 시간 후, 전체과제 수행 단계가 시작되었다. 교사는 학습자에게 짝 활동이 시작됨을 알리고, 교사에 의해 통제된 텍스트를 학습자들에게 배부하였다. 짝 활동을 위해 텍스트는 두 가지로 작성하였는데 수행하는 역할에 따라 텍스트 내용도 다르다. 예를 들어, 학습자 A, B가 텍스트 (1)을 선택하여 역할극을 구성하기로 했다면 학습자 A는 '주민들을 위한 도우미 서비스 설명회'에 참석한 주부로서 학습자 B와 하루 일과를 이야기하고, 학습자 B는 아픈 어머니를 모시고 있는 사람으로서 학습자 A와 대화를 해야 한다. 교사는 학습자들이 상황을 공유하되 대화를 메모하거나 외우지 못하게 하였다. 이는 학습자들이 대화를 상의하여 미리 구성하면 창의성 및 즉흥성이 침해될 수 있다고 판단했기 때문이다.

준비 시간을 거친 후 학습자들은 다른 학습자 앞에서 역할극을 수행하였다. 구성된 조는 모두 5개 조였다. 조 구성에 특별한 제약은 두지 않았으나, 교사의 직관적인 판단과 SIT 수업 전 실시한 OPI 평가 결과에 따라 한국어 능력이 다른 학생에 비해 부족하다고 판단되는 학습자들이 한 조로 구성되지 않도록 하였다. 이는 짝 활동을 하는 두 명의 학습자 모두가 한국어 능력이 부족하면 과제 활동이 원활하게 이루어지지 않을 수 있다는 우려 때문이었다. 각 조가 선택한 텍스트 주제는 다음과 같다.

[표 23] SIT 1차 수업의 학습자 그룹 구성원 및 역할

조	구성원	역할
1조	학습자 E, 학습자 F	E : 환자 보호자 F : 의사
2조	학습자 A, 학습자 C	A : 아르바이트 학생 C : 식당 주인
3조	학습자 B, 학습자 H	B : 가정주부 H : 어머니를 모시고 사는 남자
4조	학습자 J, 학습자 D	D : 환자 보호자 J : 의사
5조	학습자 I, 학습자 G	I : 아르바이트 학생 G : 식당 주인

(1) 1조

1조 구성원들은 교통사고를 당한 후 병원에서 치료를 받다가 퇴원하는 환자의 보호자와 그에게 주의 사항을 일러주는 의사 역을 맡았다. 이 역할극은 병원에서 시작되며, 의사가 환자 보호자에게 퇴원 후 주의사항을 설명하고, 환자 보호자가 의사에게 궁금한 것을 질문한 후 환자 보호

자가 진료실을 나가는 것으로 상황이 종료된다.

다음은 1조 역할극을 전사한 것이다.

> 학습자 F : 보호자 E 씨, 맞지요?
> 학습자 E : 네, 맞아요. 제 동생... 동생이 퇴원해서 뭘 조심해야 돼요?
> 학습자 F : 음... 환자 분 손이 불편해서 밥 좀 ①먹여야 해요. 걷기도
> 힘들어서 그.. 걸을 때 좀 도와야죠. 도와, 도와야 돼요.
> 학습자 E : 네, 알겠습니다. 그럼, 그러면 어떻게, 어떻, 어떻게 해야
> 동생이 건강이 ①회복시킬 수 있어요?
> 학습자 F : 음. 그게, 그게...어...산책이나 가벼운 걷기나 동생의 건강
> 에 대해 도움이 될 거예요.
> 학습자 E : 네, 알겠어요. 그러면 약을 어떻게 ①먹여야 좋을까요?
> 학습자 F : 그 약은 꼭 시간에 맞게 ①먹여야 해요. 다른 시간에 먹으
> 면 안 돼요. 그리고 환자분을 돌보는 게 많이 힘들 거라서
> 보호자 E 씨도 힘내세요.
> 학습자 E : 만약 앞으로 질문이 있으면 의사 선생님한테 연락할게요.
> ②고마워요.

두 학습자는 사동을 적절하게 사용하며 의사소통하였다. 이 학습자들
은 ①의 예와 같이 많은 형태를 사용한 것은 아니지만 사동 사용 오류는
없었다. 손이 불편해서 환자를 도와줄 수 있는 상황은 '옷을 입히다', '밥
을 먹이다' 등 다양하게 나올 수 있으며, 건강 회복을 위해서는 '운동시
키다', '산책시키다' 등의 표현이 있지만 표현을 다양화하지 못하였다.

두 학습자는 목표 형태의 오류는 없었으나 문장의 발화가 느린 데다
매끄럽지 않고 더듬거림과 반복이 많아 유창성이 돋보이지는 않았다. 이
조는 통제된 상황은 무리 없이 수행했지만 맥락 제시 없이 단조로운 대
화로 끝마쳤다. 대화가 단조롭다 보니 대화량도 풍부하지 않았다. 학습자
들은 교사가 제시한 지시 사항만 잘 표현하면 과제 수행이 완료된 것으

로 여겨 자연스러운 맥락 표현을 위한 대화는 생산하지 않은 듯했다.

　관계성의 측면으로 볼 때, 학습자의 대화는 의사와 환자 보호자의 대화이기 때문에 높임말 사용은 큰 무리가 없었다. 상황에 맞지 않은 반말 등은 관찰되지 않았으나 학습자 E가 의사인 학습자 F에게 ②의 예와 같이 '고마워요'라고 인사하는 것은 관계성 측면에서 다소 부적절하였다. 통상 한국 사회에서는 친분이 두텁지 않고 사적인 관계가 아닐 때에는 '고마워요' 대신 '고맙습니다' 혹은 '감사합니다'를 사용하는 것이 자연스럽기 때문이다.

(2) 2조

　2조 구성원들은 외출하는 식당 주인과 그 식당에서 일하는 아르바이트생의 역할을 맡았다. 식당 주인은 외출하면서 아르바이트생에게 시킬 일에 대해 말하고, 아르바이트생은 식당 주인의 지시 사항 외 다른 궁금한 점에 대해 질문한다. 식당 주인이 밖으로 나가면 상황이 끝난다. 다음은 2조가 수행한 역할극이다.

> 학습자 C : ④제가 지금 잠시 ④외출해야 해요.
> 학습자 A : 아, ④외출하려고요? 그럼 저에게 시키고 싶은 일이 있으세요?
> 학습자 C : 아, ④당연히 있지요. 그...쓰레, ③남긴 음식물 ②쓰레기도 처리해 주고, 그, 새로운, 새로운 메뉴판도 깨끗하게 ①치우세요.
> 학습자 A : 네, 알겠습니다. 아까 수건도 다 빨래했는데 아직, 아직 ①말리지 않아도 돼요?
> 학습자 C : 아, 깜빡했다, 그것도 밖에서 ①말리세요.
> 학습자 A : 네, 알겠습니다. 그리고 사장님이 외출할 때 전화......(웃음, 휴지) 전화 올 때도 ②전화 올지 모르니까 제가 받아야 해요?

학습자 C : 그렇게 해 주세요. 메모해 놓고 중요한 일이 있으면 ④저
　　　　　에게 알려 주세요.
학습자 A : 네, 알겠습니다.
학습자 C : 또 다른 일이 없겠지요?
학습자 A : 아니요, 있어요. 그리고 일이 다 끝나면 열쇠 어떻게 할 줄
　　　　　을 몰라요. ③문을 닫히고 가야 해요?
학습자 C : ③문을 닫히고 식당 옆 가게에 열쇠를 ①맡기세요.
학습자 A : 그럼 ④제가 갈게요.
학습자 C : 네, ④안녕히 가세요.

이 과제는 가게 주인과 그곳에서 아르바이트를 하는 학생이 나누는 대
화이다. 사동이 필요한 상황에서는 ①의 예와 같이 적절하게 사용하였으
나(예 : 말리다, 알리다, 맡기다 등) ③의 예와 같이 주동문과 사동문을 혼동
하는(남은 음식물 → 남긴 음식물) 오류를 범하였고, 피동접미사를 사용한 이
중 오류도 있었다(예 : 문을 닫히다). 또한 ②의 예와 같이 사동을 사용할
수 있는 상황에서 다른 단어로 대체되는 경우(예 : 쓰레기를 비우다 → 쓰레
기를 처리하다, 메모를 남기다 → 전화 올지 모르니까 제가 받아야 해요? 등)도 있
었으나 이는 의미가 적절히 전달되었기 때문에 큰 문제가 되지는 않았다.
　　학습자 A가 문장을 잇지 못해 웃으며 휴지를 두었던 것 외에는 학습
자들이 유창하고 자연스럽게 상황을 이어나갔다. 이 조는 시작과 끝맺음
이 텍스트의 통제를 잘 따르면서도 연계성 있게 대화가 이어졌다. 특히
상황과 목적을 통제한 텍스트에서 제시하지 않았으나 자연스러운 대화를
위해 특별한 의미 전달이 아닌 맥락 형성을 위한 표현들을 사용함으로써
전체적인 대화를 무리 없이 이어나갔다.
　　관계성 측면으로 보면 특히 높임법의 오류가 많았다. 한국 사회에서는
통상 중년의 식당 주인과 대학생인 아르바이트 직원은 나이와 사회적 지
위로 인해 식당 주인이 아르바이트 직원에게 자연스러운 반말을 할 경우

가 많다. 반말을 사용하지 않는다고 해도 해요체를 사용하고, 높임의 선어말어미인 -시-를 사용하지는 않는 것이 보통이다. 그러나 이 조는 ④의 예와 같이 식당 주인이 아르바이트생에게 높임 선어말어미를 사용하고 있으며, '저'라고 자신을 낮추고 있다. 그리고 아르바이트생이 나이 많은 식당 주인에게 높임 선어말어미의 사용 없이 '외출하려고요'라고 표현하기도 하였다. 또한 한국어 교육 초급 단계에서 배우는 당위 표현의 문형인 '-어야 하다'와 '-어야 되다'의 경우, 공식 석상, 발표, 회의 등의 공식적 대화 외의 구어 상황에서는 '-어야 되다'가 자연스럽게 사용되는 표현이지만, 가게 주인과 아르바이트생이 나누는 대화에서 '-어야 하다'를 사용해 다소 부자연스러웠다. 그리고 마무리 부분에서 두 사람이 헤어지는 상황에서는 잠시 외출했다 돌아올 사장에게는 '안녕히 가세요'가 아니라 '다녀오세요'를 사용해야 한다.

(3) 3조

3조는 주민센터에서 실시하는 도우미 서비스를 받기 위해 설명회에 참가한 주민들의 대화 텍스트를 선택하여 역할극을 구성하였다. 한 사람은 남편과 아이가 있는 가정주부이고, 한 사람은 편찮으신 어머니를 보살피며 개를 키우는 남자이다. 다음은 3조의 역할극 내용이다.

> 학습자 H : 안녕하세요? 오늘, 오늘 여기 이 여기 와서 무슨 일이 (웃음) ③당신 무슨 일 때문에 여기에 왔어요?
> 학습자 B : 아, ③제가 도우미 서비스 받기 위해서 여기 왔어요. ③제가 하루 종일 엄청 바쁘네요.
> 학습자 H : 그래요?
> 학습자 B : 네, (웃음) ②아이를 돌보고 밥을 밥을 ①먹이고 남편의 ②출퇴근 준비를 돕으니까 엄청 바쁘네요.
> 학습자 H : 아, 그래요? 아... 아... 가정, 가정 ③당신은 가정주부니까

많이 고생하셨어요. 어, 어, 가정주부가 진짜 힘들었, 힘들어요. 아, 도우미 서비스 꼭 ③신청해야 돼요.

학습자 B : 네. (웃음) 그렇죠. 그런데 ③당신은 ③왜 여기에 왔어요?

학습자 H : 저희 어머니는 ③몸이 안 좋아서 매일 어머니를 모셔야 돼요. 어머니께 옷을 ①입히고 밥을 먹게, ③밥을 ①먹게 해야 돼요. 그리고 저희 집에 개도 한 마리 ①키우고 있어요. 매일 아침 집을 ②청소해야 돼요. 그래서 음...어... 저도 너무 힘들어서 서비스 신청하고 싶어요.

학습자 B : 아... ③당신 너무 힘들어요. 혹시 그 강아지를 잠시 ③키움을 부탁할 수 있어요. ④이 주민센터에 애완동물 자원센터 가면 돼요.

학습자 H : 그래요? 그런 곳이 있어요? 내가 한번 가 볼게요.

형태의 정확성 측면으로 볼 때 3조는 사동 사용의 양은 많지 않았으나 ①의 예와 같이 사동 사용상 오류는 없었다(예 : 밥을 먹이다, 옷을 입히다, 밥을 먹게 하다 등). 그러나 사동을 사용할 수 있는 상황에서 교사가 제시한 텍스트의 어휘를 그대로 대체 사용하는 경우가 눈에 띄었다. ②의 예처럼 '출근시키다', '퇴근시키다'나 '출퇴근을 준비시키다' 등으로 사용할수 있는 것을 '출퇴근을 돕다'로 표현하였으며, '치우다' 대신 '청소하다'를 사용하였는데, 이는 제시된 텍스트의 어휘를 그대로 사용한 것이다.

언어의 유창성 측면에서 두 학습자는 다소 부자연스러운 대화를 보여 주었다. 상황이 자연스럽게 연결되지 않고, 통제된 상황과 목적을 위한 표현 외에 자연스러운 맥락 형성을 위한 표현들은 눈에 띄지 않았다. 또한 상대방의 발화 후 자신의 발화가 바로 생산되지 않으면 웃음으로 시간을 지연시켰다. 또 더듬거림, 주저함으로 인해 매끄럽게 과제가 수행되지 않았다.

3조는 관계성의 측면에서 볼 때, 부적절하거나 어색한 표현들이 많았다. ③의 예 중에서 '당신24)'이라는 어휘는 2인칭 대명사이나 하오체에 사용되며, 현대 구어에서는 처음 만난 사람들 간에 사용하지 않는다. 서로 이름을 모른다면 자연스럽게 2인칭 대명사를 생략하거나 '선생님', '그쪽 분' 등의 대체 어휘를 사용해야 한다. 구어에서는 주어가 1인칭이나 2인칭일 때 자주 생략되지만, 이 두 학습자는 '제가', '당신은' 등 주어를 살려 문장을 발화하여 어색하였다. 이 역할극에서 등장하는 두 사람은 도우미 서비스 설명회에서 처음 만난 사이이기 때문에 높임 선어말 어미를 사용하여 발화하는 것이 좋고(신청해야 되다 → 신청하셔야 되다), 학습자 H가 어머니에 대한 설명을 할 때에도 적절한 높임말을 사용해야 한다(옷을 입히다 → 옷을 입혀 드리다 등) 특히 어머니에게 '밥을 먹게 해야 돼요'와 같은 사동 표현은 사동 자체에는 오류가 없지만 어색한 표현이다. 이보다는 '밥을(진지를) 먹여 드리다', '식사를 챙겨 드리다', '식사하시는 것을 도와 드리다'와 같이 표현하는 것이 더 자연스럽다.

3조는 교사가 제시한 통제 사항을 다 지키지 못하였다. 텍스트의 통제성을 제대로 이해하지 못하여 어색한 표현도 있었는데, 학습자 H의 '당신 무슨 일 때문에 여기에 왔어요?'와 같은 질문은 통제 사항을 제대로 이해하였다면 할 수 없는 질문이다. 이들은 사전에 도우미 서비스 설명회가 개최된다는 것을 알았고, 도우미 서비스가 필요하다고 판단하여 자발적으로 참여하였기 때문에 '무슨 일 때문에 왔어요?' 혹은 '왜 여기에 왔어요?'와 같은 표현은 부적절하다. 더욱이 이 표현들은 매우 직설적인 표현으로, 듣는 이에 따라 불쾌하게 느껴질 수도 있다. '무슨 일로 오셨

---

24) 표준국어대사전(2008)에서의 당신[2]의 뜻은 다음과 같다.
    1. 듣는 이를 가리키는 이인칭 대명사. 하오할 자리에 쓴다.
    2. 부부 사이에서, 상대편을 높여 이르는 이인칭대명사.
    3. 문어체에서, 상대편을 높여 이르는 이인칭대명사.
    4. 맞서 싸울 때 상대편을 낮잡아 이르는 이인칭 대명사.
    5. '자기[3]'를 아주 높여 이르는 말
    (출처 : 표준국어대사전 인터넷사이트 - http://stdweb2.korean.go.kr/).

어요?’ 혹은 ‘어쩐 일로 오셨어요?’ 등으로 표현해야 한다. 만일 이들이 도우미 서비스 설명회를 인지하지만 각자 어떤 사정으로 여기에 참여하게 되었는지에 대해 질문한다고 해도 이 질문은 부적절하다. 상대방이 처한 상황이 궁금하다면 직접적인 질문이 아니라 ‘많이 바쁘신가 봐요’, ‘혼자 집안일 하시기 많이 힘드신가 봐요’ 등의 간접적으로 자신의 궁금증을 표현할 수 있을 것이다.

상황과 목적이 통제된 역할극은 상황이 통제되어 있기 때문에 학습자들은 시작과 끝이 명확해야 한다. 도우미 서비스 설명회 역할극은 설명회를 기다리면서 나누는 대화이다. 학습자들은 이 상황을 교사의 지시 없이 자연스럽게 시작하고 끝을 내야 한다. 그러나 이 학습자들은 자연스러운 끝맺음 없이 제시한 텍스트 내용만 표현하는 선에서 급하게 끝내버려 과제 수행이 중단된 인상을 주었다. 또, ④의 예에서와 같이 텍스트의 통제 사항 이외의 상황을 삽입하였으나 완결된 느낌은 주지 못했다. 그러나 이는 학습자들의 잘못이라기보다는 텍스트가 불친절한 측면이 강하다. 텍스트에서 역할극의 끝이 명확하지 않아 학습자들이 끝맺음을 하는 것이 어려웠을 것이다. 상황과 목적이 통제된 역할극의 텍스트는 학습자들이 텍스트를 통해 시작과 끝을 명확히 인식하고 그 틀 안에서 창의성을 발휘해 역할극을 구성할 수 있게 조직되어야 한다.

(4) 4조

4조는 병원에서 의사와 환자 보호자 간의 대화를 역할극으로 구성하였다. 4조의 역할극은 다음과 같이 구성되었다.

학습자 J : 안녕하세요? 의사 선생님.
학습자 D : 안녕하세요? 여기 앉으세요.

학습자 J : 한 달 동안 ③나의 동생 돌,돌,돌서, 돌봐서 정말 감사합니다.

학습자 D : 괜찮아요. ③내 책임이에요.

학습자 J : 오늘 ③난 동생 퇴워, ①퇴원시켜서 좋습니다. 그런데 ...
어... 퇴원 후에 어떤 주의사항 있습니까?

학습자 D : 주의사항 많습니다. 먼저 산책이나 가벼운 ①운동을 시켜
면 됩니다. 그리고 어...환자는 손이 불편, 손이 불편해서
일상생활에서 다른 사람은 환자에게 어...도움, ②도움을
당하게, 당하면, 당하게 합니다.

학습자 J : 네, 내 동생...동생 언제부터 정상적으로 ②행동시켰습니까?

학습자 D : 아마 퇴원해서 가벼운 훈련시키면 어..두 달 후에 꼭 정상
적인 ①운동을 잠깐씩 시킬 수 있습니다.

학습자 J : 네, 알겠습니다.

학습자 D : 아, 그리고 여기서 약이 있습니다.

학습자 J : 네, 이 약을 어...식사 전에이나 식사 후에 ②먹혀서, 어...먹
이면 됩니까?

학습자 D : 약은 꼭 시간에 맞게 ②먹어야 됩니다. 식사 후에 ②먹어
면 좋습니다.

학습자 J : 감사합니다.

학습자 D : 네, ③괜찮습니다. (웃음)

학습자 J : ③갈게요. (웃음)

이 조의 특징은 교사가 배부한 텍스트의 내용에 크게 의존하여 대화
를 구성하였다는 것이다. 학습자 J와 D는 텍스트에 제시된 서술어를 직
접 사용하여 역할극을 구성하였다. 특히 학습자 J는 SIT 수업 전 실시
한 OPI 평가에서 초급 등급을 받은 학습자이다. 학습자 J는 대화를 준
비하여 외운 것으로 보였고, 전반적인 대화의 진행은 학습자 D가 주도
하였다.

목표 형태의 정확성 측면에서 보면 ①의 예에서와 같이 '퇴원시키다',
'운동시키다'와 같이 사동을 사용한 경우도 있지만, ②의 예에서 보는 바
와 같이 '-하다' 형태의 동사에 '-시키다'를 결합한 사동형을 과도하게

사용하기도 하고, 피동과 사동을 혼동하여 사용하는 오류가 있었다(예 : 도움을 당하다, 먹히다 등). 이들은 전체적인 상황에 맞춰 목표 문법을 사용하기보다는 목표 문법의 사용에만 지나치게 집중하여 어색한 표현과 오류가 많았던 것으로 보인다.

유창성 측면으로는 발화의 길이는 짧지 않았고, 시작과 끝을 통제 사항에 맞게 구성하였다. 그러나 더듬거림과 휴지가 길었으며, 자신이 할 말이 생각나지 않으면 웃음으로 상황을 회피하였다. 또한 잦은 단어 반복 등으로 인해 자연스러운 의사소통이 진행되지 않았다.

관계성 측면으로는 ③의 예에서와 같이 '내'와 '나의' 등 문어와 구어적 표현 차이를 이해하지 못하였고, 부정적인 상황에서 자주 발화되는 '내 책임이다'가 긍정적인 상황에서 발화되어 어색하였다. 이는 '내 할 일일 뿐이다', '내 소임이다' 등으로 수정될 수 있다. 그리고 이 표현은 의사와 환자 보호자 간의 대화에서 나왔으므로 낮춤말인 '저' 혹은 '제' 등으로 표현되어야 한다. 또한 학습자 D는 '감사합니다'에 대한 답으로 '괜찮습니다'로 대답하였는데, 이는 '아니에요', '별 말씀을요' 정도로 대답해야 한다. 또한 환자 보호자가 헤어지면서 의사에게 '갈게요'라고 표현하고 있는데 이는 친근한 상황이 아니면 하기 힘든 작별 인사이다. '그럼 가 보겠습니다' 혹은 '그럼 안녕히 계세요' 등으로 인사하는 것이 적절하다.

(5) 5조

학습자 G와 학습자 I는 식당 주인과 아르바이트생의 역할을 맡아 극을 구성하였다. 5조가 수행한 역할극은 다음과 같다.

학습자 G : 어, ④○○아, 오늘 너무 수고했어요. 이미 퇴근시간이...이

미 퇴근해도 돼요 그리고 내가 내일 잠깐 외출해야 될 테
니까 여러 가지 일을 부탁해야 할 일이 있으니까 괜찮아요?

학습자 I : ④외출하려고요? ④많은 일이 남아 있는데.

학습자 G : 괜찮아요. 내일은 학생...어...손님들...②먹고 남는 음식을
　　　　　다 버리면, 그리고 새로운 ③메뉴판을 잘 쓰면 돼요.

학습자 I : 아, 네. 알겠어요. 남은 음식 쓰레기하고 일반 쓰레기는 다
　　　　　버릴 거니까 걱정 안 해도 돼요. 하지만 그...새 메뉴판을
　　　　　어떻게 ③씌워야 해요?

학습자 G : 새로운 메뉴가 주방에 있으니까 그것을 참고하고 메뉴판
　　　　　을 쓰면 돼요. 그리고 글자를 예쁘게 참신적으로 쓰면 좋
　　　　　겠는데...할 수 있어요?

학습자 I : 어떻게 쓸 수 있는지 잘 몰르는데...(웃음) 열심히 할게요.

학습자 G : 그냥 최선을 다 하면 돼요. 그리고 아주머니 이미 수건을
　　　　　다 빨았으니까 내일 ④말려 주시면... ①말려 줘.

학습자 I : 어디서 ①말려요?

학습자 G : 그냥 밖에...햇빛 있는 거 그냥 ①말리면 돼요. 그리고
　　　　　어...손님이 주문하는 전화 오실 수도, 오실 수도 모르, 모
　　　　　르니까 그 손님이 예약하는 것을 하고 손님의 주소를 ②
　　　　　메모하는 거 알지요?

학습자 I : 하지만 내일 열쇠 없어서 내일 올 때 문을 어떻게 ③열려요?

학습자 G : 열쇠는 이미 옆집 아저씨한테 ①맡겼으니까 걱정하지 않
　　　　　해도 돼요 내일 아저씨가 문을 열 테니까 내일 그냥 ④
　　　　　제가 시키는 일을 잘 다 해면 돼요 내일 ④잘 부탁 드려
　　　　　요 고마워요.

학습자 I : 네, 열심히 하겠습니다.
　　　　　④내일 외출을 잘 다녀오세요.

①의 예에서와 같이 이 조는 사동의 사용 빈도는 많지 않았으며(예 : 말
리다, 맡기다 등), 같은 사동사를 연속하여 사용하였다. 또한 ②의 예에서와
같이 사동을 다른 표현으로 대체하였는데, '쓰레기통을 비우다'는 '쓰레
기를 버리다'로, '메모를 남기다'는 '손님 주소를 메모하다'로 대체하여

표현하였다. 또한 ③의 예에서와 같이 피동과 혼동하는 오류가 있었으며 (예 : 문을 열리다), '씌우다'와 같이 연필 등으로 종이에 글자 모양을 만드는 행위인 '쓰다'와 모자 따위를 머리 위에 얹는 행위인 '쓰다'의 사동 형태를 혼동하여 오용하는 오류도 있었다.

5조 학습자들은 대화에서 많은 실수와 반복은 있었으나 특별한 휴지나 심한 더듬거림 없이 유창하게 상황을 이끌어가는 학습자였다. 특히 텍스트의 통제 외에도 자신들만의 상황을 설정한 후 극을 구성하여 내용 면에서 매우 알찼다. 그러나 문법 오류와 어색한 표현이 많아 발화의 길이, 내용의 풍부함 등의 장점에도 불구하고 역할극의 흐름이 부자연스러웠다.

관계성 측면으로 보면, ④의 예처럼 이 두 학습자는 가게 주인과 아르바이트생과의 관계에서 높임말과 반말을 혼용하는 것이 가장 큰 문제로 관찰되었다. 학습자 G는 '○○아'라고 반말로 부르고 나서 계속 높임말을 사용하거나, '말려 주시...'라고 말하다가 '말려 줘'로 번복하고, '내가'와 '제가'가 혼용되는 등의 실수들이 계속되었다. 또한 가게 주인이 외출하려고 할 때 아르바이트생이 '외출하려고요? 많은 일이 남아 있는데.'라고 표현하였는데, 이는 문맥상 할 일이 많은데 외출하는 사장에 대한 반감과 우려가 묻어나는 표현이다. 그러나 실제 학습자 I는 반감과 우려가 아닌 '자신이 할 일이 있으면 외출하기 전에 지시를 해 주었으면 좋겠다'는 표정과 태도로 발화하였다. 그렇다면 '외출하시려고요? 시키실 일이 있으세요?' 정도가 적절하다.

■ 전체과제 후 단계

모든 조의 수행이 종료되고 나서 교사는 과제 수행 과정이 어땠는지 질문하였다. 학습자들은 '재미있었다, 조금 힘들었다' 등의 대답을 하였다. '힘들었다'고 대답한 학습자들은 평소에 사동을 자주 사용하지 않았기 때문에 대화하면서 사동을 떠올리기 힘들었다고 대답하였고, 대화를 하는 것도 힘든데 문법까지 사용하는 것이 어려웠다고 하였다. '수업이 재미있었다'고 대답한 학습자들은 교사 주도적인 수업이 아니라 자신들이 직접 역할극을 수행할 수 있어서 흥미로웠다는 답을 하였다. 교사는 학습자들의 수행 과정에서 많은 오류가 있었지만 사동을 중심으로 피드백하였고, 사동과 피동의 혼동에 대해 주의시킨 후 수업을 마무리하였다.

1.3. 수업의 개선점

■문법 평가 및 목표 형태 사용 평가

SIT 1차 수업에서 학습자들은 통제된 상황을 토대로 짝 활동을 적극적으로 수행하였다. 이 연구는 교사가 상황과 목적을 통제함에 있어 자연스럽게 목표 문형이 사용되도록 수업을 설계하였는데, 모든 학습자 그룹들이 목표 문형을 자연스러운 상황에서 발화하였다. 또한 통제 상황을 잘 인지하여 역할극으로 수행하는 데에 큰 어려움이 없었다. 목표 형태의 정확성 측면으로 보면 목표 형태에 대한 오류가 있고, 형태 사용의 빈도가 많지는 않았으나 모든 조에서 형태를 자연스럽게 사용하여 발화하였다. 유창성은 대화가 끊기거나 지나치게 양과 질이 부족한 조는 없었다. 그러나 일부 학습자들이 단답형으로만 간단하게 답하거나 텍스트 자료의 지시 사항만 표현하고 맥락 있는 발화에 소홀한 점 등은 문제로 지적되었다. 관계성 측면은 나이와 사회적 지위, 친밀성 등에서 나타나는 표현 차이 등이 잘 나타나지 않았다.

교사가 제시한 지시 사항도 좀 더 명확해질 필요가 있었다. 가게 주인의 정확한 나이대가 기재되어 있지 않는 등 관계 설정이 세밀하지 않았

다. 높임말과 반말을 관계성에 적합하게 구사하려면 교사의 텍스트 설정
도 좀 더 상세해져야 할 것이다. 나이를 명시하거나 친밀성이 확실히 드
러나게 하고, 사회적 지위의 명확한 설정이 필요하다. 또한 교사가 제시
한 상황 중에서 마지막 4번은 아무도 수행하지 않았는데, 이는 학습자들
이 직업인으로 생활해 본 경험이 없다는 것도 이유가 될 수 있을 것이다.
그러나 교사의 텍스트가 불친절했을 수도 있다. 상황이 충분히 설명되지
않아 학습자들이 역할극으로 표현하기에 부담감이 있었을 수도 있기 때
문에 좀 더 꼼꼼하고 면밀한 교사의 설계가 필요하다.

　SIT 1차 수업에서 한국어 능력이 초급이나 중급 초반에 머무르는 학
습자들은 동료 학습자의 도움을 받아 과제 수행을 준비하였다. 또한 즉
흥적으로 발화하기가 두려워 메모한 것을 활용하는 학습자들은 없었으
나, 짝 학습자와 어떤 대화를 할지에 관해서는 상의를 하는 모습을 보였
다. 다음은 학습자별 수업 후 평가이다.

　학습자 A의 SIT 1차 수업 후 문법 평가 점수는 67.9점이다. 문법 평가
점수 반 평균이 78.6점임을 감안하면 다소 낮은 점수였다. 학습자 A는
각 동사의 사동 형태에는 오류가 별로 없었지만 사동문과 주동문을 구분
하는 문제에는 오류가 많았다. 목표 형태 사용 평가에서는 초점화된 언
어 형태를 사용하여 자신이 과제에서 수행했던 상황을 구술하였다. 정확
성이 다소 떨어지는 표현이 있고, 사동과 피동을 혼동하기도 하였으나
천천히 목표 언어 형태를 사용하여 발화하였다.[25]

---

25) 다음은 학습자 A의 목표 형태 사용 평가 시 발화 내용이다. 학습자가 목표 형태 사용
평가에서 목표 형태를 사용하여 발화한 예는 밑줄로 표시하기로 한다(형태 사용 오류,
대체 표현 포함).
　'일을 하고 끝났는 상황 있습니다. 사장님 아...일이 생겨서 외출하려고 했어요. 그래서
아...알바 학생에게 음..마치고 부탁했어요. 그...음식물 쓰레기를 <u>치우고</u> 메뉴를 어...<u>치
우고</u> 깨끗하게 써야 돼요. 만약에 어...전화 오, 오면 전화를 받고 메모를 쓰고 사장님
한테 <u>알려</u> 줘야 돼요. 또 빨래는 그 수건을 .....<u>밀리</u>라고 했어요. 이렇게. 아, 그리고 만

학습자 B의 수업 후 문법 평가 점수는 85.7이다. 평균 점수 78.6에 비해 다소 높은 점수였다. 학습자 B는 사동문에서의 동사 형태 고르기, 사동문과 주동문을 구분하는 문장 모두 오류가 많지 않았다. 목표 형태 사용 평가에서는 배운 형태의 사용 빈도가 높지는 않으나 정확하게 사용했고, 자신의 발화에서 배운 문법 형태를 맞게 사용하려는 노력이 보였다. 이 학습자는 특히 초점화된 언어 형태를 회피하지 않고 사용하기 위해 시도하는 것이 관찰되었다. 단어의 반복, 눌언이 있고 문법 사용 오류가 있었지만 수행한 과제에 대해 잘 구술하였다.[26]

학습자 C의 문법 평가 점수는 85.7이다. 동사별 사동 접미사 형태에 대한 오답은 거의 발견되지 않았다. 그러나 사동문과 주동문의 의미 혼동 때문에 틀린 문제가 있었다. 목표 형태 사용 평가에서는 과제 상황을 잘 정리하여 발화하였다. 이 학습자는 구술하면서 사동 표현이 정확히 생각나지 않을 때는 표현을 회피하기도 하고 다른 표현으로 대체하기도 하였다.[27]

학습자 D는 과제 수행 이후 실시한 문법 평가에서 78.6점을 받아 학

약에 일이 끝나면 문을 닫, 닫히고 옆 식당 아저씨에게 열쇠를 줘고 가면도 돼요. 이렇게 하라고 했어요.'

26) 다음은 학습자 B의 목표 형태 사용 평가 시 발화 내용이다.
'어...저는 가정...어...가정주부이고 그 ○○ 씨는 아픈 어머니를 모시는, 모시는 아저씨 역할을 맡았어요. 어.....그 가정주부는 그 집을 위해서 열심히 집안일을 해요. 하루 종일 아이를 돌보고 아, 아이 아침 아직 어릴 때문에 밥도 먹여요. 그리고 그... 남편 출퇴근 준비를 조금 엄청 힘들어요. 집안일 또 하고 청소도, 청소도 해야 돼요. ○○ 씨는 그... 음... 어머니 그 몸이 아프 때문에 그... 일을 포기하고 병원에 자주, 자주 가요. 그리고 집에 또한 강아지 한 마리 있고 키워서 정신없어요. 그래서 어... 둘이 다 어... 주민센터 그 설명회에 가서 그.. 어... 도우미 서비스를 받으려고 왔어요.'
27) 다음은 학습자 C의 목표 형태 사용 평가 시 발화 내용 중 일부이다.
'(…전략…) 사장님이, 사장님이, 사장님이 외출하려고 해서 알바생에게 음식물 쓰레기를 처리하고 손님 메뉴판을 치... 치워 주라고 부탁했어요. (…중략…) 그리고 사장님이 외출할 때 전화가 올까 봐 알바생에게 전화가 오면 받고 중요한 일이 있으면 메모하고 사장님에게 전달하라고 말했어요. (…후략…)'

급 평균(78.6)과 같은 수치를 기록했다. 이 학습자는 각 동사의 사동 접미사 형태 오류는 거의 없었지만 사동문과 주동문의 의미 혼동으로 인한 오류가 있었다. 이 학습자는 배운 언어 형태를 최대한 활용하여 구술하려고 하였다. 문법 평가에서도 사동문과 주동문의 의미 혼동으로 인한 오류가 있었는데, 목표 형태 사용 평가에서도 사동문과 주동문을 제대로 구분하지 못하여 형태의 오류를 많이 생산하였다.28)

학습자 E는 과제 수행 후 문법 평가에서 46.4를 얻었다. 이 학습자는 사동을 배운 경험이 있음에도 각 동사의 사동 접미사 오류가 많았으며 사동문과 주동문의 의미도 혼동하고 있었다. 이 학습자는 수업에서 수행한 과제에 대해 응집성 있게 구술하지 못했다. 통사적 오류도 많았으며, 배운 문법 형태를 활용하지도 못하였다. 수업에서도 짝이 된 동료 학습자의 도움을 많이 받았으며 목표 형태 사용 평가 전에도 메모한 내용을 외워 말하고자 하였다.29)

학습자 F는 문법 평가에서 96.4점을 기록했다. 사동 접미사 고르기에 관한 단순 오류였다. 이외에는 사동문과 주동문 구분하기와 맥락에 맞는 형태 고르기 등 모든 유형에서 오류가 없었다. 이 학습자는 문법 평가에서 거의 오류가 없었지만 목표 형태 사용 평가에서 목표 문법을 사용하여 발화하지 않았다. 대신 과제 수행 시 역할극 상황의 객관적 진술에 신경을 쓰면서 구술하였다.30) 이에 교사가 문법 형태 사용을 유도하는 질

---

28) 학습자 D의 목표 형태 사용 평가 시 발화 내용은 아래와 같다.
　　'나하고 ○○은 어…의사하고 환자의 가족이 역할을 맡기고 어… 상담 이야기를 했습니다. ○○은 환자의 가족의 역할을 맡기고 나는 의사, 의사의 역할을 맡겼습니다. (…후략…)'
29) 다음은 학습자 E의 목표 형태 사용 평가 시 발화 내용 중 일부이다. '(…전략…) 제 동생은 교통사고 했어요. 그런데 저는 의사에서 동생이 어떻게 도와는지 물었어요. (…후략…)
30) 학습자 F의 목표 형태 사용 평가 시 발화 내용은 아래와 같다.
　　'○○씨와 그 병원에서 의사와 그 환자 보호자 간의 대화를 해 봤어요. 그리고 그. 보

문을 하였고 그 후, 목표 문법을 사용하여 발화하였다. 즉흥적으로 구술하는 과정에서 다소 긴 휴지와 눌언이 있었다.

학습자 G의 과제 수행 후 문법 평가 점수는 92.9점이다. 문법 평가에서 이 학습자는 사동문과 주동문을 혼동하는 오류는 없었고, 각 동사의 사동 접미사 오류만 눈에 띄었다. 이 학습자는 정규 학교나 사설 학원에서 한국어를 배운 적이 없는 학습자이다. 혼자 한국어를 공부하고 드라마를 통해서 한국어를 연습하였는데, 정규 교육 과정을 거치지 않았음에도 고급 실력을 갖추고 있다. 눌언이 있기는 하지만 발화 속도가 상당히 빠른 편인데 정확성은 유창성에 미치지 못했다. 긴 휴지 없이 발화하지만 간투사31)가 많고 문법 오류가 많아 원활한 의사소통을 방해하였다.32)

학습자 H의 과제 수행 후 문법 평가는 75점이다. 각 동사의 사동 접미사 오류는 없었으나 간접 사동문과 직접 사동문의 구분 오류가 있었다. 사동문과 주동문을 혼동하는 오류가 있었으며, 직접 사동과 간접 사동의 의미를 모두 갖는 어휘적 사동문과 간접 사동의 의미만을 갖는 통사적

호자로 분한 ○○는 환자...에 대해 퇴원 후 주의해야 할 것에 물었어요. 그리고 의사로 분한 저는 그거... 저... 저는 환자에게 필요한 도움이 무엇이냐, 건강을 회복, 회복할 방법이 무엇이냐 그리고... 마지막은... 마지막은 뭐예요? (웃음) 음... 아, 마지막은 약을 어떻게 복용하느냐에 답했어요. (…후략…)'

31) 이정애(2011)에서는 간투사가 화자의 내면의 감정이나 정신의 작용을 그대로 표출하는 소리의 형태를 취하고 있으며, 어떤 구체적인 의미를 분명히 전달하는 단어로서, 개별 문화마다 다른 언어 특정적인(language-specific) 것이어서 학습해야만 습득되는 매우 관습적인 언어적 신호라고 하였다. 실험에 참여한 학습자들도 대화를 유창하게 이어가지 못할 때 언어적 전략으로서 간투사를 사용하고 있었는데, 이를 통해, 계속 생각하고 있음, 계속 대화할 의지가 있음, 다른 어휘나 표현으로 대치할 준비를 하고 있음 등을 나타내고 있었다. 또한 학습자들의 모어에 따라 다른 간투사들이 관찰되었다.

32) 다음은 학습자 G의 목표 형태 사용 평가 시 발화 내용이다.
'오늘 ○○ 씨랑 같이 어... 사장님이 잠깐, 내일 외출하는 김에 알바생한테 일이 시키는 것을 연출했습니다. 어... 사장님이 어... 알바생한테 어... 쓰레기 버리... 버리게 하고 남은 음식, 새로운 메뉴판을 바꾸,.. 바뀌라고 부탁했습니다. (…중략…) 그리고 알바생은 사장님한테 열쇠가 없어서 내일 문을 어떻게 열라냐고 물어봤습니다. (…후략…)'

사동문을 고르는 문제에서 오답이 있었다. 특히 이 학습자는 의미적으로도 직접 사동과 간접 사동을 구분하기 어려워했으며, '-게 하다'의 형태에 대해서도 정확히 알지 못해 형태 오류로 인한 오답도 있었다. 학습자 H는 평소에도 말하기에 자신 없어 하는 학습자이다. 발화 속도가 느리며, 한 문장 안에도 눌언과 간투사가 많이 등장하였다. 이야기가 쉽게 이어지지 않아 교사가 유도 질문을 많이 하였지만 단답형 혹은 한두 문장으로 대답을 마쳤다.33)

학습자 I의 문법 평가 점수는 85.7이다. 각 동사의 사동 접미사 고르기 문제는 오류가 없었으며, 직접 사동과 간접 사동의 차이 고르기, 사동문과 주동문 구분하는 유형에서 오류가 있었다. 수업 후 이어진 목표 형태 사용 평가에서는 주저함과 머뭇거림이 많았으며, 문법 오류 수정을 위한 반복도 많았다. 학습자 I는 수업에서 배운 사동을 이용한 표현은 거의 없었고 그마저도 오류를 범하였다.34) 그러나 역할극 속에 녹아 있는 주인

---

33) 다음은 학습자 H의 목표 형태 사용 평가 시 발화 내용 중 일부이다.
'(…전략…)
평가자 : 둘이 왜 만났어요?
학습자 H : 우리는, 어... 우리는 인주동 주민센터에게 개최한 주민을 위한 그... 주민을 위한... 도우미 서비스 설명회에 참가하러 왔어요.
(…중략…)
평가자 : 어떤 일이 있어요?
학습자 H : 내가 매일매일 어머니 밥을 먹게 하고, 옷을 입히고, 이, 이, 입히는 일을 했어요. 그리고 개, 개 때문에 매일 집에, 집에 청소해야 돼요. (…후략…)'
34) 학습자 I의 목표 형태 사용 평가 시 발화 내용은 아래와 같다.
'오늘 ○○, ○○이랑 식당 사장님께서 외출하려고 알바생한테 식당을 맡기... 는 상황... 에서 어... 대화를 했어요. 어... 어... ○○은, ○○은 어... 식당 사장님이고 저는 알바생이에요. 어... 알, 식당 사장님... 어... 어... 퇴근 시간에 알바생한테 그 내일 어... 출... 외출하... 외출할 거라고... 어... 했어요. (…중략…)
평가자 : 사장님이 외출하시면 열쇠는 어떻게 해요?
학습자 I : 그.. 옆 식당 아저씨한테 부탁했어요.
평가자 : 그 열쇠를 찾으면 돼요?
학습자 I : 그 옆 식당 아저씨 문을 열리고 음... 내가 그냥 들어가면 돼요.'

공들의 감정 상태에 대해 언급하면서 역할극에 대한 자신의 해석을 첨가하였다. 평소에도 발화 속도가 느린 편인데 목표 형태 사용 평가에서도 다소 느린 속도로 발화하였다. 문장 내 간투사가 많이 있었으며, 오류 수정을 위한 반복이 많았다.

학습자 J의 과제 수행 후 문법 평가는 71.4점이었다. 각 동사의 사동 접미사를 선택해서 문장을 완성하는 문제는 오류가 없었다. 그런데 사동문과 주동문을 구분하는 유형은 단문 고르기가 오히려 오답이 많았고, 단락 내에서 의미에 맞게 주동문과 사동문을 구분하는 문제는 오류가 적었다. 그러나 목표 형태 사용 평가에서는 습득된 사동 표현을 잘 사용하지 못하였다. 또 모어의 영향을 받은 문장이 눈에 띄고, 문장을 완결하지 못해 중단하는 경우도 있었다. 그리고 사동 표현을 구술에서 사용하지 못하고 모두 다른 표현으로 대체하였으며, 눌언과 휴지, 머뭇거림이 많이 있었다.[35]

지금까지의 SIT 1차 수업의 문법 평가 및 목표 형태 사용 평가 결과를 표로 정리하면 다음과 같다.

---

[35] 학습자 J의 목표 형태 사용 평가 시 발화 내용은 다음과 같다.
'학습자 J : 동생, 퇴원할 때 보호자하고 의사 이야기했습니다. ○○ 의사 말압니다. 나 보호자 말압니다. 의사가 음... 동생 지금 몸이 상황에 대해서 설명했습니다. 어... 보호자 의사 설명, 설명, 설명 대해서 몇 가지 문제 질문했습니다. 어... 문제는...
평가자 : 어떤 걸 조심해야 돼요?
학습자 J : 지금 환자 손 사용하기, 사용하고, 사용하기 불편하고 걷는 거 힘듭니다. 어... 산책하고 가벼운 운동해야 됩니다. 음... 언, 언제부터 정상적으로 할 수... 대해서 질문했습니다. 그리고 약을 먹은 방법, 무, 무, 무엇입니까? 두 가지 문제 질문했어요.'

[표 24] SIT 1차 수업의 문법 평가 및 목표 형태 사용 평가에서의 학습자 특징

	학습자	문법 평가	목표 형태 사용 평가	오류적 특징
1	A	67.9	초점화된 형태를 사용하여(치우다, 알리다, 말리다 등) 과제 활동 내용 구술	문법 평가에서 사동문과 주동문 구분 문제에서 오류가 많이 나타남, 배운 언어 형태를 사용하려고 하였으나 사동과 피동을 혼동하는 경우와 사동문과 주동문을 구분하지 못하는 경우도 있음
2	B	85.7	초점화된 형태를 사용하여(먹이다, 키우다 등) 과제 활동 내용 전체 구술	초점화한 형태의 사용이 많지 않았지만 정확하게 사용함
3	C	85.7	목표 문법 형태를 사용하여 (맡기다, 치우다, 말리다 등) 과제 활동을 내용을 전체 구술함	사동문과 주동문의 혼동 오류 보임. 구술 시 사동 표현이 생각나지 않을 때 회피하거나 대체함
4	D	78.6	목표 문법 형태를 최대한 사용하여 말하려고 시도함(맡기다, 먹이다, -시키다,)	사동문과 주동문 혼동 오류가 문법 평가와 목표 형태 사용 평가에 공통적으로 발견됨, 개별 동사의 사동 형태 오류도 보임
5	E	46.4	문법 형태를 사용하여 말하지 못함, 메모한 것을 외워서 말함	문법 평가 시, 각 동사의 사동 접미사 오류가 발견됨, 사동문과 주동문의 의미 혼동, 목표 형태 사용 평가 시 통사적 오류가 많으며, 목표 문법도 정확하게 배우지 못함
6	F	96.4	문법 형태를 거의 사용하지 않고(1회-먹이다) 객관적으로 과제 상황 진술	문법 평가에서 단순 실수 외 오류 없음
7	G	92.9	목표 문형을 사용하여(-게 하다, 말리다, 맡기다 등) 전체 구술	문법 평가에서는 개별 동사의 사동접미사 오류만 있었으나 구술에서는 피동사와 사동사 혼동, 주동사와 사동사의 혼동이 있음
8	H	75	교사의 질문에 답하면서 목표 문형을 많이 사용함(키우다, -게 하다, 입히다 등)	직접 사동과 간접 사동의 구분을 어려워함, 사동문과 주동문의 혼동 있음
9	I	85.7	구술 시 목표 문법을 거의 사용하지 않았으며, 사용 오류를 범함	문법 평가에서 직접 사동과 간접 사동의 의미 차이에 대한 오류, 사동문과 주동문 구분하기 오류가 있음
10	J	71.4	구술시 목표 문법을 거의 사용하지 않음	문법 평가에서 사동 접미사 오류,사동문과 주동문 구분 오류가 있음, 사동 표현을 사용하지 않고 모두 다른 표현으로 대체

■학습자 성장 평가

이 연구는 SIT 1차 수업 직후 학습자들에게 수업 자가 평가인 학습자 성장 평가를 실시하였다. 설문 항목은 정확성, 유창성, 관계성이었으며, 문항은 총 18문항이었다.[36] 조사는 전체과제 수행과 문법 평가와 목표 형태 사용 평가 후 실시되었다.

[표 25] SIT 1차 수업의 정확성 측정 항목에 대한 학습자 응답 결과

정확성	점수(인원 수)					
	1	2	3	4	5	평균
1. 이 수업에서 배운 문법을 정확하게 이해했습니까?			4	6		3.6
2. 전체과제 활동에서 (말을 많이, 자연스럽게 하는 것보다는) 정확하게 말하는 것에 신경을 썼습니까?			4	4	2	3.8
3. 전체과제 활동 수행 시, 부분과제 활동에서 배운 문법을 사용해서 말했습니까?			4	6		3.6
4. 전체과제 활동과 비슷한 실제 상황에서도 이 수업에서 배운 문법을 사용해 말할 수 있습니까?		1	3	6		3.5
5. 이 수업이 한국어를 정확하게 말하는 데에 도움이 된다고 생각합니까?		1	2	5	2	3.8
	합계 평균			3.66		

문법의 정확성 학습에 대한 설문 항목의 평균 점수는 3.66점이었다. 학습자들은 문법을 정확하게 이해하고 말하는 것을 의식했으며, 전체과제 수행 시, 부분과제 활동에서 학습한 문법을 사용하여 말하는 것에 의도적으로 신경을 썼다고 볼 수 있다. 실제 상황에서 배운 문법 형태의 사용 가능성에 대하여 '그렇지 않다'로 응답한 학습자 1명을 제외한 모든 학습자가 실제 상황에서도 배운 문법 형태를 사용 가능성에 대하여 부정적이지 않았다. 이 수업이 한국어의 정확성 향상에 도움이 되느냐는 질

---

36) 학습자 성장 평가 후 학습자 정의적 평가를 실시하였다. 정의적 평가 결과는 5장의 기타 평가 결과에서 다룬다.

문에도 '그렇지 않다'로 응답한 학습자 1명이 있었다. 4번과 5번 문항에 부정적인 응답을 한 학습자는 사동을 완벽하게 학습하지 못했다는 불안감으로 수업의 정확성 기여도에 대해 부정적인 응답을 한 것으로 보인다. 그러나 7명의 학습자가 SIT 1차 수업의 한국어 정확성 향상에 대해 긍정적으로 답하여, 평균 점수는 3.8로 나타났다.

[표 26] SIT 1차 수업의 유창성 측정 항목에 관한 학습자 응답 결과

유창성	점수(인원 수)					
	1	2	3	4	5	평균
1. 전체과제 활동에서 자신의 생각을 오해 없이 전달했습니까?		1	5	3		3.4
2. 전체과제 활동에서 자신의 생각을 막힘없이 전달했습니까?		1	6	2	1	3.3
3. 전체과제 활동에서 자신의 생각을 표현할 때 충분히 길게 말할 수 있었습니까?		4	4	2		2.8
4. 전체과제 활동에서 (문법 형태보다는) 의사소통 전달에 더 신경을 썼습니까?		2	4	3	1	3.7
5. 전체과제 활동과 비슷한 실제 상황에서도 이 수업처럼 말할 수 있습니까?		1	3	5	1	3.6
6. 이 수업이 한국어를 자연스럽고 편하게 말하는 데에 도움이 된다고 생각합니까?				7	3	4.3
	합계 평균			3.52		

유창성에 대한 문항은 모두 6문항이었다. 유창성 문항에 대한 학습자들의 평균 점수는 3.52점이었다. 유창성에 관한 문항에서는 정확성 문항에서와는 달리 '그렇지 않다'와 같은 부정적 응답이 5문항에 걸쳐 나타났는데, 특히 전체과제 활동에서 자신의 생각을 표현함에 있어서 충분히 길게 말했는가에 대한 질문에서는 모두 4명의 학습자가 '그렇지 않다'로 응답하였다. 이는 학습자들이 교사에 의해 상황과 발화의 목적이 통제되는 조건 아래에서 주어진 문법 형태를 제대로 사용하면서 의사소통을 하는

것에 부담을 느꼈기 때문으로 보인다.37) 학습자들은 대화가 일어나는 배경에 대한 설정, 자연스럽게 대화 이어나가기에 대한 전략 등이 부족하거나 아예 없었으며, 자율적이고 창의적인 설정을 하지 않고 제시된 상황에 맞춰 대화를 구성하였기 때문에 군이 길게 발화할 필요성을 느끼지 못한 듯했다. 그러나 모든 학습자들이 이 수업이 한국어의 유창성 향상에는 도움이 된다고 답했는데(그렇다 : 7명, 매우 그렇다 : 3명), 이는 역할극 과제 수행 과정과 실제 의사소통 상황과의 유사성으로 인해 자신의 발화가 실제 상황으로 이어질 수 있다는 기대감도 높아졌기 때문인 것으로 보인다.

[표 27] SIT 1차 수업의 관계성 항목에 관한 학습자 응답 결과

관계성	점수(인원 수)					
	1	2	3	4	5	평균
1. 이 수업에서 의사소통 상황에 맞는 대화를 학습할 수 있었습니까?		1		8	1	3.9
2. 이 수업에서 전체과제 활동 상황을 모두 이해했습니까?				10		4.0
3. 짝(그룹원)과 전체과제 활동 시 대화하는 사람의 관계(나이, 성별, 직업, 사회적 위치 등)를 고려하면서 말했습니까?			2	2	6	3.4
4. 짝(그룹원)과 전체과제 활동 시 대화가 일어나는 장소(집, 회사, 공공장소 등)를 고려하면서 말 했습니까?			1	4	5	3.4
5. 오늘 대화가 실제 의사소통 상황에서도 문제없이 전달될 것이라 생각합니까?			1	5	4	3.3
6. 이 수업이 한국 생활과 한국 문화 이해에 도움이 되었습니까?				10		4.0
7. 이 수업이 실제 의사소통 상황을 이해하는 데에 도움이 된다고 생각합니까?				8	2	4.2
합계 평균				3.74		

37) 실제로 학습자들은 역할극을 비교적 짧게 끝냈다. 학습자들은 통제 상황에 대해 자율적이고 창의적으로 이끌어가지 못하였는데, 이는 교사가 상황을 통제하고 발화의 목적을 규정했기 때문이다. 학습자들은 최대한 텍스트 자료에 제시된 상황을 묘사하려고 하였지만, 다른 상황을 삽입하거나 대화 상황을 부드럽게 하는 등 자연스러운 전개를 위한 시도들은 많이 하지 않았다.

이 수업의 관계성 문항에 대한 학습자들의 평균 점수는 3.74점이었다. 학습자들은 1번 문항을 제외하고 모든 항목에서 부정적 응답을 하지 않았다. 특히 의사소통 상황 이해도는 모든 학습자가 '그렇다'고 답했으며, 실제 의사소통 상황 이해에 대해 도움 여부에 관한 문항에도 모든 학습자가 '그렇다(8명)'와 '매우 그렇다(2명)'로 답했다. 또한 이 수업이 한국 문화 이해의 도움이 되는가에 대한 질문도 모든 학습자들이 '그렇다'고 답했는데, 이는 실제 의사소통 상황과의 유사성 때문에 한국 문화에 대한 간접 경험을 할 수 있다고 생각하고 있는 것으로 보인다.

2. 2차 수업 : 토론극 과제 수업

2.1. 수업 설계

SIT 2차 수업인 토론극 과제 수업은 토론 주제와 토론 형식에 통제성이 있는 수업이다. 토론극 과제 수업은 반드시 정식 토론 형식을 따라야 하는 것은 아니다. 토론극은 교사의 의도에 따라 토론 형식을 준수하여 실시할 수도 있고, 자유 토론으로 실시할 수도 있다. 이 연구의 SIT 2차 수업 설계를 위한 실제 수업에서는 토론의 절차를 준수하면서 역할극을 수행하고자 한다. 실제 한국어 교육 현장에서 자유 토론 수업을 할 때, 쉽게 분위기가 어수선해지고, 주제 난도가 높을 경우 학습자들의 역할이 배분되지 않고 발화가 독점되는 상황이 벌어지기도 하기 때문이다.

이를 방지하기 위해 이 연구에서는 학습자들이 사전에 토론 절차를 학습한 후 SIT 2차 수업에 참여할 수 있도록 하였다. 좀 더 구체적으로 말해 보면, 학습자들에게 토론의 한 형식인 CEDA 토론 절차 지도를 한 후에 본격적인 SIT 수업을 실시하는 것이다. 수업과 동시에 토론 형식을 설명하고 토론극을 진행하면 학습자들이 토론 형식을 이해하느라 제대로 된 과제 수행을 하지 못할 우려가 있다. 토론극의 설계 원칙은 다음과 같다.

(1) 토론 형식을 선정한다.

SIT 2차 수업을 위한 실제 수업에서는 교육 현장에서 보편적으로 활용되는 CEDA 토론(반대신문식 토론)으로 토론극을 진행한다(이창덕 외, 2012 : 334).[38] CEDA 토론은 입론과 반론, 교차조사로 진행되는데, 학습자들은 부분과제에서 토론 과정 시 초점화할 형태에 대해 학습한 후 전체과제를 수행하게 된다. 이 수업은 토론 과정을 통한 한국어 학습이 목적이므로 학습자가 반드시 자신의 의견과 동일한 입장에서 논쟁해야 하는 것은 아니다. 또한 사안에 따라 찬반의 수가 대등하지 않을 수 있기 때문에 교사가 찬반의 수를 인위적으로 조절할 수도 있다. 학습자들은 학문적 목적을 위해 어느 측의 입장이든 그룹원들과의 논의와 협력을 통해 상대팀을 설득할 수 있어야 한다. 학습자는 부분과제를 수행한 후, 찬반 그룹 중 하나에 소속된다. 그리고 그룹원들과의 논의와 협력을 통해 주장이나 논지의 전개 방향을 자유롭게 이야기한 후 본격적인 토론에 임한다.

토론극 전체과제는 교사가 토론 주제만 제시하고 학습자들이 준비하여 진행하는 과제이다. 앞서 말한 바와 같이 SIT 2차 수업에서는 CEDA 토론을 실시한다. 학습자들은 이전에 CEDA 토론을 경험한 적이 있어, 토론 절차를 이미 숙지하고 있는 상태이다. 또한 이 연구는 모어 화자가 아닌 외국어 학습자들의 토론이기에 준비 부담 및 발화 부담을 줄이기

---

38) 토론은 형식과 절차에 따라 고전적 토론, 직파식 토론, 반대 신문식 토론(교차조사 방식 토론; CEDA 토론), 칼 포퍼 방식 토론, 의회 토론, 링컨 더글러스 방식 토론, 모의 법정 토론이 있다(이창덕 외, 2012).

위해 토론 시간을 조정한다. SIT 2차 수업에서 실시할 토론의 절차 및
시간은 다음과 같다.

[표 28] 토론극 과제 활동의 절차 및 시간

긍정 측		부정 측	
토론자1	토론자2	토론자1	토론자2
① 입론(3분)			② 교차조사(2분)
④ 교차조사(2분)		③ 입론(3분)	
	⑤ 입론(3분)	⑥ 교차조사(2분)	
	⑧ 교차조사(2분)		⑦ 입론(3분)
⑩ 반박(2분)		⑨ 반박(2분)	
	⑫ 반박(2분)		⑪ 반박(2분)
숙의 시간(작전 타임) : 팀당 6분			

(2) 토론 주제를 선정한다.

SIT 2차 수업에서 교사는 논제로 삼을 만한 쟁점 6가지를 제시한다.
교사가 제시할 토론 주제는 다음과 같다.

[표 29] SIT 2차 수업에서 제시할 토론 주제

토론 주제
• 사형제도는 폐지되어야 한다. • 안락사는 허용되어야 한다. • 인터넷 실명제는 실시되어야 한다. • 동물 실험은 없어져야 한다. • 착한 사마리아인 법은 도입되어야 한다. • 두 사람의 사랑이 결혼의 충분조건이다.

교사는 토론 주제 선정에 관여하지 않는다. 학습자들은 숙의를 통해
토론 주제를 결정한다. 토론 주제에는 정치·문화적으로 민감한 사안은
다루지 않는다.

(3) 목표 형태를 선정한다.

토론의 형식과 주제 선정이 끝나면 토론극 과제에서의 목표 형태를 선정한다. SIT 수업을 위한 실제 수업에서는 피동형을 목표 형태로 정하였다. 한재영 외(2008 : 298)에서는 한국어 교육에서 피동과 사동은 비교적 단기간 내에 집중적으로 출현하여 심화된 내용은 나오지 않는다고 지적하며, 이로 인해 학습자들이 지속적으로 피동과 사동을 접하지 않으면 잊어버리기 쉽다고 하였다.

피동은 한국어 교육에서는 능동사에 '-이-, -히-, -리-, -기-'와 같은 피동 접미사를 붙여 만드는 어휘적 피동과 능동사 동사 어간에 '-어지다/아지다'를 붙여 만드는 통사적 피동을 중급에서 가르친다. 그러나 그 외에도 피동 표현은 '-하다' 형태 동사를 피동으로 만드는 '-되다', '-당하다', '-받다'도 있고, '-게 되다'도 포함되는데, 한국어 교육 현장에서는 '-되다', '-당하다', '-받다'는 단어별로 피동의 의미를 가르치고, '-게 되다'는 피동의 의미보다는 '상황 변화'의 의미로 초급에서 가르치는 게 보통이다. 백봉자(1999 : 40)는 한국어의 피동은 문법 규칙에 의하지 않고 동사를 파생시켜 만든 피동사를 이용한다고 하면서 어떤 의미를 가진 동사 또는 어떤 음절로 끝난 동사에 어떤 어미를 붙인다는 일정한 규칙이 있는 것이 아니므로 어휘 단위로 기억해야 한다고 하였다.[39] 이 연구는 형태 초점 기법을 통하여 피동을 학습한 후 토론극 과제 활동에서 이를 자연스럽게 사용한다면 피동에 대한 인지와 사용 면에서 큰 효과를 얻을 수 있을 것이라 판단하여 SIT 2차 수업 모형 설계를 위한 실제 수

---

39) 현재까지 밝혀진 사실은 어간이 'ㄹ'로 끝나는 규칙 동사, 불규칙 활용 시 어간이 'ㄹ'로 끝나게 되는 동사에 '-리-'가 붙는다는 정도이다(한재영 외, 2009 : 300). '-하다' 동사도 어떤 경우에 '-되다'나 '-받다'를 사용하고 어떤 경우에 '-당하다'를 사용하는지 명쾌하게 밝혀지지 않은 상태이다(한재영 외, 2009 : 303).

업에서 피동을 목표 형태로 선정하였다.

(4) 목표 형태에 적합한 형태 초점 기법을 선정한다.

토론극 과제를 위한 부분과제에서는 의식 상승 과제 기법을 적용하여 피동을 학습한다. 교사는 학습자들이 부분과제 수행을 통하여 피동의 의미를 이해하고 문법적 일반화를 추론해 내는 것을 목표로 수업을 진행한다.

의식 상승 과제 기법은 교사의 명시적인 설명 없이 예문을 제시하고, 학습자가 규칙을 발견해 내는 방식이다. 학습자들이 특정 문법 형태에 대해 의식이 상승되면 그 후 이어지는 입력 과제에서 그 형태를 더 잘 알아차리게 되고 결국은 자질을 습득하게 된다는 것이다(Fotos, 2002).

의식 상승 과제는 맥락 의존성이 높고, 문법의 발견 가능성이 높아 학습자 스스로 발견할 수 있는 문법, 오류의 빈도가 높은 문법 교육에 적당하다(강혜옥, 2006). 피동은 맥락에 의해 능동과 피동, 혹은 사동과 피동을 선택하여 발화해야 하며, 피동 형태를 학습자가 스스로 발견할 가능성이 높다. 또한 형태의 오류가 많아 의식 상승 기법을 사용하여 학습하기에 적절한 형태이다.

Ellis(2003)는 의식 상승 과제의 특징은 목표 형태에 주의를 기울이도록 하기 위해 목표 형태의 언어 특징을 분리해 내려는 시도를 하며, 학습자는 목표 문법의 특징을 그림 자료로 제공받고, 목표 문법에 대한 명시적 규칙에 대한 설명도 제공받는다고 하였다. 또한 학습자들에게는 목표 형태를 이해하기 위해 지적 능력을 활용하는 것이 기대되며, 필요한 경우, 학습자들은 문법 구조를 말로 설명할 것을 요구받기도 한다.

언어적 자질을 구분하려는 점에서는 의식 상승 과제 기법과 구조적 연습이 유사할 수도 있다. 그러나 의식 상승 과제 기법은 반복 연습을 통한 생산에 목표가 있는 것이 아니라 인지적인 노력과 시도에 의해서 문법적 자질을 익히는 것이 목적이다. 즉, 인지적 과정이 이 기법에서는 무엇보다 중요하다는 것이다.

(5) 전체과제 전 단계를 설계한다.

① 부분과제 전 단계를 설계한다.

교사는 학습자에게 '혼자 있을 때 문이 갑자기 닫히는 것을 경험한 적이 있는지' 혹은 '갑자기 문이 열리면 기분이 어떤지' 등에 대해 질문한다. 학습자들은 자신들의 경험과 느낌을 말한다. 교사는 자신이 피동을 발화할 때 피동 부분을 휴지와 강세를 두어 말하는 등 청각적 입력 강화를 실시한다. 학습자들은 교사의 입력을 통해 배경지식을 활성화하며 피동 학습에 대한 준비를 한다.

② 부분과제 수행 단계를 설계한다.

토론극을 위한 부분과제에서 교사는 학습자들이 규칙을 발견할 수 있도록 예문을 제시한다. 그리고 학습자로 하여금 피동문을 만드는 방법에는 능동사에 '-이-, -히-, -리-, -기-'와 같은 피동 접미사를 붙여 만드는 방법과, 능동사 어간에 '-어지다'를 붙여 만드는 방법이 있다는 것을 발견해 낼 수 있게 한다. 이와 함께 '하다' 형태의 동사는 '-되다', '-당하다', '-받다'가 있음을 알게 해야 한다. 이때, 교사는 명시적으로 설명하지 않는다. 명시적 설명은 학습자의 발견 학습 이후인 부분과제 후 단계에서 실시된다. 의식 상승 과제 기법은 학습자가 목표 문법에 주목하고, 가설 형성의 기회를 가진 후, 자신이 세운 가설을 검증하는 기회를 얻을 있도록 설계된다. 순서는 다음과 같다.

ㄱ. 목표 문법에 학습자들의 주의를 끌 수 있도록 '주목하기' 과제를

실시한다. SIT 수업 설계를 위한 실제 수업에서는 듣고 받아쓰기 과제를 실시한다. 학습자들은 피동문의 동사 형태를 듣고 받아쓰면서 목표 문법에 주목하게 된다. 다음은 SIT 수업에서 사용할 주목하기 과제 텍스트이다.

> 가 : 어, 약국 문이 **닫혔네.**
>   아직 6시도 안 됐는데.
> 나 : 아, 오늘 일요일이지? 일요일은 약국이 문을 닫잖아.
>   아직 **소화가 안 돼**?
> 가 : 조금 안 좋기는 한데 괜찮아, 산책하면 좀 나아지겠지 뭐.

학습자들은 교사가 제시하는 듣기 텍스트를 들으면서 빈칸을 채울 것이다. 그때, 문법의 형태에 주목하면서 가설을 형성할 준비를 한다.

ㄴ. 학습자들이 가설을 형성할 수 있도록 과제를 제시한다. SIT 수업에서 적용할 가설 형성 기회를 위한 과제는 다음과 같다.

> 공부를 하고 있는데 밖에서 이상한 소리가 (1)**들렸다**. 창문을 열어 보니 바람 소리였다. 뉴스에서 태풍 소식을 (2)**들었는데** 오늘 밤은 바람도 심하게 불고 비도 많이 올 것 같다.
>
> 바람이 많이 불어서 창문이 심하게 **흔들렸다**. 다시 조심스럽게 창문을 열었더니 바람 때문에 책상 위의 연필이 **떨어지고** 책이 다 **펴졌다**. 또 열어 놓은 방문이 '쾅'하고 **닫혔다**. 갑자기 무서운 생각이 들었다. 오늘 밤은 잠이 안 올 것 같다.

[내용 이해 발문]
1) 이 사람은 뉴스에서 무슨 소식을 들었습니까?
2) 이 사람은 처음에 왜 창문을 열었습니까?
3) 지금 창문 밖의 상황은 어떻습니까?
4) 창문을 다시 열었을 때 어떤 일이 있었습니까?
5) 오늘 이 사람은 왜 잠이 안 올 것 같습니까?

[문법 항목 설명을 위한 발문]
1) 크고 진한 글씨를 잘 보십시오. 단어의 문법적 공통점을 생각해
  봅시다.
2) (1)과 (2)의 표현이 왜 다릅니까?
3) 어떤 상황에서 피동을 사용합니까?

과제에는 피동의 다양한 형태가 제시된다. 학습자들은 제시문을 보며
내용 이해 발문과 문법 항목 설명을 위한 발문에 대해 고민한다. 그런데
문법 항목에 대한 발문만 있다면 학습자들이 내용의 이해가 아닌 문법
형태에만 집중을 할 수도 있다. 이 때문에 내용 이해와 문법 항목 설명을
위한 발문이 동시에 마련되어야 한다. 교사는 이 외에도 학습자에게 필
요한 피동사 목록40)을 제시하여 학습자들이 다양한 피동형 학습을 위한
자료를 제공한다.

ㄷ. 가설 형성 기회를 가진 학습자들은 자신이 세운 가설이 옳은지에
  대해 검증하는 기회를 갖게 된다. 활동지를 받은 학습자들은 자
  신이 가설을 세운 대로 문제를 푼다. 다음은 실제 수업에서 사용
  할 가설 형성 기회 과제 중 일부이다.

[알맞은 것 고르기]
※ 둘 중 알맞은 것을 고르십시오.
1) 여행 준비가 다 (했어요, 됐어요)? 그럼 어서 갑시다.
2) 잠깐만요, 문이 안 (잠근 것 같아요, 잠긴 것 같아요). 다시 닫아
  주세요.
3) 뉴스에 한 비리 국회의원이 시민에게 폭행을 (했다는, 당했다는)
  소식이 나왔다. 국회의원은 현재 입원 중이라고 한다.

---

40) 이는 한국어 교재 『열린한국어 중급』과 『한국어 문법 교육』(한재영 외, 2008)에서 제
   시한 문법 목록을 종합한 것이다. 부록 참조

4) 이 볼펜은 다른 볼펜보다 (잘 써서, 짤 써져서) 나는 항상 이 볼펜으로만 (쓴다, 써진다).

[틀린 것 고치기]
※ 아이가 서재에 들어옵니다. 책상 위에 책과 공책, 연필, 커피 잔이 있습니다.
1) 아이가 공책을 펴고 연필로 그림을 그립니다.
2) 잘못 그려서 그림을 지웠는데 그림이 잘 지우지 않아서 다른 곳에 다시 그립니다.
3) 연필이 떨어져서 연필을 주웠습니다.
4) 그때 커피가 공책에 쏟았습니다.
5) 휴지로 공책을 닦았지만 커피가 잘 닦지 않아서 티셔츠로 급하게 닦았습니다.
6) 이때 엄마가 들어왔고, 아이는 엄마에게 안아서 울었습니다.

[그림 보고 문장 완성하기]

1) 꽃병이 교탁 위에 _____ -았/었/였어요.

2) 지하철에서 옆 사람한테 발이 _____ -았/었/였어요.

문제를 다 풀고 난 후 교사와 학습자들은 정답을 말하고, 학습자 개개인은 자신이 세운 가설이 맞는지를 점검한다. 이때 학습자들은 이해가 잘 가지 않는 부분에 대해 교사에게 설명을 요구할 수도 있다.

③ 부분과제 후 단계를 설계한다.

교사는 학습자들의 가설이 학습자들의 지식으로 굳어질 수 있도록 명시적 설명을 한다. 학습자들은 자신의 가설과 교사의 설명이 일치하는지 점검한다. 학습자들의 질문이 없을 경우 교사가 간단한 질문을 하거나 질문을 유도하여 학습자들의 지식 내재화를 돕는다.

(6) 전체과제 수행 단계를 설계한다.

① 교사는 학습자들을 소그룹으로 나누고 쟁점 6가지를 제시한다.

교사는 긍정 측과 부정 측으로 토론 팀을 나누고, 토론을 진행할 진행자도 선정한다. SIT 수업 모형 설계를 위한 실제 수업에는 모두 10명의 학습자가 참여하므로, 2명(긍정 측 2명, 부정 측 2명)이 한 팀이 되도록 구성하며, 학습자로 하여금 논제를 정하게 한다. 토론 진행자는 토론 절차를 잘 숙지하여 토론이 매끄럽게 진행될 수 있도록 해야 한다. 그러나 학습자의 한국어 수준이 다른 학습자와 격차가 크거나 성격상 논쟁해야 하는 것을 부담스러워하는 학습자들이 진행을 맡을 수도 있다.

② 학습자들은 자신들의 주장을 설득력 있게 전달하기 위해
　토론에 필요한 자료를 수집한다.

학습자들은 입론 단계에서 자신의 입장을 세우고, 교차조사에서 상대 논증의 문제점을 부각하여 공격 틈새를 마련하며, 반박 단계에서 상대 주장을 반박하며 자신의 입론을 강화해야 한다(이창덕 외, 2012 : 334). 원활한 토론을 위해 학습자들은 자료를 수집해야 하는데, 이때 교사는 학습자들이 자유롭게 인터넷 자료를 활용할 수 있도록 한다. 교실 안에서 다른 책이나 신문 등을 이용하는 것은 현실적으로 불가능하므로, 휴대전화 등을 이용한 인터넷 사용으로 자료를 수집할 수 있도록 한다. 학습자에게 컴퓨터가 제공되지 않는다면 교사는 학습자들이 교사용 컴퓨터를 사용할 수 있도록 배려한다.

③ 토론을 실시한다.

진행자가 시간을 정확하게 체크하여 토론 절차를 지키도록 한다. 실제 토론 상황과 같은 분위기를 조성해야 하며, 장난스럽지 않고 진지하게 토론에 임하도록 한다. 학습자들은 메모할 수는 있으나 모든 발화를 메모에 의존해서는 안 된다. 토론 진행자는 토론 진행에 관한 모든 것을 주도한다. 교사는 토론 진행자가 놓친 부분이나, 시간 체크 실수, 혹은 진행이 매끄럽지 않을 때에만 개입한다.

④ 나머지 한 팀은 청중이 되어 판정한다.

토론의 준비 상황, 논증 자료, 주장의 타당성이나 설득력 등을 고려하여 토론을 판정한다. 교사가 판정을 내리는 것보다 동료 학습자들이 판정을 내리게 하는 것이 좋다. 교사는 판정의 이유를 적게 한다. 판정의 의미는 승패를 가르는 것이 아니라 토론에 있어서 무엇이 필요하며, 어떻게 토론하는 것이 토론 전략으로 적절한지 혹은 부적절한지를 학습자들이 직접 보고 판단하게 하기 위해서이다.

(6) 전체과제 후 단계를 설계한다.

교사는 학습자들의 판정을 공개하고 판정의 이유도 공개한다. 교사는 판정하지 않는다. 교사가 판정하면 학습자들이 승패에 민감해지고 과제 수행 자체에 만족감이 떨어질 수 있기 때문이다. 판정 후 토론 준비 상황에 대해 질문하고, 과제 수행 시 어려운 점이 없었는지, 목표 문법을 자연스럽게 사용했는지 등에 대해 회고하게 한다.

이상의 SIT 2차 수업인 토론극 과제의 설계 절차를 표로 정리하면 다음과 같다.

[표 30] SIT 2차 수업의 설계 절차

설계 절차	내용
Ⅰ단계 : 토론 형식 선정	CEDA 토론
Ⅱ단계 : 토론 주제 선정	사형제도 폐지, 안락사 허용, 인터넷 실명제 실시, 동물실험 폐지, 착한 사마리아인 법 도입, 사랑이 결혼의 충분조건인가? 중 선택함
Ⅲ단계 : 목표 형태 선정	피동 선정
Ⅳ단계 : 목표 형태에 적합한 형태 초점 기법 선정	의식 상승 과제 선정
Ⅴ단계 : 전체과제 전 단계 설계	학습자들이 피동 학습을 위해 의식 상승 과제 기법을 적용한 과제를 설계함
Ⅵ단계 : 전체과제 수행 단계 설계	토론을 통하여 언어의 유창성, 형태의 정확성, 관계성을 모두 고려하여 과제를 수행함. 부분과제에서 학습한 피동을 자연스러운 상황에서 발화함
Ⅶ단계 : 전체과제 후 단계 설계	타 학습자들의 토론에 대한 판정, 과제 수행에 대한 숙고의 시간, 피드백 실시

토론극 수업의 목표 또한 의사소통 능력 향상이다. 학습자들은 부분과제에서 피동을 학습하여 피동의 정확성을 향상하고, 전체과제에서 토론극 과제를 통해 실생활 과제를 경험하여 의사소통 능력을 향상하는 기회를 갖는다. 토론극 수업의 수업 목표 및 특징을 정리하면 다음과 같다.

[표 31] SIT 2차 수업의 목표 및 특징

	전체과제 전 단계	전체과제 수행 단계	전체과제 후 단계
목표	의사소통 능력을 향상시킨다.		
	피동의 형태적 정확성을 향상시킨다.	토론(CEDA)을 통해서 의사소통 과정을 학습한다.	토론 과정을 회고하며 수업에서 경험한 의사소통 과정을 내재화한다.
특징	맥락 안에서 의미에 집중하여 의사소통한다.		
	의식 상승 과제 기법을 통해 피동을 학습한다.	안락사, 인터넷 실명제 등 사회적으로 부각되는 주제들에 대해 자신의 입장을 토론 형식에 맞게 발화하며 의사소통을 학습한다. 자연스러운 상황에서 피동을 발화한다.	토론 판정 결과 및 판정 이유를 공개한다. 자신의 과제 활동을 숙고한다. 피드백 활동을 한다.

2.2. 한국어 교실에서의 적용

■전체과제 전 단계

(1) 부분과제 전 단계

토론극 설계를 기본 토대로 실제 수업에서 토론극을 진행하였다. 교사는 '버스에서 발을 밟힌 경험이 있어요?'를 질문하였다. 이때 교사는 '밟힌'을 청각적으로 입력 강화하여 강하게 발화하였다. 학습자들은 자신이 경험한 것에 비추어 대답하였다. 그리고 '그럼 밤에 혼자 있는데 갑자기 문이 닫히면 기분이 어때요?'를 질문하였다. 학습자들은 관심을 보이며 '무섭다', '깜짝 놀란다' 등의 대답을 하였다. 이때에도 교사는 '닫히다'를 청각적으로 입력 강화하였다. 이를 통해 교사는 피동에 대한 학습자들의 배경지식을 활성화시키고 피동 학습 준비를 할 수 있도록 하였다.

(2) 부분과제 수행 단계

먼저 학습자들이 목표 문법에 주의를 끌 수 있도록 '주목하기' 과제를 실시하였다. 실제 수업에서는 '듣고 받아쓰기' 과제를 실시하였다. 학습자는 피동사가 비워진 듣고 받아쓰기 활동지를 받았는데, 교사가 '어, 약국 문이 닫혔네. 아직 6시도 안 됐는데.'를 읽으면 학습자가 이를 듣고 쓰는 방식으로 진행되었다. 듣고 받아쓰기가 끝난 후, 교사는 정답을 공개하였다. 이때, 교사는 피동에 대해 명시적인 설명을 하지 않았다. 학습자들은 자주 접하던 '닫다', '하다'와 같은 능동사 대신 '닫히다', '되다'와 같은 피동사의 형태에 주목하였다.

이 주목하기는 가설 형성에 대한 준비이다. 교사는 학습자들의 가설 형성을 위한 과제를 제시하였다. 교사는 피동의 다양한 형태가 제시된 텍스트를 학습자에게 배부하였다. 학습자는 주어진 텍스트를 읽은 후, 발문을 통해 내용을 이해하고 목표 문법에 대한 가설을 형성하였을 것이다. 내용 이해를 위한 발문은 내용을 이해하지 않으면 답할 수 없는 문제이고, 문법 항목 설명을 위한 발문은 단어의 문법적 공통점과 피동을 사용하는 상황에 대해 학습자에게 가설을 세울 것을 요구한다.

텍스트를 읽고 문제를 해결하는 과정에서 학습자들이 피동에 대한 가설을 형성했다면 스스로 세운 가설이 옳은지에 대해 검증하는 과정이 필요하다. 이를 위해 교사는 능동사와 피동사 고르기 문제, 오류 교정 활동 등이 제시된 활동지를 학습자들에게 배부하였다. 학습자들은 자신이 어떤 상황에서 피동을 사용하는 것인지에 대해 스스로 가설을 형성해 놓은 상태이다. 학습자들은 자신이 세운 가설을 기초로 문제를 풀게 된다. 이 문제 또한 모든 답이 피동으로 되어 있으면 학습자들이 기계적으로 답을 할 우려가 있으므로 교사는 학습자들이 의미를 고려하여 문제를 풀 수 있도록 문제를 구성해야 한다.

모든 문제를 풀고 난 후 교사는 학습자들에게 동시에 정답을 말하게 하였다. 대부분이 정답을 말하였고, 자신의 오답에 대해 설명을 요구하거나 피동에 대한 명시적 설명을 요구하지는 않았다. 교사는 학습자별로 답을 확인하지 않았으나 학습자들 중 오답을 말한 경우도 있었다. 학습자들은 오답을 이해 부족이 아닌 자신의 단순 실수로 여기는 듯했고, 교사가 판단하기에도 문법에 대한 이해의 어려움은 없었던 것으로 보였다.

(3) 부분과제 후 단계

과제 수행 후 마무리하는 단계에서 교사는 피동에 대해 명시적 설명을 하였다. 교사는 피동에 다양한 형태가 있음을 설명하고 능동과 피동의 차이를 설명하였다. 학습자들은 피동은 중급에서 학습한 경험이 있기 때문에 의미는 어렵지 않으나 사용하기는 어렵다고 답하였다. 또한 문제는 쉽지만 실제 상황에서는 능동인지 피동인지 혼동되는 경우가 많다고 말하는 학습자도 있었다. 교사가 제시한 입력 상승 과제들은 어렵지 않았으며, 과제 수행에는 큰 무리가 없었다고 답하였다.

■전체과제 수행 단계

잠시 휴식을 취한 후 전체과제 수행 단계가 시작되었다. 교사는 학습자들에게 그룹 활동으로 토론 수업을 진행함을 고지하였다. 그 후, 학습자들을 두 팀으로 나누고, 다시 긍정 측과 부정 측으로 나누었다. 그리고 진행자 2명을 선정하였다. 토론 팀을 나눈 것은 앞서 상황과 목적이 통제된 역할극과 마찬가지로 조 구성에 특별한 기준은 없으나 과제 활동의 원활한 진행을 위해 한국어 실력이 다른 학생에 비해 부족한 학습자들이 한 팀이 되지 않도록 하였다. 진행자는 학습자 A와 E가 맡았는데, 이는 학습자 스스로가 자원한 결과이다. 다른 학습자에 비해 한국어 실력이 부족한 이 학습자들은 토론이 부담이 되는 듯하였다. 교사는 학습자들에게 토론 주제 여섯 가지를 제시하고, 그 중 한 가지를 선택하여 주제로 결정하도록 하였다.

[표 32] SIT 2차 수업의 학습자 그룹 구성원 및 토론 주제

	긍정 측	부정 측	진행자	토론 주제
1조	학습자 B, 학습자 G	학습자 J, 학습자 C	학습자 A	안락사는 허용되어야 한다.
2조	학습자 F, 학습자 H	학습자 I, 학습자 D	학습자 E	인터넷 실명제는 실시되어야 한다.

교사는 학습자들이 논쟁을 효율적으로 진행하고 자신들의 주장을 설득력 있게 전달할 수 있도록 토론 자료를 수집할 시간(10분)을 주었다. 토론에서 사용하는 표현들이 평소에 자주 사용할 수 있는 표현이 아니고,

논증 자료 및 주장에 타당성과 설득력이 실려야 하므로 교사는 학습자에게 간단히 메모를 할 수 있게 하였다. 또한 전체 시간에 비해 숙의 시간 (작전 타임)을 충분히 주었는데, 이는 상대 팀의 즉흥적인 반박이나 교차조사에 대비할 수 있게 하기 위해서였다.

(1) 1조

1조는 안락사 허용 문제를 주제로 학습자 B와 학습자 G가 긍정 측, 학습자 J, 학습자 C가 부정 측에 서서 논쟁하였다. 학습자들은 토론 순서에 맞춰 순조롭게 토론을 진행하였다. 교사는 2조 학습자에게 토론이 진행되는 동안 청중이 되어 1조의 토론을 평가하고 판정하게 하였다. 다음은 1조에서 토론한 내용 중 일부이다.

> **긍정 측 토론자1(학습자 B)(입론)** : 어...우리 쪽은 안락사는 합법해야 한다고 생각합니다. 일단은 안락사는 큰 고통에 시달리는 환자들에게 해 줄 수 있는 마지막의 방법입니다. 어...우리 시대가 과학 기술 많이 발전하지만 어...치유하, 할 수 없는 질병이 아직 많습니다. 이런 환자들에게, 이런 환자들은 매일 매일 큰 고통 중에 무서운 사망을 기다립니다. 만약에 마지막 결국은 죽을 밖에 할 수 없으면 왜 자신의 사망 방식을 왜 결정할 수 없습니까? 인간으로서 자기의 출생 결정 못하지만 사망을 결정할 수 있다고 생각합니다. 어...안락사는 환자들은 조용하고 편안한 모습 가지고 떠나는 방법입니다. 어...또한 어떤 환자들은 어..치유할 수 없지만 매일 최고의 의료 자원을 누리는 것은 자원 낭비한다고 생각합니다. 어... 우리의 시간, 돈, 의료기술은 치유할 수 있는 환자들을 먼저 누려야 합니다. 네. 이상입니다.
>
> **사회자(학습자 A)** : 그 다음에 교차조사입니다.
> **부정 측 토론자2(학습자 C)(교차조사)** : 네, 그...아까 말했던 그...안락사는 혼자 자기가 어...죽고 싶어서 어...죽음은 결정하는 것

이니까, 것인데, 것이니까 안락사는 자살이라고 생각합니까? 그리고 안락사는 다른, 다른 편으로 말하면 모살로 변화하면 어떻게 생각합니까?

부정 측 : 작전타임을 신청합니다.

사회자 : 네. 몇 분 신청합니까?

부정 측 : 2분 신청합니다.

사회자 : 2분? 네. 2분입니다.

(2분 후 알람소리)

사회자 : 작전타임이 끝났습니다.

긍정 측 토론자1 : 안락사와 자살을 그..어...기준적인 구별은 그.안락사는 그...생명의 어..책임지는 선택입니다. 반면에 그.자살은 생명에 불순종한다고 생각합니다. 안락사를 선택하는 사람들은 항상 살 마음은 있지만 살아남을 수 못합니다. 안락사는, 안락사는 그.. 부득이 선택하는 것입니다. 그런데 그.. 자살은 자기, 자기 살아남을 수 있지만 그냥 계속 살고 싶지 않습니다. 어...또한 자살은 어...가족들에게 큰 고통을 줍니다. 아, 아까 말했던 안락사는 모살, 모살로 변하는 것이 안락사의 남용이라고 생각합니다. 어...안락사의 어...남용예, 예방하기 위해서 그...많이 그 프로그램을 만들었습니다. 우선 신청해야 합니다. 다음 검사하고 실시합니다. 마지막은 병원하고... (알람소리) 경찰서에 서류를 등록합니다. 또한 그 안락사 과정 중에 ....

사회자 : 여기까지, 여기까지입니다. 끝났습니다. (교사가 개입하여 사회자에게 시간 관리를 철저히 할 것을 지시함)

학습자들은 준비한 내용을 시간 내에 전달하지 못하는 것 외에는 큰 무리 없이 토론을 진행하였다. 그런데 학습자들은 토론을 하면서 부분과제에서 학습한 피동의 사용을 전혀 고려하지 않고 토론을 진행하였다. 상대 팀과 논쟁하는 동시에 즉흥적으로 교차조사와 반박을 해야 하기 때문에 학습자들은 매우 긴장하고 있었다. 또한 정해진 시간 내에 자신의 논점을 전달해야 한다는 부담감과 자칫하면 상태 팀의 공격을 받을 수 있다는 생각 때문인지 조금만 답변에 자신이 없어도 작전 타임을 신청하며 교차조사에 임하였다. 학습자 C는 논쟁을 위해 자료를 메모하였으나 그것을 그대로 읽지는 않았다. 그러나 학습자 B와 학습자 G, 학습자 J는 메모에 크게 의존하는 모습을 보였다.

학습자들이 작전 타임을 적극적으로 활용하고 메모한 자료도 활용하여 발화의 양과 질이 부족하지는 않았다. 또한 학습자들이 토론이 공식적 대화를 나누는 장소이고, 상대방이 단순한 반 동료가 아닌 토론 상대자로 인식하여 격식체를 잘 사용하였다. 학습자들의 사회적 상호작용의 실패는 별로 확인되지 않았는데, 이는 학습자들이 메모한 것을 읽어버렸기 때문이다. 학습자들은 자신들이 평소에 자주 사용하지 않는 격식체를 사용해야 하고, 다소 어려운 단어들을 사용해야 하기 때문에 토론에 부담감을 느끼는 듯했다. 학습자들은 실수하지 않기 위해 인터넷 자료를 재정리 없이 읽어 버리거나, 재정리했다고 해도 말로 표현하지 않고 자신이 메모한 것을 그대로 읽었다. 이로 인해 학습자의 발화가 실제적이지 않고, 즉흥적이지 않아 관계성을 위한 발화 시도는 많지 않았다.

또한 한국어 실력이 타 학습자에 비해 부족한 학습자가 사회자를 맡아 사회자가 매우 소극적인 역할을 하였다. 사회자는 시간을 체크하고 발화 순서만 전달하는 역할에 그쳤다. 긴 내용을 정리하거나 현재까지의 논쟁 내용을 요약하는 등의 적극적인 역할을 못하는 것이 다소 아쉬웠다.

(2) 2조

2분 휴식 후, 2조의 토론이 시작되었다. 긍정 측은 학습자 F, 학습자 H, 부정 측은 학습자 I와 학습자 D였고, 사회자는 학습자 E였다. 2조는 인터넷 실명제를 주제로 선택하였다. 1조 토론 때와 마찬가지로 교사는 1조 조원들에게 2조가 토론할 동안 청중의 입장에서 토론을 평가하고 판정하게 하였다. 다음은 2조의 토론극 중 일부이다.

긍정 측 토론자1(학습자 F)(입론) : 안녕하십니까? 저는 오늘 인터넷 실
　　　명제를 실시하는 것은 직접하는 인터넷 문화를 만들어 나갈
　　　수 있다고 주장합니다. 인터넷 실명제를 하게 되면 다른 사
　　　람을 인식하게 되어 조심성이 생기게 됩니다. 연구 결과에
　　　따르면 자살률의 원인 중 하나가 악성 댓글일 정도로 심각
　　　한 것으로 발표되었습니다. 누군가는 치명, 치명적인 상처를
　　　아무렇지 않게 주고 누군가를 치명적인 상처를 떠안아야 합
　　　니까? 인터넷 실명제를 하게 되면 댓글뿐만 아니라 게시글
　　　까지 자신의 이름이 떡하니 공개되기 때문에 욕설이나 비방
　　　하는 말을 마음대로 할 수는 없고 어..그러면 악성 댓글로
　　　인한 피해도 줄어들게 될 것입니다. 따라서 인터넷 실명제를
　　　실시하면 악성, 실시하면 악성 댓글이 줄어드는 것은 물론이
　　　고 그로 인해 악성, 악성 게시글, 악플 등이 없고 예의가 바
　　　르고 질서 있는 인터넷 문화를 만들어낼 수 있게 됩니다. 또
　　　한 인터넷 실명제를 실시하면 온라인, 온라인에서 문제가 되
　　　는 발언을 한 사람이나 범죄 일을 한 사람을 빠르고 쉽게 추
　　　적할 수 있어서 사이버 수사, 수사 팀의 운영 자원을 더 효
　　　율적으로 활용할 수 있다는 장점이 있습니다. 우리 조의 입
　　　론, 입론은 여기까지입니다.

사회자 : 네, 감사합니다. 다음은 교차조사입니다. ○○ 씨(학습자 D)
　　　시작하겠습니다.

부정측 토론자1(학습자 D)(교차조사) : 방금 ○○의 생각은 어..실명제
　　　가 있으면 사람들의 조심성이 생각이 됩니다. 근데 제가 보
　　　기에는 실명제 때문에 음...사람들의 신뢰가 높아져서 또 무
　　　조건 사람들을 믿어서 또 쉽게 속일 수 있습니다. 어...이런
　　　문제를 해결하기 위해서 실명제가 혹시 좋은 방법이 아닙니
　　　다. 다른 좋은 방법을 어...교육이나 다른 윤리적인 방법을
　　　통해 실시하면 좋다고 생각해요.... 가 아닙니까? (웃음)

긍정 측 토론자1 : 작전타임 1분, 1분.

사회자 : 네, 알겠습니다. 긍정 측 작전타임입니다. 시작.

(1분 후 알람 소리)
　　　죄송합니다. 시간이 1분이 지났습니다.

　1조와 마찬가지로 2조 학습자들은 토론 절차를 준수하며 매우 진지하게 토론극에 임했다. 2조 역시 인터넷 자료를 논쟁 자료로 많이 활용하였는데, 이들 역시 학습자 D 외에는 메모한 것을 그대로 읽었다. 그러나 학습자 D 역시 메모를 그대로 읽은 것은 아니나 즉흥적으로 말하지 않고 메모를 암기하여 발화하였다. 이들의 발화 중에서 피동이 관찰되기는 하였으나, 이것 또한 인터넷 자료 중에 포함되어 있는 것이지 이들 스스로가 생산한 산출물로 보기는 힘들었다. 메모를 적극적으로 활용하여 읽었기 때문에 발화의 질은 높고 발화 양은 풍부하였다. 그러나 1조와 마찬가지로 실제성 있는 대화로 보기 어려워 사회적 상호작용을 관찰하기는 쉽지 않았다. 다만 학습자들은 교실 내에서 벌어지는 대화이지만 토론 상황이라는 것을 인지하고 격식체를 유지하여 대화하려는 노력이 보인 것은 사실이다. 격식체를 사용하다가 갑자기 상대 팀을 이름으로 부르는 경우가 있었는데, 이는 사회적 상호작용을 고려하지 않아 발생한 실수였다.
　모든 토론이 끝난 후 교사는 학습자들에게 토론의 판정 결과를 제출하라고 하였는데, 학습자들은 토론을 관찰하다가 토론 종료 후 판정을 내렸다. 교사는 학습자에게 토론의 판정이 토론의 승패가 아니라 적절한 토론에 대한 숙고의 과정임을 주지시켰다.

■전체과제 후 단계

　교사는 학습자들이 판정한 결과를 공개하였다. 안락사 허용 문제를 토론한 1조는 3 : 2로 긍정 측이 승리하였다. 학습자들이 긍정 측의 승리로 본 이유로 다음과 같이 답하였다.

'자신이 더 있고, 의견을 든든하게 설명해서 저의 생각을 바꾸게 되
었다'
'시간을 더 잘 지켰다'
'다른 사람은 다 보고 읽는데 ○○(학습자 C)은 보지 않고 말하였다'

긍정 측의 토론이 더 우수했다고 보는 이유는 이 외에도 '준비가 충분
했다', '안락사 허용이 더 설득력이 있다', '가족에게 상처나 경제 문제
준 것에 동의한다'와 같은 의견이 있었다.

인터넷 실명제 필요성을 토론한 2조는 부정 측이 4 : 1로 승리하였다.
학습자들이 부정 측의 승리로 본 이유는 다음과 같다.

'○○은(학습자 D) 잘 준비해서 메모를 다 외웠습니다. 자기의 입장
을 설명했을 때 반대 쪽의 팀원 눈을 직시하는 것이 좋습니다.'
'○○은(학습자 D) 현장 효과 좋았습니다. 읽지 않았습니다'
'개인 정보 노출하게 되면 범죄가 된다, 관리 소홀하면 안 된다'
'상대방의 이야기를 잘 들으면서 말했다'

전체과제 수행 후 교사가 학습자들에게 부분과제에서 배운 피동을 사
용하여 발화했느냐 질문하자 학습자들은 대부분 그렇지 않았다고 대답하
였다. 이유를 묻자, 대부분 '생각할 수 없었다', '토론 내용 준비를 했다'
로 답하였다. 학습자들은 피동 형태가 학습자에게 완전히 내재화되지 않
은 상태에서 내용 면이나 형식 면에서 부담을 주는 토론극을 수행하는
것이 매우 어려웠던 것으로 보인다.

2.3. 수업의 개선점

■문법 평가 및 목표 형태 사용 평가

토론극 수행 과정에서 학습자들은 조를 이루어 긍정 측과 부정 측에서 적극적으로 논쟁하였다. 그런데 실제 수업에서는 수업 설계 과정에서 예상하지 못한 문제점이 발생하였다.

우선 과제의 통제성이 약하여 부분과제에서 수행하였던 목표 문법이 토론 과정에서 자연스럽게 발화되지 않았다. 학습자들은 토론의 내용에만 집중하였고, 목표 문법을 사용하는 것에 대해 무관심하였다. 상황과 목적이 통제된 역할극은 교사가 상황을 통제하고 그 통제에 의해 대화의 방향이 대략 정해져 있다. 따라서 교사가 목표 문법을 정한 후 그 목표 문법을 사용하여 의사소통할 수 있는 상황을 고안해 내는 것은 사전 설계 과정에서 충분히 가능한 일이다. 그러나 토론극은 주제만 정하면 학습자들이 자유롭게 대화의 방향을 이끌어간다. 교사가 토론 형식 외에 통제할 사항이 거의 없기 때문에 목표 문법이 자연스럽게 발화할 수 있는 상황을 설정해 주기 어렵다. 따라서 학습자들은 논쟁에 집중하느라 목표 문법을 사용하여 말하는 것에 관심을 기울이지 않을 가능성이 크다.

그 다음으로는 과제 난도 조절의 실패이다. 학습자들이 선택한 안락사와 인터넷 실명제에 대한 주제와 관련 어휘들이 학습자들에게는 어렵게 느껴졌을 수도 있다. 학습자들이 과제가 어렵다고 판단하여 과도하게 메모하고 그 메모를 읽어 버려 학습자 스스로 언어를 산출하는 기회가 줄었다. 토론 참여 학습자 중 일부는 인터넷 자료를 자신이 재정리하였지만 일부는 인터넷 자료를 그대로 읽기도 하였다. 과제의 난도가 일부 학습자에게 지나치게 높아 해당 학습자들은 메모에 의존하여 발화하다 보니 목표 문법을 사용할 시도를 하지 못한 데다 사회적 상호작용을 고려한 대화도 시도하지 못하였다. 물론 학습자들이 토론 상황에 맞는 격식체 사용 등 기본적인 사항은 준수하였으나, 발화 자체가 학습자들이 직접 생산해 내는 산출물로 보기 어려운 문장들이 많았다.

마지막으로 과제의 형식적 복잡성이다. CEDA 토론이라는 토론 형식을 준수하면서 토론에 임해야 해 학습자들이 매우 경직된 태도를 보였다. 학습자들은 토론 순서를 지키고, 상대방의 공격에 대답하고 반박하기 위해 매우 긴장하고 있었기 때문에 교차조사에는 모두 숙의 시간(작전 타임)을 신청하여 답변을 준비하였다. 또한 토론의 형식에 맞게 입론과 교차조사, 반박을 해야 했으므로 실제성 있는 발화가 더욱 쉽지 않았을 것으로 보인다.

그런데 목표 문법 항목은 토론극 과제 수행뿐 아니라 수업 후 목표 형태 사용 평가에서도 전혀 사용되지 않았다. 학습자들은 토론 내용의 요약에 집중하느라 문법 형태에는 신경쓰지 않았다. 모든 학습자들이 목표 문법을 사용하여 과제 수행 요약 구술을 하지 않았기 때문에 이 절에서는 목표 형태 사용 평가에서의 목표 문법 오류 특징 기술은 생략하고 문법 오류의 특징과 문법 형태 사용 평가 시 학습자 구술의 내용적 특징에 대해서 다루겠다.

과제 수행 후 실시한 문법 평가에서 학습자 A의 점수는 46.4로, 반 평균 78.6에 비해 매우 낮았다. 특히 피동문과 능동문을 구분하는 문제에서 오류가 많았다. 피동을 이전에 배운 경험이 있었으나 피동의 개념을 정확하게 이해하지는 못했고, SIT 2차 수업을 한 후에도 피동 학습의 점진적인 향상은 없었던 것으로 보인다. 학습자 A는 한국어 수준이 높지 않아 토론극에서도 소극적인 태도를 보였다. 학습자 A는 토론의 주제가 너무 어려워 찬반 팀에 합류하기를 포기하고 스스로 사회자를 자청한 바 있다. 목표 형태 사용 평가에서도 토론 주제에 대한 구체적 구술을 전혀

하지 못했다.[41)

학습자 B의 토론극 후 문법 평가는 78.6이었다. 피동문과 능동문을 구분하는 문제에는 오답이 눈에 띄지 않았지만 피동 접미사를 혼동하는 오류가 있었다. 학습자 B를 비롯한 학습자들은 토론을 위해 많은 사전 자료를 준비하여 어려운 주제임에도 불구하고 찬반 내용들을 잘 기억하고 구술하였다. 특히 어려운 단어들은 따로 조사하여 외우는 등의 노력을 보여 토론의 수준이 한층 높아졌다. 학습자 B는 다소 어려운 단어들을 과제 수행을 통해 사용하였고, 구술에서도 메모한 것을 참고하지 않고 발화하였다.[42)

학습자 C의 문법 평가는 82.1이었다. 기본형 혼동(예 : 빠지다-빼지다)으로 인해 오답을 한 경우가 있었으며, 피동문과 능동문의 의미 혼동으로 인한 오답이 있었다. 목표 형태 사용 평가에서는 고급 단어들을 사용하여 토론 주제를 간결하게 정리하고 구술하였다. 학습자 C는 토론극 준비할 때 그룹에서 주도적인 역할을 하였다. 한 팀이 된 동료 학습자를 돕기 위해 자료를 찾고 메모를 하며 연습을 하는 등 토론극 준비에 최선을 다하는 모습을 보였다. 다소 어려운 단어들도 문맥에 맞게 발화하였다.[43)

---

41) 다음은 학습자 A의 목표 형태 사용 평가 시 발화 내용이다.
학습자 A : 저는 토론 저에게 힘들지 않았어요. 저는 사회자 있었어요. 우리 팀은 안락사에 대해서 토론했어요. 안락사는 조금 힘든 주제예요. 무거운 주제. 그래서 다들에게 좀 힘들었어요. 그리고 힘들지만 자기 자유스럽게 설명해 주었어요.
교사 : 긍정 측과 부정 측은 어떤 주장을 했어요?
학습자 A : 대답 안 하면 괜찮아요? (웃음)'
42) 학습자 B의 목표 형태 사용 평가 시 발화 내용은 다음과 같다.
'(…전략…) 어...제가 안락사는 그... 합법해야 한다고 생각합니다. 어... 왜냐하면 그... 안락사는 그...큰 고통에 시달리는 환자들에게 혜택할 수 있는 마지막 방법, 마지막의 방법이니까 어... 갑자기 기억이 없습니다. (웃음) 부정측은 어... ○○ 씨 질문처럼 그... 어... 안락사는 살인으로 변할 수 있습니다. 그런데 제가 아까 조사할 때 시간 부족해서 잘 설명하지 못했습니다. 제가 생각하기에는 안락사는 모살로 변화할 수 있지만 이를 막기 위해서 신중한 차례를 만들었습니다. (…후략…)'
43) 다음은 학습자 C의 목표 형태 사용 평가 시 발화 내용이다.

학습자 D의 문법 평가는 75점이었는데, 피동 접미사 오류, 능동문과 피동문에 대한 의미 혼동에 의한 오답이 대부분이었다. 토론극에 대한 목표 형태 사용 평가에서는 토론에 필요한 다소 어려운 어휘들을 비교적 자연스럽게 사용하였다. 토론에서는 메모한 것을 참고하였지만 목표 형태 사용 평가에서는 토론 내용을 자연스럽게 구술하였다. 이 학습자는 발화 속도가 빠르지는 않았으며, 주저하는 말과 휴지, 단어 반복이 있었으나 과제 수행의 내용을 상세히 구술하였다. 인터넷 실명제 토론을 위해 적절한 어휘를 사용하였고 이를 목표 형태 사용 평가에서도 활용하여 내용을 풍부하게 하였다.[44]

학습자 E의 문법 평가 점수는 57.1점이었다. 동사별 피동 접미사 오류는 많지 않았으나 피동문과 능동문 구별에 대한 오류가 많았다. 토론극 수업에서 이 학습자는 토론의 주제가 자신에게는 너무 어렵다며 사회자를 자청하였다. 시간을 체크하고 토론극의 전반적인 진행을 맡았는데, 목표 형태 사용 평가에서 토론 주제에 대해서는 맥락 있는 발화를 하지 못했다. 학습자 E에게는 토론의 주제와 사용되는 어휘의 난도가 높았던 것이 사실이다. 이 학습자는 토론의 주제를 파악하기도 힘들고 찬반 양측의 토론을 이해하기도 힘들었다고 하였다. 이는 과제의 문제라기보다는 해당

'긍정적인 쪽이 음... 지금은 의학 기술이 많이 발전했지만 치유할 수 없는 질병이 아직 많아서 안락사가 심하게 고통에 시달리는 환자에게 할 수 있는 마지막 방법이라고 주장했습니다. 그리고 부정적인 쪽은 환자 본인의 의사가 명확하지 않은데 안락사가 시행된다면 그거... 명백한 살인이고 그리고 그. 경제적 부담되는 탓에 아픈 노인들에게 안락사를 시행한다는 것이 점점 많아지면서 사회 문제가 많아진다고 말했습니다.'
44) 학습자 D의 목표 형태 사용 평가 시 발화 내용은 아래와 같다.
'(…전략…) 긍정 측의 의견은 실명제가 있으면 건전한 문화를 만들 수 있고 범죄율을 떨어질 수 있어요. 근데 이에 대해 나하고 ○○은 반대 의견도 말했어요. 왜냐하면 그 범죄율을 떨어지게 만들기 위해서 실명제는 근본적인 방법이 아닙니다. 아니에요. 그... 음... 교육 등 유효적인 방법을 통해 시민, 시민들의 인식을 향상시키고 인도해야 됐어요. (…후략…)'

대학의 고급반 학습자 구성의 문제일 것이다. 개설 과정이 고급 말하기 과정인데 학습자 E의 한국어 능력이 고급에 미치지 못해 이러한 문제점이 발생하였다.[45)

학습자 F는 문법 평가에서 100점을 기록했다. 목표 형태 사용 평가에서는 과제 수행 내용을 세밀하게 설명하지는 않았다. 그러나 적확한 용어를 사용하지는 못했지만 수준 높은 어휘를 사용하여 구술하였다. 길게 답변을 한 것은 아니지만 긍정 측과 부정 측의 주장을 요점화하여 구술하였다. 이는 학습자 F의 어휘 수준이 높기 때문에 가능할 것이다.[46)

학습자 G는 문법 평가에서 67.9점을 기록했다. 각 동사별 피동 접미사 오류, 피동문과 능동문 구분 오류, 피동 접미사와 사동 접미사의 혼동 오류 등 초점화된 언어 형태를 정확하게 학습하지 못한 것이 평가에서 확인되었다. 발화 속도, 발화 길이 등 유창성은 있었으나 문법 형태와 단어 선택의 정확성이 떨어져 이해를 다소 방해하였다.[47)

---

45) 다음은 학습자 E의 목표 형태 사용 평가 시 발화 내용이다. 교사의 유도 질문이 포함되어 있다.
'교사 : 토론이 힘들지 않았어요?
학습자 E : 저에게 힘들지 아니고 토론자들에게 힘들 것 같아요.
교사 : E 씨는 토론 사회자를 맡았는데 토론 내용이 뭐였어요?
학습자 E : 저는 시간이 봐서 그런 거 잘 이해 못했어요.
교사 : 토론이 어려워요?
학습자 E : 나에게 토론이 어려워요.
교사 : 왜요?
학습자 E : 고급 말을 잘 몰랐어요. 그래서 좀 어려워요.'
46) 학습자 F의 목표 형태 사용 평가 시 발화 내용은 다음과 같다.
'저와 ○○는 찬성 측에, ○○과 ○○은 반대 측이에요. 저희 조는 뭐... 저희 조는 실명제 찬성하는 이유는 여러 가지 있어요. 음... 악성 발언이 줄어들 수 있고, 음... 인터넷 범죄 행위도 쉽게 추적할 수 있고, 그...정보 관리 더 편리해요. 반대 측은 실명제의 우려할 점은 뭐... 정보 유출 문제 그리고 어.... 자유롭게 발언할 수 없는 것이에요.'
47) 다음은 학습자 G의 목표 형태 사용 평가 시 발화 내용이다.
'우리는, 저는, 안락사를 합법적인 주장입니다. 안락사... 치, 치료할 수... 치료할 희망이 없는 환자에게 치료를 끝난 것은, 어... 어... 의료 자원을 절약하는 방법입니다. 그리고 어... 치, 치료, 치료 자원을 다른 치료할 희망이 있는 환자에게 넘기면 이거 더 학습자 H는 문법 평가에서 57.1점을 기록하였다. SIT 2차 수업 전에 피동을 학습한 적이 있었음에도 여전히 피동 형태에 대해서 정확히 인지하지 못했다. 각 동사의 피동 접미사를 기억하지 못해 오류가 발생했다. 또한 능동문과 피동문을 구분하는 문제의 경우, 간단한 문장 내에서는 오류가 거의 없었으나, 단락으로 구성된 텍스트 내에서는 오류가 많았다. 목표 형태 사용 평가에서 이 학습자는 발화 속도도 느리고 발화 길이도 길지 않았다. 또한 토론 내용을 응집성 있게 전달하지 못하였는데, 제대로 구술하지 못했을 때는 웃음으로 대답을 회피하고, 서둘러 끝내려고 하였다.[48)]

학습자 I의 문법 평가 점수는 78.6점이었다. 각 동사의 피동 접미사를 고르는 문제에서 오류가 있었다. 피동문과 능동문 구분하기 문제는 문장 하나로 구성된 유형은 오류가 없었지만 단락 내에서 의미를 고려하여 문장의 종류를 선택하는 문제에서는 오류가 발견되었다. 학습자 I는 목표 형태 사용 평가에서 잦은 단어 반복과 머뭇거림이 있었다. 이 학습자는 발화 속도가 느린 편인데, 단어 반복과 주저함이 있어 평가자의 이해를

현명적이라고 생각합니다. 반대하는 사람들은 돈이 없어서 치료를 끝난 것은 생명을 경시하는 거라고 생각합니다. 사람을, 사람의 목숨을 무값이라고 생각합니다. 돈이 없어서 안락사를 선택하는 것은 불법적인 생각합니다.'

48) 학습자 H의 목표 형태 사용 평가 시 발화 내용은 다음과 같다. 교사의 유도 질문이 포함되어 있다.
'학습자 H : 우리는 인터넷 실명제 대해 토론했어요. 내가 음... 인, 실... 인터넷 실명제 해야 되, 되, 된다고 생각합니다 내 입장은 첫 번째 인터넷 실명제 시, 실행하면 인터넷 어... 문화... 문화... 깨끗한 문화를, 깨끗한 환경을 만들 수 있어요. 두 번째는 어... 필요할 때 그.. 원인 회사 원인한 사람이 직원이나 경찰들이 쉽게 찾을 수 있어요. 이거 저 입장이에요.
교사 : 반대 측은 어떤 의견이었어요?
학습자 H : 반대 사람... ○○ 씨가 주요, 중요하는 인터넷 실명제 하면 그... 고, 고, 고 비용하고 아... 개인 개인 정보... 유출하면 어... 네티즌 사람들이 위험.. 생겨 됩니다. (웃음)'

다소 방해하였다. 학습자 I는 토론극 단어 수준이 주제의 특성상 일반적인 어휘 수준을 넘고 토론극을 위해 많은 준비를 해서인지 매우 큰 자신감을 보였다.[49] 학습자 I는 토론극 수행 시, 시간 제약에 걸려 자신의 입론을 모두 전달하지 못했는데 목표 형태 사용 평가에서도 이를 매우 아쉬워했다.[50]

학습자 J의 문법 평가 점수는 35.7점이었다. 각 동사의 피동 접미사 오류와, 피동문과 능동문을 구분하는 문제 등 모든 유형의 문제에서 많은 오답이 있었다. 이 학습자 역시 피동을 학습한 적이 있었고, 이 수업을 통해 다시 학습하였으나 피동 학습이 효과적이지 않았던 것으로 보인다. 토론의 주제는 이 학습자의 실력에 비해 매우 어려운 주제이다. 익혀야 할 어휘 및 표현이 많았는데, 그룹원의 도움에 크게 의존하는 모습이 관찰되었다. 목표 형태 사용 평가는 메모하지 않고 즉흥적으로 말하였는데 자신의 순서가 올 때까지 구술할 것을 최대한 외워 준비한 것으로 보인다.[51]

---

49) 목표 형태 사용 평가에 앞선 수업에 대한 질문에서 학습자 I는 토론극이 간단하며, 자료만 잘 준비하면 잘할 수 있다고 하였다.

50) 다음은 학습자 I의 목표 형태 사용 평가 시 발화 내용 중 일부이다.
'(…전략…) 인간적인, 제가 마지막 말하고 싶은 말은 잘 못했어요. 인간적인 사람에게 마음 속에 말하고 싶은데 어떤 사람... 내... 내성 성격이니까 그, 실명제 실시하면 인터넷에, 인터넷에서도 조정하지 못... 조정하는 거 못 봤고 많이 외로울 것 같아요. 아... 이런 말하고 싶었어요. (웃음)'

51) 학습자 J의 목표 형태 사용 평가 시 발화 내용은 다음과 같다. 교사의 유도 질문이 포함되어 있다.
'교사 : 무슨 토론을 했어요?
학습자 J : 토론? 오늘? 아... (웃음) 안락사 허용해야 되는, 해야 합니다.
교사 : 찬성했어요? 반대했어요?
학습자 J : 우리 팀 반대 있습니다. 우리 팀 세, 세 네 가지 이유 있습니다. 첫 번째 중병 환자하고 혼자 생활할 수 없는 사람, 이런 사람... (웃음) 어... 자기의 가치 갖고 싶다고 생각합니다. 안락사 선택해야 하겠습니다. 두 번째 경제 문제. 경제 문제, 경제 부담, 어, 가정, 가정에 대한 경제 부담 큽니다. 어... 많은 자녀들 어... 부담감이 있어서 안락사를 선택합니다. ○○ 씨 두 가지 이유 있습니다. 환자, 무의식할 때 (웃음)

　　지금까지 학습자들의 토론극의 문법 평가와 목표 형태 사용 평가의 특
징을 정리하면 다음과 같다.

[표 33] SIT 2차 수업의 문법 평가 및 목표 형태 사용 평가에서의 학습자 특징

	학습자	문법 평가	목표 형태 사용 평가	특징
1	A	46.4	토론에 대한 내용 구술 불가	피동의 개념 정확히 모름, 토론에 자신이 없어 스스로 사회자를 자청, 시간 체크 등 최소한의 진행만 함
2	B	78.6	토론 내용을 응집성 있게 잘 구술함	피동 접미사 혼동 오류, 주제에 대한 사전 조사로 토론 내용이 매우 풍부했음
3	C	82.1	수준 높은 단어를 구사하며 토론 내용 간결히 정리	동사 기본형 혼동으로 인한 오류, 피동문과 능동문 혼동 오류
4	D	75	토론 내용을 잘 정리하여 구술함	피동 접미사 오류, 피동문과 능동문 혼동 오류
5	E	57.1	토론 주제에 대해 맥락 있는 발화를 하지 못함	피동문과 능동문 구별 오류, 사회자를 맡아 시간 체크 등의 최소한의 진행
6	F	100	과제 수행 내용을 세밀히 설명하지 않고 간결히 요약함, 수준 높은 어휘를 구사함	문법 평가에서 오류가 없음, 목표 형태 사용 평가에서는 초점화된 형태를 사용하지 않음
7	G	67.9	발화의 길이가 길지만 정확성이 떨어져 구술의 전체적 이해에 다소 어려움 있음	피동 접미사 오류, 피동문과 능동문, 피동 접미사와 사동 접미사의 혼동 오류 등 오류가 많았음
8	H	57.1	발화 속도 느리고 토론 내용을 응집성 있게 전달하지 못함	피동 접미사 오류, 능동문과 피동문 구분 오류, 단락 내 의미 고려하여 능동문과 피동문 선택하기 오류
9	I	78.6	구술에서 잦은 단어 반복과 머뭇거림이 있었음, 발화 속도 늦고 실수 많았음	단락 내 의미 고려하여 능동문과 피동문 선택하기 오류
10	J	35.7	내용 구술을 무리 없이 하였으나 외운 것으로 보임	피동 접미사, 피동문과 능동문 구분 오류 등 모든 유형의 문제에서 오류 발생

　　의사 입장, 입장 문제... (웃음)
　　교사 : 잊어버렸습니까?
　　학습자 J : 네. (웃음)'

■학습자 성장 평가

토론극에 대한 학습자 성장 평가는 문법 평가 및 목표 형태 사용 평가 후 진행하였다. 토론극 수업의 정확성 측정 항목에 대한 학습자 응답 결과는 다음과 같다.

[표 34] SIT 2차 수업의 정확성 측정 항목에 대한 학습자 응답 결과

정확성	점수(인원 수)					
	1	2	3	4	5	평균
1. 이 수업에서 배운 문법을 정확하게 이해했습니까?		2	5	3		3.1
2. 전체과제 활동에서 (말을 많이, 자연스럽게 하는 것보다는) 정확하게 말하는 것에 신경을 썼습니까?		1	4	3		3.4
3. 전체과제 활동 수행 시, 부분과제 활동에서 배운 문법을 사용해서 말했습니까?		4	5	1		2.9
4. 전체과제 활동과 비슷한 실제 상황에서도 이 수업에서 배운 문법을 사용해 말할 수 있습니까?		3	2	5		3.2
5. 이 수업이 한국어를 정확하게 말하는 데에 도움이 된다고 생각합니까?				6	4	4.4
	합계 평균			3.4		

SIT 2차 토론극 수업의 정확성 학습에 대한 문항의 평균 점수는 3.4였다. 이는 상황과 목적이 통제된 역할극 과제의 정확성 학습 평균 점수보다 낮은 수치였는데, 각 문항 점수도 5번을 제외한 모든 문항이 낮았다. 그리고 5번을 제외한 모든 문항들에서 부정적 응답이 있었다. 특히 '전체과제 활동 수행 시, 부분과제 활동에서 배운 문법의 활용 여부'에 관한 질문에는 4명이 '그렇지 않다'고 응답하였는데, 이는 학습자들에게 외국어로 토론을 하는 것이 힘든 데다 CEDA 토론이라는 토론 형식까지 지켜야 하며, 토론의 주제 또한 일상 대화에서 자주 다룰 만한 주제가 아니기 때문에 배운 문법 형태까지 생각하면서 발화하기가 매우 힘들었기 때문인 것으로 보인다. 또한 학습자들이 피동을 평소 대화에서 잘 사용하지 않는

데다가, 한국어 피동의 문법적 복잡성 때문에 피동 표현을 회피하며 다른
표현으로 대체하여 발화하는 경우가 많았기 때문으로 추측된다.[52]

[표 35] SIT 2차 수업의 유창성 측정 항목에 대한 학습자 응답 결과

유창성	점수(인원 수)					
	1	2	3	4	5	평균
1. 전체과제 활동에서 자신의 생각을 오해 없이 전달했습니까?		1	5	4		3.3
2. 전체과제 활동에서 자신의 생각을 막힘없이 전달했습니까?		2	3	5		3.7
3. 전체과제 활동에서 자신의 생각을 표현할 때 충분히 길게 말할 수 있었습니까?		2	4	3	1	3.3
4. 전체과제 활동에서 (문법 형태보다는) 의사소통 전달에 더 신경을 썼습니까?			5	4	1	3.6
5. 전체과제 활동과 비슷한 실제 상황에서도 이 수업처럼 말할 수 있습니까?			5	5		3.5
6. 이 수업이 한국어를 자연스럽고 편하게 말하는 데에 도움이 된다고 생각합니까?			1	8	1	4.0
	합계 평균			3.57		

이 수업의 유창성 학습에 대한 설문의 평균 점수는 3.57이었다. 자신
의 생각을 '오해 없이, 막힘없이, 길게' 말할 수 있었느냐는 질문에 부정
적인 응답이 있었다. 이는 토론의 주제가 '안락사', '인터넷 실명제'와 같
은 사회적 이슈가 되는 다소 무게 있는 주제여서 토론의 충분한 준비 없

---

52) 목표 형태 사용 평가 이전에 간단히 실시한 구술 인터뷰에서 학습자들은 토론 상황에
서 피동의 형태를 많이 사용하지 못한 이유로 ① 동사 변환이 어렵고 말할 때 생각이
안 나서, ② 토론 내용을 생각하느라 문법을 생각 못해서, ③ 문법을 이해했지만 평소
에 사용하지 않는 말이라서, ④ 수업에서 배운 내용은 사용하는 데 시간이 좀 필요해
서, ⑤ 문법을 배우는 것과 실제로 말하는 것은 달라서, ⑥ 토론 내용에 신경 쓰느라
문법을 무시해서, ⑦ 평소 수업하고 끝난 후에는 잘 안 쓰는 문법이라서, ⑧ 모어(중국
어)의 피동은 간단해서 쉬운데 한국어는 복잡해서 등으로 응답했다. 전체과제 활동에
서 문법 사용에 대해 긍정적으로 응답한 학습자들도 구술 인터뷰에서는 피동의 형태를
발화에서 사용하지 못했다고 응답하기도 했는데, 모두 자신의 의도만큼 정확성에 집중
하지 못했기 때문일 것이다.

이는 유창성을 발휘하기 쉽지 않았기 때문이었을 것으로 보인다. 특히 즉흥적으로 상대방의 교차조사에 대답을 해야 하고 반박을 해야 하는 CEDA 토론의 특성도 유창성을 발휘하는 데에 어려움으로 작용했을 것이다.[53] 학습자들은 '안락사'와 '인터넷 실명제'라는 주제를 두고 토론의 형식을 갖추면서 찬반 의견을 내는 것을 다소 부담스러워하였지만 이러한 시도들이 자신의 한국어 유창성 향상에 도움이 될 것이라고 여겨 문항 5번과 6번에 대해 모두 긍정적 응답을 하였다.

[표 36] SIT 2차 수업의 관계성 항목에 대한 학습자 응답 결과

관계성	점수(인원 수)					
	1	2	3	4	5	평균
1. 이 수업에서 의사소통 상황에 맞는 대화를 학습할 수 있었습니까?				8	2	4.2
2. 이 수업에서 전체과제 활동 상황을 모두 이해했습니까?		2	2	5	1	3.5
3. 짝(그룹원)과 전체과제 활동 시 대화하는 사람의 관계(나이, 성별, 직업, 사회적 위치 등)를 고려하면서 말했습니까?		2	5	2	1	3.6
4. 짝(그룹원)과 전체과제 활동 시 대화가 일어나는 장소(집, 회사, 공공장소 등)를 고려하면서 말했습니까?		1	4	5		3.4
5. 오늘 대화가 실제 의사소통 상황에서도 문제없이 전달될 것이라 생각합니까?		1	7	2		3.1
6. 이 수업이 한국 생활과 한국 문화 이해에 도움이 되었습니까?			5	5		3.5
7. 이 수업이 실제 의사소통 상황을 이해하는 데에 도움이 된다고 생각합니까?			2	8		3.8
합계 평균				3.59		

---

53) 앞서 밝힌 대로 토론극 수업에서 교사는 학습자들이 메모하는 것을 허용하였다. 실제 한국어 모어 화자들의 대학 토론 수업에서도 즉흥적으로만 토론을 하는 것이 아니라 자료 준비한 메모를 활용하기 때문에 한국어 학습자에게도 메모를 할 수 있게 하였다. 그러나 메모를 허용하다 보니 지나치게 메모에만 집중하여 말하기를 포기하고 읽어 버리는 학습자들도 눈에 띄었다. 이러한 이유로 형태 사용 평가에서 '토론 수업이 실제 상황에서 말하는 연습에는 큰 도움이 되지 않을 것'이라고 응답한 학습자도 있었다.

토론극의 관계성 학습에 관한 설문 평균 점수는 3.59점으로 나타났다. 전체적으로 토론에 임하면서 관계성을 고려하고, 이 수업이 관계성을 향상시킨다고 생각하는 학습자들도 있었지만 많은 문항에서 부정적인 응답을 한 학습자들이 있었다. 이는 학습자들이 입론과 교차조사, 반박을 위해 책이나 인터넷 자료를 찾는 과정에서 메모한 것을 토론에서 그대로 읽는 경우도 있고 자신이 말하기에는 어려운 주제들을 말하는 것에서 오는 부담감 때문에 관계성에 대해 신경 쓰지 못했다고 생각했기 때문인 것으로 보인다.

3. 3차 수업 : 즉흥극 과제 수업

3.1. 수업 설계

SIT 수업 중 마지막 단계인 즉흥극 과제 수업은 통제성이 가장 약하고 학습자들이 창의력이 최대로 발휘되는 수업이다. 교사가 즉흥극이 시작되는 배경을 제시하면 학습자는 즉흥적이고 창의적으로 극을 구성해야 한다. SIT 3차 수업의 설계 원칙 및 순서는 다음과 같다.

(1) 형태 초점 기법을 선정한다.

SIT 3차 수업인 즉흥극 과제 수업에서는 딕토글로스 기법을 사용하여 형태를 초점화한다. SIT 1,2차 수업은 목표 형태에 따라 적용할 형태 초점 기법도 달라진다. 그러나 SIT 3차 수업에서는 형태 초점 기법을 딕토글로스로 고정한다. 딕토글로스는 Wajnryb(1990)에 의해 제안되었으며, '받아쓰기'의 'dictation'과 '주해, 주석'이라는 뜻의 'gloss'의 합성어로 이루어진 용어이다. 이 기법은 학습자가 미리 준비된 듣기 자료를 듣고 난 후, 동료 학습자와의 공동 작업을 통해 재구성한 새로운 텍스트를 만들어내는 과제이다. 딕토글로스 과제 수업에서는 그룹 활동을 수행하게 되는데, 학습자들은 들은 것을 그대로 받아쓰는 것이 아니라 들은 내용을 협력 대화 및 상호작용을 통해 수정하고 보완하는 작업을 하게 된다. 딕토글로스의 목적은 학습자의 문법 생산 능력의 향상이다. Wajnryb (1990 : 6-7)에서 밝힌 이 기법의 목표는 다음과 같다(박혜레나, 2013 : 186-187 재인용).

① 텍스트 재구성을 통해 학습자가 문법 생산 능력을 사용하게 한다. 즉, 학습자가 기존에 학습한 문법을 활용하여 텍스트를 완성하게 한다.
② 학습자는 텍스트 재구성을 통해 자신이 아는 것과 모르는 것을 확인할 수 있다.
③ 텍스트 수정 단계에서 학습자들은 자신의 언어 사용을 정교화시킬 수 있으며 이는 언어 사용을 향상시킨다.

기존의 듣기 수업에서 자주 시행하는 받아쓰기 수업은 주로 초급 수업에서 상향식 듣기 방식으로 진행되는데, 전체 내용보다는 하나의 어휘나 문법 항목 듣기에 치중되어, 학습자들이 듣기 텍스트의 전체 내용을 이해하지 못할 우려가 있다. 그러나 딕토글로스는 텍스트를 단순히 받아 적는 것이 아니라 전체 내용을 이해한 후 자신의 언어로 재구성하여 쓰는 것이기 때문에 기존의 받아쓰기와는 전혀 다른 기법이다.

또한 딕토글로스는 학습자가 학습자의 언어로 재구성하는 기법이기 때문에 학습자의 자율성을 향상시킴과 동시에 의미에 중점을 두면서 형태에도 집중하게 하는 장점이 있다. 이와 함께 기존 지식의 재구조화를 통한 정확한 산출 능력 향상에도 도움이 되며(안가희, 2012), 딕토글로스를 통한 문법 학습은 개별적 문법보다는 범주적 문법이 더 적당하다(김하림, 2009). 또 딕토글로스 수업 시 학습자들은 목표 형태에만 집중을 보이는 것이 아니라 다양한 언어 형태에 집중하기 때문에 특정 문법 형태 습득을 위한 방법보다는 '통사적 처리 기술' 향상에 더 적합하다는 의견도 있다(Kowal과 Swain, 1997 : 300). 이에 특정 문법을 위해 딕토글로스 기법을 적용하려면 교사의 다른 수업적 조치가 필요하다(양재승, 2009 : 32).

이 연구는 텍스트 1차 듣기 후, 교사의 명시적 설명을 추가하고자 한다. 이는 학습자들이 딕토글로스를 통한 재구성 과정에서 명시적으로 학습한 문법을 적용하여 재구성하려는 노력을 할 것으로 예상하였기 때문이다. 서사 텍스트는 내용의 전개에 맞는 자연스러운 문장의 연결이 중요하므로, 학습자들은 형태에 초점을 맞추는 동시에 텍스트 의미에도 초점을 두어 단락을 구성할 것이다.

(2) 목표 형태를 선정한다.

SIT 3차 수업 모형 설계를 위한 실제 수업에서는 추측 표현 다섯 가지54)의 의미와 차이점에 대해서 살펴본다. 부분과제에서 초점화할 목표 형태는 '-는 모양이다', '-을걸요', '-을지도 모르다', '-는 듯하다', '-을게 뻔하다'이다. 학습자들은 딕토글로스 과제 수업을 통해 이 표현들의 의미 차이와 사용상의 주의점을 학습하게 된다. 민진영 외(2011 : 17-40)에서는 이 문법 형태들의 의미 및 사용상 주의할 점은 다음과 같이 요약하고 있다.

---

54) 이 다섯 가지는 설계자가 외국인을 위한 한국어 문법서 'Korean Grammar In Use'에 나오는 추측 표현 중에서 골랐다. 이 연구에서는 이 책에서 제시한 추측 표현 중, 연결 어미('-을 텐데' 등)와 추측보다 감정을 나타내는 표현('-어 보이다'), 가능성에 대한 표현('-을 법하다' 등)은 제외하였다.

1) '-는 모양이다'는 추측의 근거가 되는 상황을 보거나 들은 것을 바탕으로 하여 사용하기 때문에 말하는 사람이 직접 경험한 일에 사용하지 않으며, 추측의 근거가 객관적이지 않을 때, 즉, 주관적인 추측일 때는 사용할 수 없다.

2) '-을걸요'는 구어, 친근한 사람한테 사용하며, 상황을 추측함으로써 상대방의 의견에 약하게 반대할 때 사용한다. 그러나 화자와 청자가 추측하는 근거를 공유할 때는 사용할 수 없다.

3) '-을지도 모르다'는 가능성이 별로 없지만 그 일이 일어날 수 있음을 추측할 때 사용하며, 가능성이 별로 없는 추측이기 때문에 실례가 될 수도 있다. 과거형은 '-었을지도 몰라요'이다.

4) '-는 듯하다'는 '-는 것 같다'보다 격식적인 표현이다. 비슷한 표현으로는 '-는 듯싶다'가 있으나 '-는 듯하다'가 더 일반적으로 사용된다.

5) '-을 게 뻔하다'는 지금까지의 일을 볼 때 앞으로의 일이 눈으로 보는 것처럼 분명이 예상되는 결과를 추측할 때 사용하며, 주로 안 좋은 결과가 예상될 때 사용할 수 있는데, 스스로의 의지로 결정할 수 있는 일에는 사용할 수 없다. '-을 뻔하다'와 형태가 다르므로 유의해야 한다.

(3) 부분과제 및 전체과제 텍스트를 개발한다.

교사는 딕토글로스 과제 텍스트를 개발한다. 이 텍스트는 딕토글로스 과제 수행에도 사용되며, 학습자들은 이를 기반으로 전체과제를 수행하게 된다. 텍스트는 미완의 구조로 설계되는데, 전체과제 수행 시 학습자들이 즉흥극을 수행하면서 완결한다.

이 연구에서 딕토글로스 과제 수행을 위해 제시할 텍스트는 다음과 같다.

그 날은 이삿날이었다. 우리가 이사할 집은 산골의 아담한 집이었다. 그곳은 원래 삼촌이 마련한 시골집이었는데 몸이 안 좋아지신 어머니 때문에 우리가 몇 년 동안 사용하기로 했다.

집은 몇 년 동안 **비어 있었던 듯했다**. 삼촌도 이민을 가신 후로는 **한 번도 찾지 않으신 모양이었다**. 마당에는 풀이 무성했다. 아마 **집 안에도 먼지가 가득 쌓여 있을 게 뻔했다**.

오빠와 아버지는 큰 짐을 나르고 엄마는 창문을 열고 부엌부터 치우셨다. 나는 물걸레로 거실과 방을 닦았다. 그렇게 한참을 청소한 후 오빠와 나는 잡동사니를 넣어둘 곳을 찾다가 2층으로 올라갔다. 우리는 지붕으로 올라가는 계단 끝에서 작은 문을 발견했다.

"저기 문이 있네?"내가 말했다.

"아마 다락방으로 올라가는 **문일걸**. 아까 보니까 지붕 밑에 작은 창문이 있더라고."

내가 문을 세차게 잡아당겼지만 문은 꿈쩍도 하지 않았다.

"문이 안 열리네."

"둘이 같이 당기면 **열릴지도 몰라**."

문이 열렸다. 우리는 조심스럽게 계단을 올라갔다. 그런데 그 곳에는……

(4) 전체과제 전 단계를 설계한다.

① 부분과제 전 단계를 설계한다.

교사는 학습자 3-4명으로 구성된 학습자 그룹을 조직한다. 이 그룹은 성별, 국적별로 다양하게 구성하는 것이 이상적이다. 또한 비슷한 학습 수준의 학습자들로 구성하는 것보다는 수준별로 섞어 놓는 것이 좋다. Slavin(1980)에서는 수준이 비슷한 학습자들이 딕토글로스를 할 경우 재구성 활동이 원활하게 이루어지지 않는 경향이 있다고 한 바 있다. 그룹 활동을 할 때에는 학습을 적극적으로 이끌어갈 구성원이 필요한데, 학습에 자신감이 있는 학습자가 그룹 활동을 주도할 가능성이 높다. 교사는 텍스트의 제목을 제시하며 다락방에 대한 학습자들의 배경지식을 활성화하

는 질문을 한다. 또한 딕토글로스 과제 수업 절체를 설명하고 부분과제
수행을 준비하게 한다.

② 부분과제 수행 단계를 설계한다.

본격적인 부분과제 수행이 시작된다. 부분과제인 딕토글로스 과제의
수행 절차는 다음과 같다.

ㄱ. 1차 텍스트 듣기를 실시한다. 교사는 1차 듣기 전에 한 번 더 딕토
글로스가 단순히 받아쓰기가 아님을 주지시킨다. 교사는 텍스트를
녹음해 올 수도 있고 직접 읽을 수도 있다. 학습자들은 그룹별로
앉아 텍스트를 듣는다. 필요한 것은 메모할 수 있다. 속도는 급수
에 맞게 자연스럽게 읽으면 되고, 혹시 학습자들의 빠르다는 의견
이 있으면 속도를 조절한다.

ㄴ. 그룹원 1차 회의를 실시한다. 학습자들은 처음 들은 내용의 전체
줄거리에 대해 이야기한다. 자신들이 들은 정보들이 일치하는지,
못 들은 것은 무엇인지, 아는 것과 알지 못하는 것에 대해 서로 공
유한다. 학습자들은 상호작용을 통해서 형태와 내용에 대한 이야
기를 나눈다.

ㄷ. 교사는 추측 표현에 대한 명시적 설명을 한다. 원래 딕토글로스에
서는 교사의 명시적 설명이 없다. 그러나 이 연구는 교사의 명시
적 설명을 하여 학습자들의 목표 문법에 대한 주목도를 높이고자
한다. 교사는 추측의 뜻을 가진 각 표현들의 의미, 사용상 주의할
점, 표현 별 차이점 등을 설명한다.

ㄹ. 교사의 설명 후, 학습자들은 그룹원끼리 역할 분담을 확인한다. 학
습자 한 명이 모든 텍스트를 완벽히 기억해 낼 필요도 없고 그럴

수도 없기 때문에 학습자들은 역할을 분담하여 듣는다. 첫 듣기 이후 그룹의 구성원들은 텍스트 이해와 재구성에 필요한 요소들을 파악하고 있으므로, 완벽한 이해와 재구성을 위해 필요한 전략들을 세우게 된다.

ㅁ. 2차 텍스트 듣기를 실시한다. 양재승(2012 : 36)은 딕토글로스 과제 수행에서 학습자들이 텍스트를 듣는 횟수는 조절 가능하지만 많이 들으면 학습자들이 들리는 대로 적으려는 경향을 보인다고 하면서 듣기는 2회가 적당하다고 하였다. 그러나 이 연구에서는 2회로 제한하지 않고 학습자의 요구가 있다면 3회까지 실시하고자 한다. 이는 재구성 작업 후 마무리 작업에 다시 듣기가 필요하다고 판단되어서이다. 학습자들은 2차 듣기에서 1차에서 놓친 부분을 집중하여 듣게 된다. 이때, 학습자들은 내용에 집중함과 동시에 문법 형태에도 집중하게 될 것이다.

ㅂ. 그룹원 2차 회의를 실시한다. 2차 회의에서는 전체 내용 중 각자 들은 내용이 상이했던 부분들을 수정하여 내용을 합의한다. 그 후, 각자 들은 내용을 공유하며 텍스트를 재구조화한다. 이때, 학습자들이 원활한 의사소통을 위해 목표어 사용을 포기하고 모어를 사용할 가능성이 있다. 학습자들이 텍스트와 문법 형태에 대해 끊임없이 상호작용을 하는 시간이기 때문에 교사는 모어 사용을 자제시켜야 한다. 그러나 지나치게 엄격하게 주의를 줄 경우, 대화가 끊기고, 협의의 과정이 위축될 수 있으니 느슨한 주의를 주도록 한다.

ㅅ. 학습자들의 요청이 있을 경우 3차 텍스트 듣기를 실시하고, 그렇지 않을 경우는 텍스트를 재구성을 할 수 있도록 그룹별 시간을 준다.

③ 부분과제 후 단계를 설계한다.

부분과제 후 단계는 딕토글로스 과제의 마지막 단계이다. 학습자들의 텍스트 재구성 작업이 끝나면 교사는 재구조화한 텍스트를 그룹별로 발표하게 한 후 원 텍스트를 공개한다.

학습자들의 수행 중 원 텍스트와 다른 것이 있다면 왜 잘못 들었는지 말하게 한다. 또한 목표 문법이 내재화될 수 있도록 교사는 추측 표현에 대해 재설명한다. 그 후 과제 수행 시 어려운 점 및 수행 시 재미있었던 점 등을 말하며 수업을 마무리한다. 부분과제를 마무리한 후에는 전체과제 활동에 대한 간단한 설명을 한다.

(5) 전체과제 수행 단계를 설계한다.

SIT 수업에서 즉흥극은 3-4명으로 소그룹으로 진행된다. 학습자들은 딕토글로스 과제에서 교사가 제시한 텍스트의 뒷이야기를 구성하여 텍스트를 완결한다. 따라서 각 그룹마다 결말은 달라진다. 딕토글로스 과제에서 제시된 '다락방의 비밀' 텍스트를 기반으로 학습자들이 즉흥극을 구성하기 때문에 그룹의 인원도 텍스트에 맞춰 정해진다. 또한 그룹원 간에 아무 정보가 없는, 그야말로 완전히 '즉흥적인' 역할극으로 구성하는 것은 아니다. SIT 수업에 참여하는 학습자들의 수준이 동일하지 않은 데다 학습자들은 모두 아시아권 학습자로 사회적 체면을 중시하여 다른 이들 앞에서 제대로 된 발화나 과제 수행을 못했을 때 모욕감을 느끼는 경향이 있다(Hofstede, 1986).55) 이에 SIT 3차 수업에서는 학습자들의 불안감

---

55) 개인주의적 사회와 집단주의적 사회에서의 교사-학생 간, 학생-학생 간 상호작용에 관한 Hofstede(1986)의 연구에 따르면, 집단주의적 사회의 학습자들은 교사의 권위에 대체적으로 순응하며, 학습자들은 교사에게 '배우는 것'에 익숙하다. 학습자들은 자발적으로 말하기보다는 순서에 의해서, 혹은 교사의 지목에 의해서만 말하는 경향이 있다. 학습자들은 소집단에서만 말을 하며 타인 앞에서 체면을 손상하는 것을 모욕으로

을 줄이고 학습자들의 과제 수행에 대한 성취감을 높이기 위해 즉흥극을 위한 준비 시간을 마련한다.

또한 즉흥극 과정에서는 학습자들의 상호작용 과정 중 모어 사용을 철저히 제한하는 것보다는 목표어 사용을 권장하는 방식을 취한다. 한국어 수업 현장에서는 학습자들의 국적을 일정하게 조정하여 그룹을 구성하지 못할 가능성이 많다. SIT 수업 모형 설계를 위한 실제 수업에서도 학습자들의 국적이 다양하지 못해 모어 사용의 우려가 그대로 노출되어 있는 상태이다. 따라서 즉흥극 과제 수업에서 교사는 학습자들이 과제 수행에 흥미를 느끼게 하고 목표어 사용에서 오는 과도한 불안감을 방지하기 위해, 간헐적 모어 사용을 허용하기로 한다. 교사는 모어 사용에 관해서 학습자들이 스스로 점검하고 수정하는 방향으로 하며, 심할 경우에만 제재한다. 즉흥극 과제 수행 절차는 다음과 같다.

① 학습자들은 그룹별로 텍스트를 분석하여 즉흥극의 방향을 설정한다. 즉흥극에서 교사가 극에 개입할 여지는 거의 없다. 교사는 반복적으로 모어로만 상호작용을 하는 그룹에 대한 주의를 주거나 특정한 단어나 표현에 대해 학습자들이 설명을 요청하는 경우에 개입할 뿐이다. 이 과제 수업에서는 교사가 학습자의 원활한 과제 수행에 있어서 안내자의 역할에 집중한다. 학습자들의 요청이 없는 한 교사는 학습자들의 준비 시간을 존중하며 기다린다. 학습자들은 그룹별로 즉흥극 결말의 방향을 설정하고 줄거리를 의논한다. 이때 교사는 학습자 간 의견 충돌이 있거나 지나치게 한 사람만 말하는

여기는 경향이 있다. 그러나 개인주의적 사회에서의 학습자들은 교사에 의해 지식을 배우는 것이 아니라 공부하는 방법을 배운다고 생각하며, 학습자들은 큰 집단 내에서도 자유롭게 말하며, 체면에 대한 의식이 매우 적다.

경우, 상호작용이 잘 일어나지 않는 그룹 등을 관찰하여 의사소통을 촉진시키는 역할을 한다.

② 학습자들은 배역을 설정하고 자신이 맡을 역할에 대해 인지한다. 즉흥극의 결말이 결정되고 개략적 줄거리가 정해지면 학습자들은 각자 배역을 맡는다. 자율적으로 배역을 정하기 때문에 학습자 간 의견이 충돌될 수 있으나 교사의 지나친 개입은 지양한다. 이때 전체적 극의 흐름을 학습자들이 서로 약속하기도 하는데, 즉흥극의 내용을 대본화하여 즉흥성을 떨어뜨리는 것에 대해서는 교사가 주의를 주어야 한다.

③ 그룹 간 순서를 정하여 즉흥극을 실시한다. 즉흥극은 공통의 텍스트를 기반으로 그룹 별로 뒷이야기를 더해 전체 이야기를 만들어 내는 역할극이다. 이 연구는 교사가 제시한 '다락방의 비밀'이라는 서사적 텍스트의 결말을 구성하는 과제를 실시한다. 따라서 배경은 공통되지만 그 후의 이야기는 그룹 간 정보가 없기 때문에 매우 흥미롭게 다른 그룹의 과제 수행을 지켜볼 수 있을 것이다. 학습자들은 자신들이 구성하는 이야기들을 최대한 실생활에서 사용하는 언어를 이용해 표현하려고 할 것이다. 왜냐하면 학습자들이 생산해 내는 이야기가 다소 현실감이 없는 내용이라고 해도 즉흥극 맥락에서 사용된 언어는 실제적일 것이기 때문이다.

(6) 전체과제 후 단계를 설계한다.

전체과제 수행 후, 어떤 그룹이 가장 재미있었는지, 어떤 학습자의 수행이 가장 좋았는지 평가하게 한다. 또한 학습자들의 수행 과정을 회고하게 하여 과제 수행 시 힘들었던 점과 재미있었던 점을 말하게 한다. 교사는 과제 수행 과정에서 목표 문법을 자연스럽게 사용했는지 질문하고,

그렇지 못했다면 그 이유에 대해서도 질문한다. 과제 수행 중 눈에 띄는 학습자 오류가 있으면 마무리 단계에서 전체 피드백한다.

지금까지 SIT 3차 수업의 설계 절차를 표로 정리하면 다음과 같다.

[표 37] SIT 3차 수업의 설계 절차

설계 절차	내용
I 단계 : 형태 초점 기법 선정	• 딕토글로스 기법 선정
II 단계 : 목표 형태 선정	• 추측 표현 : '-는 모양이다', '-을걸요', '-을지도 모르다', '-는 듯하다', '-을 게 뻔하다'
III 단계 : 전체과제 텍스트 개발	• '다락방의 비밀' 텍스트 개발 : 결말이 완성되지 않은 열린 구조의 텍스트임
IV 단계 : 전체과제 전 단계 설계	• 딕토글로스 기법을 통하여 추측 표현을 정확하게 인지하고, 전체과제의 상황 배경이 되는 텍스트 내용을 이해함
V 단계 : 전체과제 수행 단계 설계	• 학습자들이 창의력을 발휘해 즉흥극을 수행함, 즉흥극을 통해 언어의 유창성, 형태의 정확성, 관계성을 고려한 의사소통을 함, 부분과제에서 학습한 추측 표현들을 자연스러운 상황에서 의미를 고려하여 발화함
VI 단계 : 전체과제 후 단계 설계	• 즉흥극에 대한 숙고의 시간, 조별 비교, 피드백 실시

학습자들은 즉흥극 과제 수업을 통해 형태적 정확성과 유창성, 관계성을 학습하게 된다. 학습자들은 역할을 창의적으로 수행하는 과정을 통해 의사소통 능력을 학습한다.

즉흥극 과제로 구성되는 SIT 3차 수업의 수업 목표 및 특성을 정리하면 다음과 같다.

[표 38] SIT 3차 수업의 목표 및 특징

	전체과제 전 단계	전체과제 수행 단계	전체과제 후 단계
목표	의사소통 능력을 향상시킨다.		
	교사가 제시한 추측 표현 (5가지)의 형태적 정확성을 향상시킨다.	통제가 없는 상황에서 학습자들이 창의력을 발휘하여 의사소통 과정을 학습한다.	조별로 수행한 과제 활동 과정을 정리한 후, 의사소통 과정을 내재화한다.
특징	맥락 안에서 의미에 집중하여 의사소통한다.		
	교사의 명시적 설명과 딕토글로스 기법을 통해 추측 표현을 학습한다. 딕토글로스 과제 텍스트는 미완의 구조이다.	학습자들은 교사가 제시한 '다락방의 비밀' 텍스트의 뒷이야기를 완성하여 즉흥극으로 수행한다.	학습자들이 수행한 활동 과정에 대해 회고하고, 피드백 활동을 한다.

3.2. 한국어 교실에서의 적용

■전체과제 전 단계

(1) 부분과제 전 단계

수업 설계에 따라 SIT 3차 수업이 진행되었다. 교사는 학습자들을 3명, 3명, 4명으로 조를 구성하여 앉게 하였다. 교사는 학습자들에게 다락방에 올라간 적이 있느냐는 질문으로 다락방에 대한 배경지식을 활성화하였다. 교사는 자신의 다락방 경험을 말하고, 학습자들에게도 경험이 있는지 질문하였다. 또한 학습자들에게 다락방을 묘사하게 하였다. 학습자들은 자신의 경험 및 텔레비전이나 영화에서 본 다락방에 대해 말하며 흥미를 보였다. 교사는 학습자들에게 딕토글로스 듣기 수업의 방법을 설명하였다.

(2) 부분과제 수행 단계

실제 수업에서 교사는 직접 텍스트를 읽었다. 교사는 텍스트를 읽기 전에 학습자들에게 교사의 말을 똑같이 받아 적지 말고 동료 학습자와 상의하여 텍스트를 재구성하게 하였다. 그룹별로 앉은 학습자들은 1차 듣기 후 회의를 하였다. 자신들이 들은 정보를 공유하고, 못 들은 것에 대해 이야기하였다.

첫 번째 듣기 후 교사는 추측 표현에 대한 명시적 설명을 하였다. 교사는 PPT를 이용해 추측 표현 다섯 가지의 뜻과 사용상 주의할 점을 설명하였다. 학습자들은 추측 표현 다섯 가지를 예전에 배운 경험이 있었다. 그러나 이 다섯 가지의 의미를 비교하고 차이점을 배우지 못한 상태였다. 교사의 설명이 끝난 후, 교사는 곧 2차 듣기가 시작됨을 알렸다. 그리고 학습자들에게 그룹원간 텍스트에 대한 이해와 재구성을 위해 필요한 전략을 세우게 했다.

2차 텍스트 듣기를 실시하였다. 학습자들은 텍스트 듣기에 매우 집중하였다. 듣기 후 2차 회의를 실시하였는데, 학습자들의 태도가 적극적이면서도 진지하였다. 학습자들은 교사가 배부한 활동지에 자신들이 들은 텍스트를 재구조화하여 쓰기 시작하였다. 이 과정에서 같은 국적의 학습자로 구성된 그룹은 모어를 사용하는 것이 눈에 많이 띄었다. 회의 과정에서 모어를 지나치게 사용하지 않도록 주의를 주었다. 국적이 섞여 있는 그룹에서는 자연스럽게 한국어로 상호작용을 하였다.

교사는 학습자들에게 한 번 더 듣기를 원하는지 질문하였다. 학습자들은 듣기를 요청하였다. 교사는 마지막으로 한 번 더 텍스트를 읽었다. 학습자들은 자신들이 듣지 못한 부분을 특히 집중하여 듣는 모습을 보였다. 교사는 듣기가 끝난 후 최종적으로 텍스트를 완성하게 하였고, 학습자들은 활발한 상호작용을 하면서 텍스트를 완성하였다.

(3) 부분과제 후 단계

부분과제 후 단계에서 교사는 학습자들이 수행한 딕토글로스 과제를 그룹별로 발표하게 하였다. 학습자들 중 한 학습자가 교실 앞으로 나와 자신들이 작성한 텍스트를 읽었다. 학습자들이 작성한 텍스트는 다음과 같다.

① 1조 : 학습자 A, 학습자 C, 학습자 E, 학습자 F

> 어머니 몸이 안 좋아서 산속에 위치한 집으로 이사갔다. (2층, 아담한 집)
>
> 이 집은 삼촌이 이용했던 집이고 삼촌은 이민가서 이 집은 몇 번동만 비어 있었다 그 집은 오랫 동안 사용되지 않았다. 마당의 풀이 무성해서 집 안이 더러울게 뻔하다.
> 아버지와 오빠가 짐을 들고 어머니와 주인공이 청소를 시작했다
> 그 뒤에 오빠와 주인공, 2층에 올라갔다. 계단 끝에서 작은 문을 발견했다
> 주인공이 세차게 문을 열지만 하나도 꿈쩍하지 않았다. 두 사람이
> 힘을 합쳐서 문을 열었다. 문을 열고 조심스럽게 계단으로 올라갔다……

② 2조 : 학습자 G, 학습자 H, 학습자 I

> 그날은 이사날이었다. 몸이 안 좋은 어머니를 돌려보기 위해서
> 삼촌의 산골집의 아담한 2층집으로 이사를 했다. 삼촌은 이민때문에
> 집을 몇년동안 안 사용했다. 집이 오랜 시간 비어서 마당에서 풀이
> 무성했다. 아마 집안도 먼지가 쌓일 뻔했다. 오빠와 아버지는 큰짐을
> 나르고 엄마는 창문을 열고 부엌부터 치웠다. 나는 물건을 놓고 방을
> 닦았다. 한 참후에 오빠와 나는 잡동사니를 놓은 곳을 찾다가 2층으로
> 올랐다. 작은 문을 발견했다. 나는 문을 열고 싶은데 문이 세차게
> 흔들렸다. 둘이 같이 열리지 모르지만 드디어 문을 열었다.

③ 학습자 B, 학습자 D, 학습자 J

교사는 학습자들의 발표를 들은 후 원 텍스트를 공개하였다. 학습자들이 작성한 텍스트는 내용상의 오류도 있었고, 형태상의 오류도 있었다. 교사는 추측 표현에 대해 한 번 더 설명하고, 사용상의 주의할 점을 다시 언급하였다. 학습자들의 결과물에 대한 개별 피드백은 하지 않았다. 개별 피드백을 할 경우 지나치게 많은 시간이 소요되고, 학습자들의 수행에서 오류만 부각될 것 같은 우려에서였다. 대신 교사는 원 텍스트에서의 추측 표현들을 청각적 입력 강화를 하며 설명도 덧붙였다.

■전체과제 수행 단계

휴식 후, 교사는 전체과제가 즉흥극으로 진행된다는 것을 설명하였다. 교사는 부분과제에서 제시되었던 미완결 텍스트를 학습자들의 창의력을 살려 마무리할 수 있게 하였다. 즉흥극은 극이 자연스럽게 진행될 수 있도록 딕토글로스 텍스트 제공 부분을 도입 부분으로 구성하고 그 뒤를 학습자들이 창조적으로 구성하게 하였다. 즉흥극이지만 학습자들의 상의 시간을 따로 주었다. 학습자들은 시골집으로 들어서는 순간 혹은 차를 타고 시골집으로 가는 순간부터 다락방을 발견한 후 벌어지는 사건들까지 극을 구성하였다. 교사는 학습자들이 상의할 수 있게 하되, 극 전체를 대본화하지는 못하게 하였다. 학습자들은 즉흥극의 전체 흐름을 공유하고 자신이 할 대사를 준비하였다.

① 1조

1조는 다락방에 사람의 도움을 기다리는 귀신이 살고 있다는 설정이었다. 다음은 1조가 수행한 즉흥극의 일부이다.

> 아빠(학습자 F) : ③우리 도착했어. 빨리 들어가자
> 자매1(학습자 E) : (집을 둘러보며)와, 이 집은 작지만 아담한 2층집인데? 산골 광경이 좋은데. 여기에 산다면 엄마 몸이 빠르게 좋을 것 같아요.
> 자매2(학습자 A) : 엄마 ①이 집은 오랫동안 살지 않은 모양이에요. 무서워요.
> 엄마(학습자 C) : 아, ②삼촌이 이민 간 후 한 번도 찾지 않아서 좀 그렇게 됐네. 아, 우리 보고, 대청소해야겠다. 마당에 풀은 무성하니까 집안에도 너무 ①오래 비어 있어서 먼지가 쌓여 있을 게 뻔해. 애들아, 우리 시작하자.
> (…중략…)
> 자매2 : 어, 계단 문 끝에서 작은 문이 있는데?
> 자매1 : 아마 다락방에 올라가, 올라갈 수 있는…아까 보니까 이 집 지붕 작은 창문 있네.
> 자매2 : 어, 안 열리네. ③○○(학습자 E). 같이. (문을 연다)
> (다락방 안)
> 자매1 : 아, 어두워. 나 창문을 열게.
> 자매2 : (놀라며) 어, ○○(학습자 E의 이름). 이리 와 봐. 여기서 멋있는 선글라스 두 개 있어. 한 번 써 보자.
> 자매1 : (써 보며) 어때요?

자매2 : ③오, 예뻐요.

1조는 형태의 정확성 측면에서는 ①의 예와 같이 학습자들이 목표 형태를 사용하여 극을 구성하였다. 그러나 목표 형태를 사용하였다고 해도, 부분과제에서 제시한 텍스트를 그대로 활용하거나 조금만 바꾸어 산출한 문장이 많았다. 따라서 이러한 형태의 사용이 학습자들의 독창적인 산출물이라고 보기는 어려웠다.

유창성 측면에서 1조는 ①과 ②의 예처럼 도입 부분에서 딕토글로스 자료에 의존하여 대사를 외운 흔적이 있었다. 다락방에 올라간 후 즉흥적으로 극을 전개하는 부분부터는 창의적으로 극을 구성하였으나, 도입 부분보다 문장의 길이가 짧고 단순해졌다. 그러나 전개가 부자연스럽지 않았고, 대사와 함께 표정 연기, 행동까지 매우 자연스러워 적극적인 자세로 역할극에 임했음을 알 수 있었다.

관계성 측면에서는 가족 간의 대화의 성격이 잘 드러나는 수행을 하였다. 부모는 자매에게 반말을 사용하고 아이들은 부모에게 높임말을 사용한 점, 격식체의 사용이 없다는 점 등은 관계성이 잘 발휘되었음을 보여주었다. 그러나 ③의 예와 같이, 주어를 생략하지 않아 어색한 표현이 나타나거나, 자매들끼리 높임말을 사용하고, 동생이 언니에게 이름을 부르는 것 등은 부적절하였다.

② 2조

2조는 남매가 다락방에 올라가서 아픈 엄마를 낮게 할 의학서를 발견하게 된다는 내용이다. 다음은 2조가 수행한 즉흥극의 일부이다.

아들(학습자 H) : (쉬고 있는 동생을 보며) 왜 이렇게 앉아 있어? 빨리

②청소해야 해.

딸(학습자 I) : 힘들어.

아들 : 빨리 일어나!

딸 : 오빠 남자잖아. 많이 좀 해 줘.

아들 : 혼자 하면도 힘들어. 빨리 일어나. 엄마! ○○이가(학습자 I의 이름), 앉아 있어. 안 일어나.

엄마(학습자 G) : (야단치듯) 야, 둘이 또 싸우냐? 빨리 청소 좀 해.

아들 : 빨리!

딸 : ②잡물 많이 있는데 어디서 놀까(놓을까)?

아들 : (퉁명스럽게) ②저도 몰라, 나도 몰라! 엄마한테 물어 봐. (엄마를 부른다) 엄마! 잡물 많이 있어. 어디, 어디서 놓야지.

엄마 : 어, 잡물 많이 있네. 연아, ①2층에서 제가 올라가는 .. 있는 모양인데 올라가서 확인해 봐.

딸 : 응, 알았어.

(…중략…)

딸 : ②열어 봐 봐. (딸, 열어 본다) 어! 오빠 있지? (아들, 종이를 펼친다)

딸 : 의학책 한, 한 권 있네. 나 책 싫어. 오빠 봐.

아들 : 어, 책은 병이, 병을 치, 치료하는 방법이 많이 있네.

딸 : 엄마 병이 치료하는 방법 있어?

아들 : (뒤적이다가) 아, 여기 있네. 여기 있어.

딸 : 믿을 수 있어? 믿을 수 있어?

아들 : 믿을 수 있…있겠네.

딸 : 어, (책을 같이 보다가) 간단해. 한번 해 봐.

아들 : 응.

딸 : ②청소하고 나서 한번 해 봐.

아들 : 오케이. ②먼저 청소해 봐. (둘이 함께 청소를 시작한다)

2조는 ①의 예에서와 같이 목표 형태를 사용하였으나 목표 형태의 의미를 정확하게 학습하지 못하여 어색한 문장을 산출하였다. '-는 모양이다'는 화자가 직접 경험한 일에 사용할 수 없는데, '제가 올라가는 모양인데'라고 발화하였다. 즉흥극에서는 목표 형태가 하나가 아닌 추측 표현 5가지여서 학습자들이 각 표현들의 의미와 사용법을 짧은 시간 내에 학습하기 어려웠던 것으로 보인다.

유창성 측면에서는 2조는 자신들이 맡은 역할에 창의력을 발휘하며 현실적으로 묘사하였다. 특히 티격태격하는 남매들의 모습, 그 모습을 철없게 느끼는 따뜻한 엄마의 모습 등을 세밀하게 묘사하였다. 그러나 상황의 전개는 자연스러웠지만 발화의 길이가 매우 짧았고, 대부분 단순한 문장으로 역할극을 전개하여 발화량이 풍부하지 않았다.

관계성 측면은 ②의 예에서와 같이 구어에서 '-어야 하다'를 사용한 것, '잡동사니' 대신 '잡물' 이라는 단어를 사용한 것 등의 부자연스러움이 있었다. '잡물'은 중국어 杂物(záwù)를 단순 번역한 것으로 보인다. 또한 '저도 몰라' 등 반말과 낮춤말 '저'를 함께 사용하다가 번복하는 모습 등이 있었다. 그리고 '청소하고 나서 한번 해 봐'는 청유의 의미로 사용하였다. 물론 이 문장 자체는 틀린 것이 아니나 청유의 의미로는 '-자'를 더 많이 사용하기 때문에 의미의 혼동이 있었다. 아들의 대사인 '먼저 청소해 봐'와 함께 모두 청유의 의미보다는 명령의 의미로 이해되었다. '청소하고 나서 한번 해 보자.'와 '먼저 청소하자'로 발화하면 의미의 혼동 없이 정확하게 의사를 표현할 수 있었을 것이다. 그리고 남매가 모두 엄마에게 반말을 사용했는데 평범한 가정에서의 일상적인 모습이었다.

③ 3조

3조는 다락방에서 삼촌의 시신과 유서를 발견하는 이야기이다. 다음은 3조가 수행한 즉흥극의 일부이다.

동생(학습자 D) : (더듬거리며) 어, 어둡네. (놀라며) 어, 이거 뭐야? 형,

한번 봐.

형(학습자 B) : 뭐야? (놀라며) 어! 한 사람 죽었어. 아빠! 엄마! 빨리 와!

아빠(학습자 J) : 아, 이 사람 너, 너희 삼촌이야. 아, 유서야!

형 : 아, 저기 유서 있다.

방백(학습자 J) : 이, 이 유서를 보면 나, 나 아마 이미 오랫동안 ①죽었을 게 뻔해. 제발 아버지에게 알려 주지 마. 나 사실 2012년에 암을 알아. 고칠 수 없어. 다들 안 슬프기 위해서 나 거짓말했어. 한 눈을 실명한 친구를 돕고 같이 가족을 속였어.

(배경 전환)

삼촌(학습자 B) : 철수야, 나 너의 시력을 회복하는 것을 도와할 수 있어.

삼촌 친구(학습자 D) : 진짜? 형 어떡하지?

삼촌 : 사실은 내 암이 걸렸어. 시간 별로 없어.

삼촌 친구 : 어머, 아, 아니 형! ②어찌 이럴, 이럴 수 있단 말인가! 형, ③나를 속이고 있어요. 맞아요?

삼촌 : (한숨 쉬며) 아, 철수야. (대사가 이어지지 못해 휴지, 웃는다) 철수야. 이 일을 너만 알아서 비밀을 지켜야 돼.

삼촌 친구 : 형!

삼촌 : 철수야. 내 말을 좀 들어. 그리고 한 일을 좀 부탁해.

삼촌 친구 : 무슨 일이야? 형, 말해 봐.

삼촌 : 나, 암에 걸리는 것은 가족들에게 알려주지 마. 부모님에게 갑자기, 저, 부모님에게 갑자기 나 암에 걸리는 것을 알면 고통스럽겠어. 그리고 우리 같이 연극해자.

삼촌 친구 : 연극?

삼촌 : 응. 그냥 기다리는 것은 차라리 나 각막을 줘. 그래, 그런데 나 대신 매달을 매달이, 매달에 편지를 줘.

　
3조는 목표 형태를 거의 사용하지 않았고, 사용한 표현도 다소 어색하였다. ①의 예에서와 같이 형태 사용이 틀렸다고 할 수는 없으나 매우 어색하였다. 자신이 세상을 떠난 상황을 가정하여 편지를 남겼다면 '나는 이미 세상에 없을 것이다' 혹은 '나는 이 세상 사람이 아닐 것이다' 등의 표현을 할 것이다. 이 조 역시 학습해야 할 추측 표현의 종류가 많아 각 표현별 의미와 제약 조건에 대해 정확히 인지하지 못했기 때문에 오류가 발생한 것으로 보인다.

유창성 측면으로 보면 이 조는 즉흥극을 외워서 구성한 흔적이 많았다. ②'어찌 이럴 수 있단 말인가'와 같은 문장은 극의 진행에서 실제성이 매우 떨어졌는데, 이는 드라마나 영화 등 매체를 통해 외운 문장일 것이다. 특히 타 학습자에 비해 한국어 실력이 부족한 학습자 J는 방백을 메모하여 그대로 읽었으며, 다른 학습자에 비해 대사량도 매우 적었다.

관계성 측면에서는 ③번의 예와 같이 친한 관계에서 자연스럽게 반말을 사용하다가 갑자기 높임말을 사용하는 등의 문제도 있었지만 가족 간 반말 사용과 친구 간 반말 사용 등이 그리 어색하지 않았고 상황에도 적합하였다. 그러나 문장 자체의 오류가 많고, 어색한 문장이 많아 다른 구성원들의 이해를 방해하였다.

■전체과제 후 단계

과제 수행이 모두 끝나고 교사는 학습자들에게 즉흥극 활동이 흥미가 있었는지 질문하였다. 학습자들은 모두 아주 재미있었다고 대답하였다. 어떤 조가 가장 재미있고 창의적이었느냐는 대답에 모두 열심히 해서 다 잘했다고 대답하며 특별히 한 조를 꼽지는 않았다. 교사는 학습자에게 목표 문법을 사용해서 대화했느냐고 질문하였는데, 학습자들은 그렇다고 대답하기도 하고, 극 내용에 집중하느라 신경 쓸 수가 없었다고 대답하기도 하였다. 교사는 학습자들의 과제 수행에 대해 긍정적인 피드백을 해 준 후, 부모와 자녀와의 대화, 형제자매 간의 대화에서의 높임말 사용 등에 대해 언급하고 수업을 마쳤다.

3.3. 수업의 개선점

■문법 평가 및 목표 형태 사용 평가

즉흥극은 SIT 수업에서 학습자들이 가장 적극적이고 활기 있게 수행한 과제 활동이었다. 학습자들은 각 조가 창의성을 발휘하여 교사가 제시한 텍스트의 결말을 완성하였는데, 다른 조와 경쟁하면서도 즐거운 분위기에서 과제를 준비하였다. 즉흥극 과제 역시 학습자들이 같은 그룹원 간 극의 전체 구성을 상의하고 대화를 준비하는 것이 관찰되었다. 비록 메모하는 학습자들이 많이 눈에 띄지는 않았지만 서로가 말하기로 한 발화 내용을 기억하고 외우려고 시도하는 학습자들이 눈에 띄었다. 학습자들이 대화뿐 아니라 장소, 대화 상대를 고려하여 실제 상황처럼 역할극에 임했기 때문에 수업 전체 분위기도 매우 좋았다. 그러나 즉흥극 역시 과제 수행에서 목표 형태가 많이 눈에 띄지는 않았다. 형태가 사용되더라도 어색한 경우가 있어 유의미한 상황에서의 형태 사용이라 하기는 어려웠다. 또한 극의 자연스러운 흐름에 문법 형태가 굳이 필요하지도 않았다. 이는 목표 형태 선정에 문제가 있음을 보여 주는 것이다. 이에 목표 형태 사용 평가 분석에서는 문법 오류는 생략하고, 전체적 내용 구술에 초점을 맞춰 정리하고자 한다.

학습자 A의 SIT 3차 수업 후 문법 평가는 50점으로 반 평균 60.5점보다 낮았다. 이 학습자는 추측 표현이 표현의 종류가 많고 표현별 제약 조건이 다양하여 언어 형태의 사용적 특성을 정확히 인지하지 못하였다. 또한 이 학습자는 목표 형태 사용 평가에서 문장 오류가 많았다. 학습자의 한국어 수준이 중급 이하이기 때문에 응집성 있는 설명이 힘들고, 고급 수준의 단어를 사용하여 발화하지 못했다. 과제 수행 내용에 대해서도 많은 내용을 생략하고 최소한의 줄거리만 구술하였다.[56]

학습자 B의 즉흥극 수업 후 문법 평가는 45점으로 저조하였다. 표현별 제약 조건을 제대로 학습하지 못해 자연스러운 표현 및 어색한 문장 고르기 등 모든 유형에서 오류가 많았다. 그런데 이 학습자는 목표 형태 사용 평가에서 문장의 오류는 있었으나 과제 수행 내용을 응집성 있게 발화하였다. 특히 즉흥극 수행을 위해 익힌 단어들을 목표 형태 사용 평가에서도 사용하고 구성한 이야기를 창의적으로 만들었다는 것을 강조하였다.57)

학습자 C의 즉흥극 문법 평가는 85점이다. 유형별로 하나씩 오류가 있었는데 추측 표현에 대해 비교적 잘 이해하고 학습한 것으로 평가되었다. 학습자 C는 한국어 수준에 비해 즉흥극 수업 후 목표 형태 사용 평가에서는 부자연스러운 표현이 많았고 문장 연결이 어색하였다. 동어 반복, 단순한 정리 등이 관찰되기는 했으나 과제 상황 전체를 큰 무리 없이 구술하였다.58)

---

56) 학습자 A의 목표 형태 사용 평가 시 발화 내용은 다음과 같다.
'어....오랫동안 있는 집에서 원래 삼촌이 살았어요. 벌써 돌아, 돌아가셔서 가족들은 어머니의 건강 위해 그 집에 갔었어요. 자매들이 청소하고 2층의 다락방을 찾았어요. 그 다락방에 100년 정도 사는 귀신이었어요. 원래 그 귀신은 아무 사람 안 봤어요. 왜냐하면 사람도 없었어요. 그리고 거기서 안경 있었어요. 그 안경을 쓰면 귀신을 볼 수 있었어요. 그 자매들이 그 안경을 쓰고 귀신을 봤어요. 귀신...신발이 없어서 나갈 수 못했어요. 자매들이 귀신에게 도와줬어요.'

57) 다음은 학습자 B의 목표 형태 사용 평가 시 발화 내용이다.
'우리 가족들의, 가족들의 삼촌의 살던 집에서 이사, 이사하고 그... 그리고 청소하고 2층에서 작은 문을 발견해서 작은 문에서 한 죽은 사람이 있고 유서도 있고 아버지는 우리 삼촌을 말했어요. 그리고 그 유서에는 우리 한 따뜻한 이야기를 발견했어요. 어... 삼촌은 암이 걸렸지만 가족들에게, 가족들에게 위로를 주기 위해서 친구 같이 연극, 우리한테 거짓말을 했어요. 또한 친구를 도, 도와주기 위해 자기의 각막, 각막을 그 친구에게 주는 이야기예요.'

58) 다음은 학습자 C의 목표 형태 사용 평가 시 발화 내용 중 일부이다.
'어머니의 몸이 불편해서 산골, 산촌에 집에 갔고 거기에서 어머니 몸도 좋아질 수 있고 사람들이 거기에서 즐겁게 살 수 있어요. 거기에 가서 원래 비어 있어서 집이 더러웠고 가족들이 청소하기 시작하고 거기에서 다락방을 발견하고 시작하는 이야기이고 그 다음에 다락방에 들어가서 그 자매는 발견하는 거 연결하고 시작하는 이야기, 이야

학습자 D의 SIT 3차 수업 후 문법 평가 점수는 55점에 불과하였다. 이 학습자는 추측 표현의 표현별 제약 조건과 사용 방법에 대해 정확하게 학습하지 못한 듯하였다. 학습자 D는 과제 수행 내용을 응집성 있게 전달하지 못했고 교사의 질문에 의해 수동적으로 대답하였다. 특히 SIT 수업 전 OPI 평가에서 시제 사용이 매우 불안하였는데, 과제 수행과 목표 형태 사용 평가를 통해 개선의 효과가 있었던 듯했다. 세 번의 목표 형태 사용 평가에서 간혹 시제의 오류가 있었지만 비교적 시제에 맞게 발화하여 발화가 자연스럽게 진행되었다.[59]

학습자 E의 즉흥극 후 문법 평가 점수는 50점인데, 표현별 의미의 차이에 대해 세밀하게 이해하지 못하여 오류가 많았다. 이 학습자는 목표 형태 사용 평가에서 즉흥극 과제 수행 과정을 제대로 구술하지 못했다. 내용의 생략이 많았고 통사적 오류가 심해 평가자가 이해하기 어려웠다.[60] 학습자 E는 즉흥극 과제 수행 시 역할극에 흥미를 보이며 매우 적

기예요. 그 다락방에 들어간 후에 그, 그 집에 원래 사는 사람이 없어서 귀신이 거기에 있어요. (…후략…)'

59) 다음은 학습자 D의 목표 형태 사용 평가 시 발화 내용이다. 교사의 유도 질문이 포함되어 있다.
'학습자 D : 만약에 나 주인공이에요. 처음 우리 가족들은 삼촌의 산골 집에 이사했어요. 삼촌의 집이 오랫동안 안 사용하니까 먼지가 많았어요. 우리 청소를 시작했어요. 음... 나 청소할 때 음... 다, 다락방에 작은 문을 발견하고 열었어요. 어... 그 후에 삼촌의 음...모, 몸이, 몸과 유서를 발견했어요. 어... 그 유서의 내용을 표현했어요. (…중략…)
교사 : 어떤 이야기죠?
(웃음) 삼촌의 친구는 사고 때문에 눈이 안 보였어요. 그래서 삼촌, 그리고 삼촌은 암도 걸려요. 삼촌은 그 친구를 각막, 각막을 주고 싶다고... 그 친구는 삼촌의 대신 부모님에게 편지를 쓰고 위로를 줬어요.'

60) 학습자 E의 목표 형태 사용 평가 시 발화 내용은 아래와 같다.
'학습자 E : 한 가족은 새로운 집에 있는데 그 집에 어... 그 집에 삼촌 동안 사람들이 아무 것도 살할 수 없어요. 그 집에... 음... 엄마 몸이 아플 때, 그러면 우리 가족을 그 집에 왔어요. 음... 여기에 여기에... 제가 언니한테 귀신을 만났어요. 그리고 귀신의 신발, 신발이 없는데 그럼 우리에게 찾아보는 부탁했어요.

극적으로 참여하는 것이 관찰되었으나, 내용 구성에서는 다른 조원들의 도움에 의존했을 가능성이 높다.

학습자 F는 즉흥극 과제 수행 후 문법 평가에 오류가 없었다. 이 학습자는 모든 SIT 수업 후 문법 평가의 점수가 만점에 가까웠는데, 이를 통해 학습자 F의 문법의 정확성을 확인할 수 있었다. 학습자 F는 구술할 때는 상세하게 설명하기보다는 간략히 줄이거나 생략을 많이 하는 편이었다.[61] 문법적 정확성이 높은 학습자이지만 목표 형태 사용 평가에서는 오류가 많이 발견되었으며, 교사와 인터뷰하는 과정에서 다소 긴장하는 모습을 보였다.[62]

학습자 G는 문법 평가에서 85점을 받았다. 각 추측 표현들의 의미를 잘 알고 있었으나, 문장 사용 제약에 관한 몇 개의 오답이 있었다. 목표 형태 사용 평가에서는 과제 수행 내용을 아주 길고 세밀하게 구술하였다.[63] 학습자 G는 과제 수행 내용 전달도 중요하지만 무엇보다 다른 조

교사 : 그 신발을 왜 찾아요?
학습자 E : 그 신발이 없으면 그 귀신은 밖에 나갈 수 없습니다.
교사 : 그래서 찾았어요?
학습자 E : 네.
교사 : 귀신은 어떻게 됐어요?
학습자 E : 너무 행복했어요. (웃음)'

61) 딕토글로스 과정에서도 다른 조에 비해 학습자 F가 속한 조는 재구성한 텍스트가 매우 짧고 간략했다.

62) 다음은 학습자 F의 목표 형태 사용 평가 시 발화 내용이다. 교사의 유도 질문이 포함되어 있다.
'학습자 F : 그 어떤 네 명... 네 명 있는 식구가 산골에 있는 집으로 이사... 가서 그... 자식들...신기한...(웃음) 불쌍한 귀신을 만났던 이야기예요.
교사 : 어떻게 만났어요?
학습자 F : 그 자매는 청소... 자매는 물건을 놓은 다락방을 찾았다가 그 귀신을 만났어요. 그 귀신이 조금... 귀신은 신발이 없어서 그 방, 그 방에서 밖으로 못 나갔어요. 그래서 그... 착한 자매들이 귀신을 도와줘서 그 귀신은 자유를 다시 얻게 됐어요.'

63) 다음은 학습자 G의 목표 형태 사용 평가 시 발화 내용 중 일부이다.
'어... 우리 연극은 가장 힘이 있는 거 동생이랑 오빠랑 마당부터 청소할 때, 다락방까지 계속 싸우는 부분이라고 생각해요. 그리고 우리의 시스템을 어... 마지막에 어머니

와 비교해 역할극이 얼마나 독창적이었는지에 초점을 맞추어 발화하였다. 문법적 정확성은 떨어지지만 교사 앞에서도 크게 긴장하지 않고 발화하며 자신이 생각하는 바를 모두 전달하였다.

학습자 H의 문법 평가 점수는 55점을 기록했다. 각 추측 표현들의 의미를 명확하게 알지 못하여 오류가 많았는데, 어색한 표현 고르기 문제와 의미에 따른 제약 조건 및 화용적 사용을 고려하여 틀린 문장을 고르는 문제에 많은 오답이 있었다. 목표 형태 사용 평가에서는 과제 수행 내용을 말하면서 잦은 단어 실수, 눌언, 휴지가 있었다. 이 학습자는 그룹원이 수행한 과제의 내용을 체계적으로 전달하지 못하였다. 자주 머뭇거렸고 자신이 없으면 웃음으로 넘기려고 하였으며, 토픽 4급의 어휘 및 문법 실력을 갖고 있다고 하기에는 문장이 너무 단순하고 내용 전개도 응집력이 없었다. '집'을 '방'으로 말하는 단순 오류가 있는 것을 미루어 볼 때 이 학습자는 목표 형태 사용 평가에서 다소 긴장했던 것으로 보인다.[64]

학습자 I는 문법 평가에서 50점이라는 다소 저조한 성적을 얻었는데,

의 병을 낫게 해피엔딩으로 끝을 내었습니다. 이것도 어... 흥미적인 내용이라고 생각해요. 처음부터 어... 세 식구가 삼촌이 이민해서 오랜, 오랜만에 비어 있는 방으로 이사하기로 해서 방에 도착해서 마당에서 무성한 풀이하고 방에서 어... 쌓던 먼지를 보고 많이 걱정해서 세 식구가 벌써 청소를 시작했어요. 그 청소할 때 동생이 일이 하고 싶지 않아서 앉아만 있어서 오빠가 화가 나서 어머니한테, 어머니에게 밀어붙였어요. (…후략…)'

64) 학습자 H의 목표 형태 사용 평가 시 발화 내용은 다음과 같다. 교사의 질문이 포함되어 있다.
'학습자 H : 이야기는 우선 어머니는 모, 몸이 괜찮, 편찮으셔서 우리, 우리, 우리 집어... 삼촌 이민한 후에 산골에 있는 어... 있는 빈 방... 이사했어요. 그 빈 방 오래 비어서...
교사 : 방요?
학습자 H : 아, 집. 집이에요. (웃음) 그 집이 오래 비어서 마당에 잎이 많이 쌓여 있고 우리 그 집 청소하고 다락방을 발견했어요. 어... 다음에 다락방에 그... 저... 음... 여동생 한 책 발견했어요. 그 책은 어... 벼, 병을 치료하는 방법이 많이 있어... 마지막에 어머니 어, 어, 어머니 병을 치료하고 몸이 점점 좋아졌어요.'

시험 제출 전, 6번에서 10번까지 문제를 잘못 읽었다고 당황하며 말하였다.[65] 역할극 후 목표 형태 사용 평가에서는 적절한 어휘 사용을 위한 잦은 반복, 더듬거림, 주저함이 있었다. 학습자 I는 목표 형태 사용 평가 전 수업에 관한 교사의 질문에 자신이 과제 활동에 대해 조원들과 충분히 토의하지 못한 것에 대해서 아쉽다고 밝힌 바 있다. 이 학습자가 속한 조 구성원들은 교사가 제시한 텍스트 이후의 내용을 창조하면서 오빠와 여동생의 사이를 티격태격하는 관계로 설정해 실제성을 높였다. 이 학습자는 목표 형태 사용 평가에서 자신이 속한 조가 창의성 있게 텍스트를 구성하였다는 것에 대해 스스로 높은 평가를 내리고 있었다.[66]

학습자 J는 즉흥극 후 문법 평가에서도 매우 저조한 점수를 받았다. 총 20문제 중 6개가 정답 처리돼 30점을 얻었다. 추측 표현은 추측과 관련된 여러 가지 표현들의 의미 차이 및 사용법 차이를 학습하는 과정이었기 때문에 학습자 J에게는 더욱 어려웠으리라 생각된다. 목표 형태 사용 평가에서도 조사 생략 등 모어 영향이 많이 있는 가운데, 응집력 있게 과제 수행 내용을 전달하지 못하였다. 역시 머뭇거림, 번복, 단순한 문장의 나열 등이 반복되어 베이비 토크 수준을 벗어나지 못하였다.[67]

---

65) 6번부터 10번까지의 문항은 표현이 어색하거나 어울리지 않는 것을 고르는 문제였는데 학습자 I는 적절한 표현을 고르는 표현이라고 착각하여 답했다. 이 유형에서 학습자 I는 정답을 하나도 맞히지 못했지만 시간이 촉박하기도 하였고, 다른 학습자와의 형평성을 고려하여 문제를 다시 풀 수 있는 기회를 주지 못했다. 연구자는 학습자에게 학습자 간 비교하여 점수화하는 평가가 아니라고 하면서 안심시켰다.

66) 다음은 학습자 I의 목표 형태 사용 평가 시 발화 내용이다.
'어... 가족들... 어머니 몸이 안 좋아서 이민, 이민... 한 삼촌 집에 이사했어요. 삼촌 집 어... 오래 비어 있어서 어... 많이 더러웠어요. 청소하다가 그... 짐을... 놓는 다, 다락, 다락방? 다락방 찾으려고 다음 이야기 만들었어요. 다락방에서 어... 그림을 보고 그 뒤에 박스 하나 발견해, 했어요. 그 박스 안에 의학책 한 권 보고 어머니 병이 많은 치료 방법 어... 있다고, 있다고 음... 어머니 그... 치료 방법 이용해서 병 나았어요. 그 이야기예요. 어...우리 재미있는 거...어... 우리 이야기하면서 동생하고 오빠는 자주 싸워서 조금 재미있었어요. 다른 조하고 달랐어요.'

67) 다음은 학습자 J의 목표 형태 사용 평가 시 발화 내용이다

지금까지 학습자들의 문법 평가와 목표 형태 사용 평가 결과 및 특징은 다음과 같다.

[표 39] SIT 3차 수업의 문법 평가 및 목표 형태 사용 평가 결과 및 특징

	학습자	문법 평가	목표 형태 사용 평가	특징
1	A	50	응집성 있는 설명이 어려움, 최소한의 내용만 요약함	추측 표현의 종류 별 제약 조건에 대한 학습이 잘 되지 않음
2	B	45	문장의 오류는 있었으나 내용을 응집성 있게 전달함	자연스러운 표현 고르기, 문장 고르기 등 모든 유형에서 오류 생김
3	C	85	구술에서 부자연스러운 표현 많고 문장 연결 어색	유형 별로 간단한 오류만 발생함
4	D	55	구술 시 내용을 응집성 있게 이어가지 못하고 교사의 질문에 대답하는 방식으로 내용을 요약함	추측 표현 별 차이점을 제대로 인지하지 못함
5	E	50	구술 시 내용의 생략이 많고 통사적 오류가 심해 이해하기 어려움	표현 별 의미 차이에 대한 이해가 부족함
6	F	100	상세히 설명하기보다 간략히 줄여 요점만 말함	문법 평가 오류 없었음
7	G	85	내용 전달과 함께 자신이 속한 조의 내용의 창의성에 대해 강조함	각 표현들의 의미를 알고 있으나 문장 사용 제약에 관한 오류 있었음
8	H	55	수행 내용 제대로 전달하지 못함, 웃음으로 회피	표현들의 의미를 명확히 파악하지 못함
9	I	50	구술 시 반복, 더듬거림, 주저함이 있었음, 창의성 있게 텍스트 구성하였음에 대한 자부심이 있었음	평가지 질문을 오해하여 오답 제출함
10	J	30	조사 생략, 모국어 영향, 더듬거림 등으로 베이비 토크 수준으로 구술함	각 표현 별 차이점을 이해 못하고 각 표현 고유의 의미도 이해 어려움

'(…전략…) 삼촌이 이민, 이민 전에 우리 이사했어요. 우리 연극 내용 바꿨어요. 할아버지 돌아보기 위해서 우리 이사했어요. 삼촌도 할아버지도 다 있어요. 삼촌 이민했어요. 우리 다섯 삼촌 집 이사했어요. 청소 과정 중에서 작은 방, 작은 방 발견했어요. 동생하고 형 들어간 후에 삼촌... 죽음 발견했어요. (…후략…)'

■학습자 성장 평가

SIT 3차 수업 후, 학습자 성장 평가를 실시하였다. 우선 즉흥극 수업의 정확성 측정 항목에 대한 학습자 응답 결과는 다음과 같다.

[표 40] SIT 3차 수업의 정확성 측정 항목에 대한 학습자 응답 결과

정확성	점수(인원 수)					
	1	2	3	4	5	평균
1. 이 수업에서 배운 문법을 정확하게 이해했습니까?		1	3	6		3.5
2. 전체과제 활동에서 (말을 많이, 자연스럽게 하는 것보다는) 정확하게 말하는 것에 신경을 썼습니까?			2	8		3.8
3. 전체과제 활동 수행 시, 부분과제 활동에서 배운 문법을 사용해서 말했습니까?			1	8	1	3.9
4. 전체과제 활동과 비슷한 실제 상황에서도 이 수업에서 배운 문법을 사용해 말할 수 있습니까?			3	7		3.7
5. 이 수업이 한국어를 정확하게 말하는 데에 도움이 된다고 생각합니까?			2	8		3.8
	합계 평균			3.74		

수업의 정확성 학습에 대한 학습자 응답의 평균 점수는 3.74로 나타났다. 문법의 이해도 측면에서만 한 명의 학습자가 부정적 응답을 했을 뿐 나머지 모든 항목에서 부정적 응답이 없었다. 특히 전체과제 활동 수행 시, 부분과제에서 초점화한 문법 형태의 사용 여부에 관한 질문은 9명(그렇다 : 8명, 매우 그렇다 : 1명)이 긍정적 응답을 하였다. 그런데 실제 과제 수행 과정에서는 교사가 제시한 텍스트 외의 표현들은 역할극에서 거의 나타나지 않았다. 학습자들은 자신들이 역할극 수행 과정에서 발화했기 때문에 텍스트에 포함되어 있는 표현이라고 해도 스스로 생산해 낸 문법 형태 표현이라고 생각하는 듯했다.

[표 41] SIT 3차 수업의 유창성 측정 항목에 대한 학습자 응답 결과

유창성	점수(인원 수)					
	1	2	3	4	5	평균
1. 전체과제 활동에서 자신의 생각을 오해 없이 전달했습니까?			5	6		3.5
2. 전체과제 활동에서 자신의 생각을 막힘없이 전달했습니까?			7	3		3.3
3. 전체과제 활동에서 자신의 생각을 표현할 때 충분히 길게 말할 수 있었습니까?			6	4		3.4
4. 전체과제 활동에서 (문법 형태보다는) 의사소통 전달에 더 신경을 썼습니까?		1	4	4	1	3.5
5. 전체과제 활동과 비슷한 실제 상황에서도 이 수업처럼 말할 수 있습니까?				1	9	3.9
6. 이 수업이 한국어를 자연스럽고 편하게 말하는 데에 도움이 된다고 생각합니까?				2	7	1	3.9
	합계 평균			3.59		

이 수업의 유창성 학습에 관한 학습자 설문의 합계 평균은 3.59였다. 문항 4를 제외하고는 부정적 응답이 없었다. 학습자들은 통제성이 약한 즉흥극의 특성상, 의무적 표현이 요구되는 제약이 없는 상태에서 자유롭게 역할극 내용을 구성하여 유창성을 충분히 발휘했다고 판단한 것으로 보인다.

[표 42] SIT 3차 수업의 관계성 항목에 대한 학습자 응답 결과

관계성	점수(인원 수)					
	1	2	3	4	5	평균
1. 이 수업에서 의사소통 상황에 맞는 대화를 학습할 수 있었습니까?			4	4	2	3.8
2. 이 수업에서 전체과제 활동 상황을 모두 이해했습니까?			1	8	1	4.0
3. 짝(그룹원)과 전체과제 활동 시 대화하는 사람의 관계(나이, 성별, 직업, 사회적 위치 등)를 고려하면서 말했습니까?			3	7		3.7
4. 짝(그룹원)과 전체과제 활동 시 대화가 일어나는 장소 (집, 회사, 공공장소 등)를 고려하면서 말했습니까?			1	9		3.9
5. 오늘 대화가 실제 의사소통 상황에서도 문제 없이 전달될 것이라 생각합니까?				5	5	4.5
6. 이 수업이 한국 생활과 한국 문화 이해에 도움이 되었습니까?			4	6		3.6
7. 이 수업이 실제 의사소통 상황을 이해하는 데에 도움이 된다고 생각합니까?			2	7	1	3.9
합계 평균				3.91		

즉흥극은 과제 수행 분석 결과에서도 알 수 있듯이 학습자들이 관계성을 적극 고려하며 과제를 수행하였다. 학습자 성장 평가에서도 관계성 학습에 관한 설문 합계 평균은 3.91이었다. 특히 관계성 문항에 대한 부정적 응답이 없었다. 학습자들은 최소한의 통제 아래에서 배역을 정하고 극을 구성했기 때문에 좀 더 창의적으로 역할극을 수행하였고, 이 과정에서 관계성에 대한 충분한 유사 경험을 하고 그것이 학습으로 이어졌다고 느낀 것으로 보인다.

1. 학습자 평가 결과 분석

1.1. OPI 평가 분석 방법

이 연구는 학습자들의 한국어 숙달도를 평가하기 위해 SIT 수업 전 OPI 평가[68]를 실시하고, SIT 수업 후 OPI 평가를 실시하였다. 말하기[69]는 한국어 교육이 지향하는 의사소통적 교육의 핵심에 있는 기능이다. 의사소통 과정에서 직접적이고 가시적으로 구현되는 능력이 바로 말하기이기 때문이다(강현주, 2013 : 1). 수업에 대한 학습자 효과 분석을 위해 이

---

68) OPI는 Oral Proficiency Interview의 약어로 구어 숙달도 평가를 위한 인터뷰 방식의 평가이다.

69) 한국어 교육계에서 말하기 능력을 평가하는 시험에 대한 요구가 높아지고 있지만 아직까지 말하기 평가는 시행되고 있지 않다. 한국어 능력 시험을 관리하는 국립국제교육원에서 단계적으로 말하기 시험을 시행할 계획을 갖고 있다고 수년 전부터 밝히고 있으나 현재까지 시행이 확정되지 않은 상태이다.

연구는 학습자 개별 분석을 실시하였다. 이는 SIT 수업이 실제 한국어 수업 시간에, 소수의 학습자를 대상으로 진행되므로 학습자 개별 분석이 가능할 것이라 판단했기 때문이다.

의사소통 능력 평가는 '숙달도(proficiency)'의 개념을 사용하여 평가한다. 숙달도란 외국어 평가에서 쓰이는 용어[70]로 1980년대부터 도입된 용어이다. 현재 외국어 교육에서 실시되고 있는 숙달도 평가는 ACTFL[71]의 OPI[72]와 FSI의 OPT[73]가 있다. OPI의 평가는 준거지향(criterion-referenced) 평가로, 평가자와 수험자가 면 대 면 인터뷰[74]로 진행되는 직

---

70) 숙달도(proficiency)란 그 언어의 지식이 아닌 기능적 측면을 강조한 것으로, 언어 수행 (performance)에 기반을 둔 언어 능력이다. 일반적으로 숙달도 평가는 특정한 교육 프로그램에서 학습한 것이 아닌 학습자가 갖고 있는 언어 능력을 측정하는 평가 방법이다(김청자 외, 2015 : 69).

71) ACTFL은 The American Council on the Teaching of Foreign Languages의 약어로 외국어 시험 시행 민영 기관이다.

72) OPI 평가에 대하여 신뢰도와 타당도에 관한 문제 제기가 있는 것도 사실이다. 윤은경 (2008)은 OPI가 평가가 그동안 Yoffe(1997), Lantolf & Frawley(1985) 등의 외국 학자들에 의해서 신뢰도나 타당성 측면에서 많은 비판을 받아왔다고 지적하면서, OPI에 대한 세부적인 비평을 하였다. 윤은경(2008)은 OPI가 숙달도를 측정하지만 말하기 숙달도(oral proficiency)에 대한 조작적 정의가 없음을 비판한 Yoffe(1997)의 의견에는 동의하지는 않았으나, 숙달도의 정의가 명확하지 않아 숙달도의 개념이 지나치게 기술적인 면에 치우치게 된 것은 문제라고 지적하였다. 또한 평가자 훈련과 관련된 채점자 간 신뢰도의 문제, 인터뷰 형식에 대한 문제, 평가 범주의 문제 등도 지적하면서, 이를 위하여 말하기 숙달도의 개념 및 구성 요인에 대한 재논의가 가장 우선되어야 하고, 형식과 기능이 통합된 평가에 대해 연구해야 한다고 주장하였다. 이러한 비판에도 불구하고 OPI 평가는 외국어 지식이 아닌 실제 의사소통 능력에 대한 평가를 한다는 점에서 평가의 의의를 찾을 수 있다.

73) FSI는 Foreign Service Institute의 약어로 외교관을 비롯한 공무원들의 외국어 숙달도를 평가하기 위한 시험이다. OPT는 Oral Proficiency Test의 약어인데 OPT 대신 FSI가 숙달도 평가 자체의 명칭으로 쓰이기도 한다(이동은, 2009 : 225).

74) OPI 평가는 기본적으로 평가자의 질문에 수험자가 대답하는 형식을 취한다. 인터뷰 후에 역할극을 실시하기도 하지만 역할극 하나에 다양한 관계성을 상정한 과제를 수행하기는 어렵다. 그러나 OPI 평가가 언어 지식에 대한 평가가 아닌 실제 수험자가 보유하고 있는 의사소통 능력을 평가할 수 있다는 점, 비록 다양한 상황을 제시할 수는 없으나 면 대 면 평가 후 역할극을 통해 사회적 상호작용을 부각시킬 수 있는 과제를 제시할 수 있다는 점 등의 장점이 있어 SIT 수업에서의 학습자 평가 도구로 OPI

접 평가이다.[75] OPI 평가자와 직접 평가를 할 수 없는 경우는 전화로 시험을 치를 수 있다(윤은경, 2008 : 4). OPI 평가는 면 대 면 평가로 이루어지기 때문에 다양한 상황에서의 사회적 상호작용을 관찰하는 데에는 한계가 있는 것이 사실이다. OPI 평가는 외국어 학습자가 도달 가능한 언어 능력의 단계를 계층적으로 나누고, 이 기준이 모든 언어에 적용될 수 있도록 평가 기준을 만들고 단계를 규정한 것이다(김정숙, 1994 : 260-262). 이 평가는 초급(novice)-중급(intermediate)-고급(advanced)-최고급(superior) 등 모두 4단계로 나뉘는데,[76] 최고급(superior) 단계를 제외한 각 단계는 다시 3단계(low-mid-high)로 세분화된다. 각 등급별 특성을 정리하면 다음과 같다.

평가를 설정하였다. 또한 한국어 말하기 능력 평가가 아직 마련되어 있지 않다는 점과 연구자가 OPI 평가자 교육을 수료한 현실적인 이유도 있었다.

75) OPI 평가는 전문적인 평가자 교육이 필요한 평가이다. 연구자의 경우 2012년 3월 15일부터 18일까지 OPI 평가자 워크숍에서 28시간 교육을 받고 수료하였다. OPI 평가자 자격증을 취득하려면 전 자격과 한정 자격을 위해 6-8개의 시험용 인터뷰 테이프를 녹음해서 제출해야 한다. 나카가와(2010)에서는 한국어 교육에서 OPI 관련 연구가 있으나(박미라(2003), 김종국 외(2006)) 실증적 연구가 아닌 문헌 연구를 통하여 OPI의 문제점을 제시한다고 하였다. 그러나 실증적 연구를 실시한 박성원(2002)은 연구자가 OPI 평가자 교육을 받지 않고 워크숍 수료자의 지도하에 평가를 실시했기 때문에 연구의 한계가 있다고 지적하였다. 하지만 OPI 평가 자격증을 취득해도 OPI 평가자로 활동할 수 있는 기회가 거의 없으며, 자격 또한 유효 기간이 2년에 불과하다. 한국에서 OPI 평가자로 활동할 수 있는 여건이 충분하지 않은 상황에서 자격증을 취득하는 것은 여러 가지 제한이 따르며, 자격증 보유만을 위해서 자격증 취득 신청을 해야 한다는 점은 아쉬운 점이다.

76) 최근에는 OPI 평가 단계에 Superior 단계보다 한 단계 위인 Distinguish 단계가 추가되었다. 그러나 이 단계는 원어민 전문가 수준의 숙달도 수준으로, 실제 평가에서는 평가 항목에서 제외하고 있는 경우가 대부분이다. Distinguish 단계의 학습자는 대학 강의자 수준의 발화가 가능하며, 텔레비전의 전문 분야의 토론이 가능하고, 자신의 전공 분야가 아니더라도 단락 수준의 발화, 주제의 확장 등이 가능하다.

[표 43] OPI 평가 등급과 등급별 특성(김정숙, 1994 : 263)

	과제/기능	범주	내용	정확성	발화 단위
최고급	의견지지, 추상화, 가정, 효과적 토론	대부분의 공식, 비공식 상황	흥미 있는 주제, 전문적인 내용, 구체적, 추상적, 친숙지 않은 주제	오류가 의사소통 방해 안 함	확장된 담화
고급	모든 시제와 상 이용, 묘사, 설명 가능	대부분의 비공식, 일부 공식 상황	흥미 있는 구체적, 실질적 주제	외국인에게 익숙지 않은 청자도 이해 가능	문단
중급	간단한 질문, 대답, 간단한 1:1 대화 상황	일부 비공식 상황, 제한된 업무 상황	자신이나 주변 환경 관련 주제	반복해야 외국인에게 익숙지 않은 청자 이해	분절문, 문장 연쇄
초급	상투적 표현, 나열	예측 가능한 일상생활	일상생활 중의 분절 요소	외국인에게 익숙한 사람도 이해 힘듦	고립된 단어, 구

OPI의 질문 방식77)은 한 가지 소재나 주제를 등급에 따라 나선형으로

---

77) 이동은(2009 : 234-235)에서는 OPI 평가를 과제 유형 별로 분석하고 제시하였는데, 그 분류는 다음과 같다.
① Novice Tasks
－'예/아니요'로 대답할 수 있는 질문 : 예) 한국 친구가 있어요?
－부가 의문문으로 구성된 질문 : 예) 학생이에요? 회사원이에요?
－사실/정보에 대한 질문 : 예) 언제 고향에 가요?
② Intermediate Tasks
－간단한 일상 대화 : 예) 주말에 보통 뭐 해요? / 고향에 가면 뭐 하고 싶어요?
－수험자 질문 : 예) 저에게 질문을 해 보세요 / ○○ 씨는 지금 기자입니다. 저는 유명한 야구선수인데, 저와 인터뷰를 해 보세요.
－기본적 생존 상황 : 예) 기숙사에 사는데 기숙사 식당이 문을 닫으면 어떻게 해요? / 안경이 깨졌어요. 안경점에 가서 어떻게 말할 거예요? 저에게 말해 보세요.
③ Advanced Tasks
－이야기하기 : 예) 축구를 좋아하시면, 기억에 남는 축구 경기는 어떤 경기인지 저에게 이야기해 주세요.
－묘사하기 : 예) 급하면 택시를 자주 타시는군요. ○○ 씨가 택시를 탔다가 접촉사고가 났어요. 경찰관에게 사고 경위를 설명해 보십시오.
－복잡한 상황 해결하기 : 예) 야근 때문에 회사에 남아 있는데 화장실에 다녀오니 문이 잠겨 있네요. 자동으로 잠기는 장치가 있어서 혼자 열 수 없는데 경비실에 가서 상황을 설명하고 문을 열어 달라고 말해 보세요.

확장하는 방식을 취하고 있다. 다시 말해, 도입 단계인 warm-up 단계에서 평가자가 정보 탐색을 위해 던진 개인 정보에 관한 것들 중 하나를 선택하여 등급이 올라갈수록 심화 질문을 하는 것이다. 예를 들어, 제주도 여행이 좋았다고 하는 수험자에게는 중급 단계인 intermediate 단계에서는 '제주도 여행에서 뭐 하셨어요?'라는 간단한 질문으로 시작하고, 이것에 대해 수험자가 충분히 대답하면 고급 단계인 advanced 단계로 상승 가능한지를 판단하는 질문들을 던지게 된다. '제주도에 외국 사람들이 많이 가는데요, ○○ 씨가 제일 좋았던 곳이 어떤 곳인지 자세히 설명해 주세요.'로 자신이 여행했던 곳을 묘사하게 하는 질문을 할 수 있다. 학습자가 최고급 단계인 superior 학습자라면 '최근 제주도도 개발 문제로 상당히 시끄럽습니다. 수요가 많으니까 제주도를 적극 개발해야 한다는 의견이 있고 아름다운 자연 환경을 절대로 훼손해서는 안 된다는 의견도 있습니다. ○○ 씨가 제주도지사라면 어떤 입장에 서서 도민들을 설득하실지, 도지사가 되어서 한 번 말해 보세요.'와 같은 확장 질문을 할 수 있다(이동은, 2009 : 238).

이 연구는 SIT 전 실시한 OPI 평가와 SIT 수업 후 실시한 OPI 평가를 분석하여, 학습자들의 숙달도 향상 여부를 조사하였다. 조사를 위해 이 연구는 SIT 수업 전후에 실시하는 OPI 평가 과정을 녹음한 후 전사하고, 이 자료를 바탕으로 평가 목록표를 작성한다. 다음은 ACTFL에서 제시한

④ Superior Tasks
－의견 피력하기 : 예) 도시 개발과 환경 보호 문제
－가정하기 : 예) 인터넷 실명제가 전면적으로 실시된다면 현재의 인터넷 환경은 어떻게 변할 것 같습니까?
－추상적 주제에 대해 토론하기 : 예) 토론 동아리에서 토론을 합니다. 요즘 사람들이 독서를 많이 하지 않는다고 하는데요. 독서가 삶의 질에 영향을 준다고 생각하십니까? 찬성이나 부정의 의견을 말해 보세요.
－친숙하지 않은 상황에서 말하기 : 예) '외국인 글쓰기 대회'에서 대상을 타셨는데요. 소감 한 말씀 부탁드립니다.

OPI 평가 목록표78)이다.

[표 44] OPI 평가 목록표(ACTFL, 2011 : 28)

과제	과제 수준	주제 (Topic)	질문	등급 수준에 맞는 대답 여부			판단 근거 및 예
				Y	P	N	

1.2. SIT 수업 전 OPI 평가 결과

이 연구에서 OPI 평가를 실시한 이유는 언어 수행 능력을 평가하는 OPI 평가가 학습자들의 한국어 의사소통 능력을 평가하는 데 적합할 것이라고 판단했기 때문이다. 이에 학습자들이 보유하고 있는 의사소통 능력을 측정하기 위하여 SIT 수업 전 OPI 평가를 실시하였으며, 평가자와 학습자의 대화 내용을 토대로 OPI 평가 목록표를 작성하였다.

---

78) 목록표에 기재되어 있는 항목 중 과제는 중급 단계 판정을 위한 단순한 문장 혹은 문장의 나열을 요구하는 짧은 대화, 고급 단계 판정을 위한 묘사하기, 진술하기 문제 해결하기 과제, 최고급 과제 판정을 위한 의견 피력하기, 가정하기, 추상적 주제에 관해 토론하기, 익숙하지 않은 상황에서의 말하기 중에서 어떤 과제를 선택했는지를 기입하는 항목이다. 이 과제에 따라 과제 수준이 결정될 것이며, 평가자는 주제(topic)를 선택하여 질문을 한다. 이때 질문은 도입 단계(warm-up)에서 학습자와 주고받은 대화에서 정보를 얻어 구성한다. 학습자가 등급 수준에 맞는 대답을 했으면 Yes에 체크하고, 그렇지 않으면 No에, 부분적으로 대답했다고 판단되면 Partially에 체크한다. 그 후 판단의 근거를 작성하고, 필요하면 그 예를 기입한다.
이 연구는 학습자들의 이 목록표에서 판단 근거 및 예를 제외하고 구성하되, 단계 판정 판단의 근거가 되는 예들을 별도로 제시하였다.
또한 이 연구는 평가를 이끌어갈 정보를 얻고 학습자들의 심리적 안정을 주기 위한 도입 단계(warm-up)와 평가를 끝맺는 마무리 단계(wind-down)를 제외한 질문들을 수록하였다. 부록 참조.

(1) 학습자 A

학습자 A는 타지키스탄 출신의 학습자이다. 한국어 공부 기간이 3년이
지만 고국에서 모어로 한국어 수업을 들었기 때문에 전반적인 한국어 실
력이 고급반 수준에 미치지 못하였다. 이 학습자의 SIT 수업 전 OPI 평
가는 I-L(중급-하) 단계였다. 학습자 A는 외우지 않은 것을 말할 수 있는
문장 생성 능력이 있고, 고립된 단어로 대답하지 않아 I-L 판정을 받았
다. 다음은 학습자 A의 OPI 평가의 일부이다.

> 평가자 : 친구들을 만나면 보통 뭐 하세요?
> 학습자 A : 그냥 얘기해요 한국어 대해서, 한국 대해서, 드라마 얘기
> 해요.
> 평가자 : 드라마에 대해서는 어떤 얘기를 하세요?
> 학습자 A : 그냥 어떤 드라마 봤어요, 그 드라마 중에 어떤 배우가 잘
> 생겨요, 좋은 일을 했어요, 그런 얘기해요.
> 평가자 : A 씨는 왜 한국 드라마를 보세요?
> 학습자 A : 한국 드라마를 보면 한국어를 많이 알 수 있어요. 배울 수
> 있어요. 드라마 도와줘요.
> 평가자 : 드라마 본 것 중에서 재미있는 대사가 있어요?
> 학습자 A : 대사? 대사? 대사 몰라요.

학습자 A가 중급의 3단계 중에서 중이나 상 단계의 판정을 받기 위해
서는 중급 단계의 과제를 안정적으로 수행하고 고급 단계의 과제 중에서
도 불완전하게나마 수행할 수 있는 과제가 있어야 한다. 그러나 학습자
A는 모든 고급 질문에 단계에 맞는 대답을 하지 못했다. 위의 예시와 같
이 친구들과 만나서 보통 뭘 하느냐는 질문에 드라마에 대한 이야기를
한다고 대답하였는데, 평가자의 이 질문에 적극적이고 구체적인 이야기
를 하지 못하였다. 또한 간단한 문장 연쇄는 가능하였으나 고급 질문에

는 단락으로 대답하지 못하거나 말할 수 없다는 답을 하고, 웃음으로 회피하기도 하였다. 그리고 일상 어휘 외 '대사' 등과 같은 중급 어휘도 이해하지 못해 고급 판정을 받기에는 무리가 있었다.

(2) 학습자 B

학습자 B는 중국 학습자이다. 이 학습자는 3년 동안 한국어를 공부했으며, 한국에서 8개월 동안 유학 생활을 했다. 이 학습자는 한국에서 고급 학교 진학 계획이 없기 때문에 학문적 목표보다 유창성 향상에 특히 관심이 있었다. 고급 반 교재 내용을 다소 어려워하였지만 성실한 자세로 예습 및 복습을 철저히 하는 학습자였다. 학습자 B의 SIT 수업 전 OPI 평가는 I-M(중급-중) 단계였다. 학습자 B는 시제 사용과 묘사, 설명이 부분적으로 가능하였고, 발음 및 표현에 있어서도 외국인에게 익숙하지 않은 청자도 쉽게 이해할 수 있는 정확성을 갖고 있었다. 다음은 학습자 B의 OPI 평가의 일부이다.

> 평가자 : 한국 음식하고 고향 음식의 차이점은 어떤지 설명해 주세요
> 학습자 B : 아, 중국 음식은 좀 느끼해요. 한국 음식보다. 요리. 요리하는 방법. 중국, 중국 사람들은 그냥 볶음 너무 좋아해요. 근데 한국 사람들은 별로 안 좋아하는 것 같아요. 음. 제가 생각하기에는 아마 중국에 야채 너무 많아서, 그래서 야채 먹는 방법도 많아졌어요. 어, 네. 그리고 양식도 많아서 그래서 그 기름을 만들었어요. 네.
> 평가자 : 한국에도 볶음이 있지만 중국 사람만큼 좋아하지는 않는 것 같아요. 왜 그럴까요?
> 학습자 B : 글쎄요, 저도 잘 모르겠어요. 아마 그냥 음식 차이는 그, 어. 지역에 따라 다 달라요
> (…중략…)
> 평가자 : 여행할 때 교통을 편리하게 이용하려면 어떻게 하면 좋을까요?

학습자 B : 돈 있으면 아마 비행기 표를 사면 좋겠어요. (웃음)

한국 음식과 중국 음식을 비교하는 과제에서 학습자 B는 완결되지 않은 문장이 있었고, 단락으로 확장되지는 않았으나 단락 생성의 시도가 있어 부분적으로 과제를 수행한 것으로 판단되었다. 그러나 한국 사람들보다 중국 사람들이 더 볶음 음식을 많이 먹고 좋아하는 이유에 대한 진술을 요구하는 과제에서는 자신의 의견을 제대로 진술하지 못하고 '모르겠다', '지역마다 다르다'로만 대답하였다. 짧은 문장, 문장 연쇄가 대부분이었으며, 단락을 구성한 대답은 불완전했고, 고급 과제를 성공적으로 수행한 것은 한 번에 불과했다. 위의 예처럼 여행 중 한국의 교통 문제에 대해 지적하는 학습자에게 평가자는 교통의 편리한 이용을 위한 개선책을 질문하였다. 그러나 이 학습자는 평가자의 질문의 의도를 파악하지 못하고, 단순한 대답을 하면서 진술을 회피하였다.

(3) 학습자 C

학습자 C는 미얀마 학습자이다. 학습자 C는 미얀마에서 대학 재학 중 대만으로 유학을 한 후 다시 교환학생 신분으로 한국에 왔으며, 한국어 능력 시험은 5급 자격증을 갖고 있다. 이 학습자의 SIT 수업 전 OPI 평가는 A-M(고급-중) 단계였다. 학습자 C는 설명, 묘사가 가능하고 단락의 길이로 발화가 가능해 고급 단계 요건을 충족하였다. 중급 수준의 단순 질문에도 단락을 형성하고, 모든 질문에 막힘없이 대답하였다. 그러나 의견 지지, 토론 등의 시도는 있었으나 최고급 수준의 정확성을 발휘하지 못했고 확장된 담화로 이어지지 않았다. 평가자가 상한선 탐색을 위해 최고급 단계의 질문을 던졌으나 대답이 비교적 평이하였으며, 추상적이고 전문적인 내용의 발화를 하지 못하였다. 또한 역할극에서는 맥락에 맞지 않은 답을 하여 A-M으로 판정되었다. 다음은 학습자 C의 OPI 평가 중 일부이다.

평가자 : 처음 가고 싶어 했던 도서 관리학과는 어떤 곳인지 설명해 주세요.

학습자 C : 네. 그 도서 관련 시스템에 관심이 많아요. 책이 어떻게 편집하는지, 어떻게 나오는지, 어떻게 나오면 다들 편리하게 볼 수 있는지 알고 싶었어요. 도서 관리학과는 그런, 시스템, 시스템을 배우는 곳이에요. 책이 나오는 과정을 배우고, 편집하고 인쇄되는 거 공부하는 학과예요.

(…중략…)

-역할극-

평가자 : 대표님, 요즘 인터넷 소설도 많은데 독자들이 인터넷 소설도 좋아합니까?

학습자 C : 매체 그거 아주 기본 문제입니다. 지금 조사도 아주 많아요. 책을 만지는 거 좋아하는가, 아니면 핸드폰으로 보는 거 좋아하는가 아주 비슷하게 조사 나왔어요. 사람들이 편리하게 아마 핸드폰으로 봐요. 봅니다. 근데 핸드폰은 제한이 있어요. 내용이 다 나오지 않아요. 사람, 작가도 책에는 내용이 나오고 핸드폰은 다 나오지 않아요. 다 이해하려면 책을 봐야 해요.

평가자 : 인터넷 소설로만 발행되는 소설 중에는 로맨스 소설과 같이 흥미 위주의 내용들이 많던데요. 특별한 이유가 있다고 보십니까?

학습자 C : 생활이 아주 곤란해서 아마 책을 읽는 거 어떤 사람한테 부담이 되는 것 같아요. 어떤 사람이 자기 혼자 하는 시간이 필요한 사람이 책을 읽으면 공부하는 것처럼 같아요.

평가자 : 대표님, 사람들이 책을 좋아하는 날이 다시 올까요?

학습자 C : 인터넷이 지루하면 그런 시대는 다시 올 수 있죠. 인터넷이 없으면 아마 옛날처럼 사람들을 다 차가운 사람처럼 되지도 않고 요즘 도시 사람들 너무 차가우니까 분위기가 따뜻해질 것 같아요.

한국어 학습자를 위한 사회적 상호작용 과제 수업 연구

학습자 C는 긴장하지 않고 자신감 있게 발화하였다. 또한 비공식적 대화는 큰 무리 없이 대화를 하였다. 그러나 OPI 평가의 마지막 단계에서 실시한 최고급 단계 수준의 역할극은 단계 수준에 맞는 발화를 하지 못하였고, 맥락에도 맞지 않아 과제 수행에 실패하였다. 이 역할극은 출판사 대표와 기자의 인터뷰 형식으로 구성되었는데, 관계성을 고려하면 격식체를 사용한 공식적 어투로 대화가 진행되어야 했다. 학습자 C는 자신의 발화의 문제점을 파악하여 '사람들이 편리하게 아마 핸드폰으로 봐요.'로 답했다가 재빨리 '봅니다'로 수정하여 발화하였다. 또한 '싫증나다' 대신 '지루하다'를 사용하여 문장이 어색해지고, '냉소적인', '정이 메마른' 등의 표현 대신 '차가운'을 사용하는 등 의미의 정확성(accuracy)[79]을 제대로 표현하지 못하였다.

(4) 학습자 D

학습자 D는 중국 학습자이다. 이 학습자는 중국에서 3년 동안 한국어를 공부하였으며, 현재 한국에서 4개월 거주하고 있다. 또한 취업을 목적으로 한국어를 배우고 있으며, 고급 학교 진학 계획은 없다. 학습자 D의 SIT 수업 전 OPI 평가는 I-M(중급-중) 단계였다. 학습자 D는 모든 대답에 단락으로 대답하려고 시도하였으나 상당 부분을 실패했다. 또한 이 학습자는 시제 사용의 오류가 많았는데, 모든 시제에서 현재 시제를 사용하여 고급으로 판정 받을 수 없었다. 다음은 학습자 D의 OPI 평가 중 일부이다.

---

79) OPI 평가에서의 정확성은 이 연구에서의 목표 형태 정확성과 다른 개념이다. OPI 평가에서의 정확성은 의사 전달의 용인성, 질 그리고 정밀성을 의미하며, 이 정확성의 하위 범주로 유창성(fluency), 문법(grammar), 화용적 능력(pragmatic competence), 발음(pronunciation), 사회 언어적 능력(Sociolinguistic competence), 어휘(vocabulary) 등이 있다(박성원, 2002 : 28).

평가자 : 취미가 뭐예요?

학습자 D : 수영, 수영은 나 어렸을 때부터 물 좋아요. 나 어머니는 강
주변에 살, 살, 살, 살아서 나 자주 수영을 해요. 수영은 몸의
건강뿐만 아니라 그 다이어트도 되, 되, 도움을 줄 수 있어요

(…중략…)

평가자 : 사람들은 건강을 위해서 D 씨처럼 운동을 하기도 하고 건강
식품을 먹기도 하는데 D 씨는 건강해지려면 가장 필요한 게
뭐라고 생각해요?

학습자 D : 음식… 음식을…. 신중하게 선택하는데 음식… 음식은 건강
에 제일 중요하지 않아요. 제가 생각하기에는 운동 제일 중요
해요.

평가자 : 음식보다 운동이 더 중요해요?

학습자 D : 운동보다 음식은 그… 매일 자기 아마 음… 가족마다 다 자
기 준비하기 아니에요. 그래서 운동은 몸이 안 운동하며 점점
운동 기관이 다 나빠질 거예요

평가자 : 수영의 좋은 점을 이야기해 보세요.

학습자 D : 수영이에요. 수영은 몸이 다…어…동시…어… 같이…음…운동
하면 그…조절 능력이 있어요.

학습자 D는 평가자와 대화를 하면서 계속해서 '저' 대신 '나'라고 사
용하였다. 과거 시제를 사용하지 않고 거의 현재 시제로 사용하였다. 모
어의 영향이 남아 있어 조사 생략이 많았으며, 문법적 오류도 많아 중급
단계에 머물렀다. 한국 음식과 중국 음식의 비교, 한국의 한국어 수업과
중국의 한국어 수업의 차이점, 제주도 묘사하기 등 고급 단계 과제는 부
분적으로 수행하거나 실패했다. 이 학습자는 높임말과 반말의 정확한 사
용, 시제의 정확한 사용, 조사 생략의 문제 등이 문제점으로 지적되었다.

(5) 학습자 E

학습자 E는 타지키스탄에서 한국어를 전공하는 대학생이다. 이 학습자

는 한국어를 2년 동안 공부했고 한국에서 9개월 거주했다. 토픽 자격증은 2급을 보유하고 있다. 학습자 E의 SIT 수업 전 OPI 평가는 N-M(초급-중) 단계였다. 사전 문법 평가 점수는 토픽 중급은 60점, 고급은 35점으로 문법 지식과 언어 수행 능력의 차이가 큰 학습자이다. 학습자 E는 평가자의 질문에 상당 부분 문장으로 대답하지 않고 고립된 단어로 대답하였다. 쉬운 어휘도 휴지를 두어 생각하거나 대답을 회피하였다. 또한 문장 발화의 경우도 외워서 대답하거나 평가자의 질문을 그대로 따라하는 경우가 많아 문장 생성 능력이 있다고 보기가 어려웠다. 다음은 학습자 E의 OPI 평가의 일부이다.

[warm-up 단계]
평가자 : E 씨는 어느 나라 사람이에요?
학습자 E : 타지키스탄 사람.
평가자 : 몇 살입니까?
학습자 E : 스물두 살.
평가자 : 오늘이 몇 월 며칠이에요?
학습자 E : 오늘? 27.
평가자 : 생일이 언제예요?
학습자 E : 25일 3월에.

(…중략…)

[수준 체크 및 탐색 단계]
평가자 : 어디에서 아르바이트 해요?
학습자 E : 음, 닭 공장에서, 주말에.
평가자 : 지난 주말에 일했어요?
학습자 E : 닭 공장에, 지난달에 갔어요.
평가자 : 공장에서 일하는 게 힘들지 않았어요?
학습자 E : 힘들어요. 저는 일이 너무 필요했어요.
평가자 : 왜 필요해요?
학습자 E : 음... 여기에 산 지 조금 힘들어요 근데 돈이 필요해요.

학습자 E는 학습자에 대한 정보를 탐색하고 평가를 준비하는 도입 단계(warm-up 단계)에서부터 단어로만 대답하였고 문장 발화를 하지 못하였다. 이 학습자는 평가자의 모든 질문에 고립된 단어, 혹은 짧은 문장으로 대답하였다. 중급 단계는 문장 발화 능력이 필수이다. 이 학습자는 많은 질문에 고립된 단어로 대답하여 중급 단계가 될 수 없었으며, 문장의 연쇄 등으로 내용을 풍부하게도 하지 못하였다. 또한 문장 생성 능력을 평가하기 위한 '평가자에게 질문하기'도 부분적으로만 수행하여 N-M(초급 중) 단계에 머물렀다.

(6) 학습자 F

학습자 F는 대만 학습자이고, 한국어를 4년 동안 공부하고 있으며, 교환학생 신분으로 3개월 전에 한국에 왔다. 이 학습자는 토픽 6급 자격증을 갖고 있는데, 학습자 스스로 아직 말하기 실력이 부족하다고 자평하는 학습자이다.[80] 이 학습자는 한국에 대한 호기심으로 한국어 공부를 시작했으며, 앞으로 대학원 진학을 목표로 하고 있다. 학습자 F의 SIT 수업 전 OPI 평가는 A-L(고급-하) 단계였다. 학습자 F는 일부 공식 상황에서는 의사소통이 가능하나 대부분의 공식 상황(학회, 기업 회의 등)에서 의사소통하기에는 부족한 실력이다. 정치·경제 부분 등에 대한 의견 피력하기나 가정하기 과제에서는 더듬거림이 지나치게 많아지고 적절한 단어를 생각해내지 못했다. 다음은 학습자 F의 OPI 평가 중 일부이다.

> 평가자 : 대만과 한국 문화가 비슷하다고 생각합니까?
> 학습자 F : 비슷하지 않아요. 안 비슷하다고 생각해요. 민족성 정말 많이 달라요. 왜냐하면 대만 사람 보통 우유부단해요. 한국 사

---

80) 사전 학습자 요구 분석에서 학습자 F가 다른 영역의 한국어 실력에 비해 말하기 능력이 부족하다고 밝혔다.

람...아... 어떻게 말해요? 공부할 때 정말 집중하고 그냥 자신의 목표로 가요. 도서관에 가서 와... 그 기분이 완전히 달라요. 그리고... 어... 도시의 분위기도 달라요. 사람들이 항상 급하게 보여요. 그런데 대만 사람들은 여유롭게? 항상 여유로운 것 같아요.

평가자 : 왜 그런 차이가 있는 것 같아요?

학습자 F : 제 생각에는 날씨 같아요. 날씨가 더우면 아무 것도 하기 싫어요. 그리고 아마 자원 그... 한국의 자원... 자원이 적어서 사람들이 더... 자기 위해... 하는 성격이에요. 대만 사람은 뭐.... 자원이 많은데 신경 쓰지 않아요. 그... 방면 대해.

(…중략…)

평가자 : 어떤 광고가 효과적인 광고인지 말씀해 주세요.

학습자 F : 사람의 공명을 받는 게 좋은 광고라고 행각해요. 음... 그거... 보험 광고요. 음... 잠깐만요. (웃음) 보험 광고... 왜냐하면 사람 언제 죽은지 잘 몰라요. 그 보험을 사는 게 보통 뭐... 가족들에게 어떤 그... 그거 뭐지? 보장? 보장되는 거예요. 그 광고에서는 그 아버지는 항상 위험한 그... 환경에서 일하고 있어요. 그 보험... 그 월급을 받았는데 보험을 샀어요. 왜냐하면 아이들에게 보장을 주고 싶어요. 그래서 광고를 봐서 원래 그 보험이 이렇게 중요..하는 게...알게 됐어요.

학습자 F는 대만과 한국 문화 비교하기와 같은 고급 질문에서 길지는 않지만 자신이 생각하는 차이점을 적절한 단어를 사용하여 발화하였다. 대만과 한국의 차이가 날씨 때문이라고 분석하고 있는 이 학습자는 날씨에 대한 분석이 더 깊고 세밀할 수 있었으나 대충 넘어갔다. 이에 평가자가 상한선 탐색(ceiling)을 위해 날씨와 성격의 관계를 질문하였으나 그에 관해서는 인상적인 대답 없이 마무리하였다. 또한 효과적인 광고에 대한 의견을 피력하는 최고급 단계 질문에서도 효과적인 광고에 대한 일반적인 조건을 설명하지 않고 자신이 본 광고 중에 한 편을 소개하는 것에 그쳐 과제 수행에 실패하였다.

(7) 학습자 G

학습자 G는 교환학생 신분으로 한국에서 공부하고 있으며, 한국 대학원 진학을 목표로 하고 있는 중국 학습자이다. 한국 거주 기간은 3개월이며, 토픽 자격증은 4급을 보유하고 있다. 학습자 G의 OPI 수업 전 OPI 평가는 A-M(고급-중) 단계로 판정되었다. 학습자 G는 격식체를 잘 사용하지 못하는 학습자여서 공식 상황에서 관계성의 부족으로 적절한 의사소통을 하지 못하였다. 특히 평가자와의 대화에서도 반말이 튀어나오는 등 상대와 장소에 맞는 발화를 하지 못하였다. 다음은 학습자 G의 OPI 평가 중 일부이다.

> 평가자 : 대학원에서 전공은 뭘로 할 거예요?
> 학습자 G : 전공은 토목 있는데 대학원생 신청할 때 바꾸고 싶어요. 그냥 한국어 교육 아니면 여행 관리 있잖아, 이 정도 조금만 간단한 게 전공인데 제가 전공을 바꾸니까 너무 어려운 전공을 배우면 저한테 좀 힘들 것 같아요.
> (…중략…)
> 평가자 : (중국에서도 입시 경쟁이 치열한데) 이렇게 경쟁하면서 하는 공부에 어떤 가치를 찾을 수 있을까요?
> 학습자 G : 다른 사람들은 다 이렇게 말하는데 이 시험은 중국에서 단 하나만 공평적인 시험이다. 나중에 사회에 들어가고 사실은 능력 아니면 능력 선점은 그냥 중요하지 않고 그냥 인맥 그런 거. 그냥 부자 둘째. 이 시험은 우리한테 가장 인생에 한 번만 공평적인 시험이에요.
> (…중략…)
> 평가자 : 빈부격차 해소를 위해서는 국가적 차원의 대책도 필요할 것 같은데 어떻게 생각하세요?
> 학습자 G : 내 생각에는 할 일이, 그냥 어, 예를 들면 상해 회사. 회사가 상해 사람만 받지 마세요. 그냥 모든 사람들이 받을 수 있다면 좋아요. 그런데 이거는 아직 아니에요.

학습자 G는 한국 친구들과 사귀면서 독학으로 한국어를 익혔다. 이러한 영향으로 상황에 맞지 않은 구어체를 사용하기도 하고, 평가에 임하면서도 평가자에게 '여행 관리 있잖아'와 같은 반말을 구사하기도 하였다. 이 학습자는 모든 질문에 자신이 표현하고자 하는 내용을 풍부하게 담아 발화하였으나 문법적 오류와 반말, 지나친 구어체의 사용으로 인한 사회적 상호작용 실패가 많아 단계로 인정되지 못하였다.

(8) 학습자 H

학습자 H는 중국 대학에서 한국어를 전공하고 있는 학생이다. 한국어를 공부한 기간은 3년이며, 8개월 전에 교환학생으로 한국에 왔다. 이 학습자는 토픽 4급 자격증을 갖고 있고, 한국 대학 진학 계획은 없다. 학습자 H의 SIT 수업 전 OPI 평가는 I-L(중급-하) 단계로 판정되었다. 학습자 H는 토픽 4급 자격증을 보유하였지만 이에 비해 언어 사용 능력은 떨어지는 학습자이다. 다음은 학습자 H의 OPI 평가 중 일부이다.

> 평가자 : 지난 주말에 뭐 했어요?
> 학습자 H : 지난 주말에, 토요일에 음... 아침... 그... 가게... 채소 좀 사고 오후에 친구랑 농구했어요 일요일에 저는 아, 토요일 저녁에 아... 일을 친구들이 소개해서 일요일에 일당했어요
> 평가자 : 농구는 보통 누구하고 합니까?
> 학습자 H : 친구. 친구 중국 사람이 많아서 친구랑 농구해요
> 평가자 : 음... 농구를 왜 좋아하세요?
> 학습자 H : 음... (웃음) 말할 수 없어요. 그냥 좋아요
> 평가자 : 농구는 인기 있는 운동인데 사람들이 왜 농구를 할까요?
> 학습자 H : 그. 건강을 위해서, 그리고 스트레스를 많이 받아서 스트레스를 풀, 풀, 풀리는 것 위해서 농구를 해요.
> 평가자 : 농구를 하면 건강이 좋아져요?
> 학습자 H : 네. 땀이 너무 많이 나서 몸에 그... 안 좋아하는... 안 좋은

거...어...몸에서 나갔어요.

(⋯중략⋯)

−평가자에게 질문하기−

학습자 H : 선생님, 선생님은 이 수업이 끝난 후에 뭐 할 거예요?

평가자 : 저는 수업이 끝난 후에 점심을 먹고 또 수업을 할 거예요.

학습자 H : 선생님, 여행, 여행을 가고 싶은데 어디...어디를 좋아요?

평가자 : 아, 부산도 좋고 제주도도 좋아요. H 씨는 제주도에 가 봤어요?

학습자 H : 아니요, 안 가 봤어요. 제주도 비행기, 조금 비싸지요?

평가자 : 비쌀 때도 있지만 쌀 때도 있어요. 방학 때 가면 비싸지 않을 거예요.

학습자 H는 주말에 한 일 등과 같은 단순한 질문에 대한 대답이 어렵게 나왔으며, 주저하거나 머뭇거림, 더듬거림이 심하였다. 또한 대답이 단락으로 이어지지 못하고 평가자의 질문에 대응적으로 대답하는 경우가 많았다. '아르바이트를 하다'를 '일당하다' 등으로 사용하는 등, 단어 사용이 부적절했으며, 직접적인 정보를 묻는 간단한 질문도 상당히 어렵게 대답하거나 대답을 회피하였다. 그리고 조사 생략 등 모어의 영향을 받은 표현도 많았으며, 시제 사용의 불안함도 관찰되었다. 중급 과제를 완전히 수행하지 못한 것이 하나라도 있으면 중급 판정을 받을 수 없다. 그러나 이 학습자는 특이하게도 고급 수준의 질문에는 오류와 모국어의 영향이 있었으나 긴 문장의 연쇄가 이어졌고, 자신의 견해를 천천히 발화하였다. 이 학습자는 외운 문장을 말하지 않고 스스로 문장을 생성하는 것이 가능하였는데, 이것이 대답 및 질문하기 과제에서 확인되어 중급 과제의 불완전 수행이 발견되었음에도 최종적으로 중급 하 단계로 판정되었다.

(9) 학습자 I

학습자 I는 중국 국적의 학습자이며, 대학교에서 한국어를 전공하고 있다. 현재 취업 목적으로 한국어 공부를 하고 있으며, 서울 K대학교 3학년 편입을 준비하고 있다. 학습자 I의 SIT 수업 전 OPI 평가 등급은 A-L(고급-하) 단계였다. 학습자 I는 발화 속도가 느린 편이고 발음이 명확하지 않지만 문장을 생성하고 단락을 형성할 수 있는 능력이 있는 학습자이다. 자신에게 익숙한 주제에 대해서는 대화에 적극적으로 참여한다. 모어의 영향이 있고 문장 생성을 위한 머뭇거림이 있기는 하지만 모든 고급 과제를 성공적으로 수행하였다. 아래는 학습자 I의 OPI 평가 중 일부이다.

평가자 : 한국 드라마가 사람들을 몰입하게 하는 원인은 뭐라고 생각하십니까?

학습자 I : 우리 다 보통 사람이에요. 돈이...돈이 없고 일도 많이 해요. 그런데 드라마에는 다 부자예요 그리고 다 멋있고 예뻐요 특히 드라마, 영화는 그냥 다 돈이 없는 사람들이 볼 수 없는 거 많아요. 우리는 아무 것도 없잖아요. 그냥 다 열심히 일하고 있고 사랑하는 것은 너무 힘든 것 같아요.

평가자 : 현실에서 볼 수 없는 걸 볼 수 있기 때문에 한국 드라마를 좋아하는 거군요. 그런데 그런 비현실적인 드라마를 많이 보면 문제점은 없을까요?

학습자 I : 좋은 장점도 있어요. 그... 음... (웃음) 남자는 돈이 많이, 돈이 많은 남자... 주인공 보면 아마도 열심히 일, 일할 것 같아요. 여자 주인공 닮고 싶어서 마음이...

(…중략…)

평가자 : 교환학생으로 외국에서 공부하는 것을 다른 학생들에게도 추천하겠습니까?

학습자 I : 네. 추천하고 싶어요 한국에 와서 내가 많이 변했어요 중국에 있을 때 알바 한 번도 안 해 봤어요 그리고 어떤 힘든 일

있을 때 그냥 부모님이나 친구한테 도와 달라고 해요 하지만 한국 와서 그냥 친한 친구이나 부모님도 멀리, 멀리 있어 도움이 많이 못줘서 전부 다 혼자 해요 혼자 하니까 많이 성장하는 것 같아요 알바도 경험 생겨서 돈도 혼자 벌었어요 그 느낌 많이 좋아졌어요 작은 큰, 작은 큰 성인될 것 같아요. 여기에 와서 외국인 열심히 하는 모습을 봐서 많이 많이 좋아해요 따라하고 싶어요 중국 학생 그렇지 않아요. 많이 많이 안 좋아요.

학습자 I는 한류 문화에 관심이 많은 학습자였는데, 도입 단계(warm-up)에서 한국 드라마 감상이 취미라 한 바 있다. 평가자는 이러한 정보를 바탕으로 나선형 질문 형식으로 한국 드라마를 좋아한 시기, 기억에 남는 드라마 이야기, 드라마 인물 묘사에 관한 질문을 하였고, 학습자 I는 이 질문들에 모두 고급 수준의 대답을 하였다. 그러나 한국 드라마가 사람들을 몰입하게 하는 이유, 비현실적 드라마의 문제점 등 자신의 의견을 피력하는 최고급 단계의 질문에는 단계에 맞는 적절한 단어를 사용하지 못하고 일반적인 단어를 사용하여 풀어서 설명하거나 대화량이 급격히 줄어들었으며, 자신이 없으면 웃음으로 회피하는 등 과제를 성공적으로 수행하지 못하였다. 그러나 고급 단계의 질문은 모두 단락을 형성하고 내용을 풍부하게 구성하여 발화하였다. 또한 학습자 I는 '나'와 '저'의 사용 등 높임말(낮춤) 사용의 오류가 있고, 익숙하지 않은 상황에서의 토론 어투 등 사회적 상호작용의 실패가 있었다.

(10) 학습자 J

학습자 J는 중국 국적의 남자 학습자이고, 중국 대학에서 한국어를 전공하고 있다. 이 학습자의 한국어 공부 기간은 3년, 한국 거주 기간은 8개월이다. 학습자 J의 SIT 수업 전 OPI 평가 등급은 N-M(초급-중)이었다. 학습자 J는 SIT 수업 전 OPI 평가에서 문장 수준의 대화가 계속 유지되지 않았다. 중급 수준의 문장 단위의 대답을 한 경우도 있었지만 매우 짧은 길이였으며, 시제도 불안정하였다. 아래는 학습자 J의 OPI 평가 중 일부이다.

> **평가자** : (앞 대화에 이어서 고향에 돌아가면) 공부는 안 할 거예요?
> **학습자 J** : 공부... 안 할 거예요. (웃음)
> **평가자** : J 씨는 주말에 보통 뭐 해요?
> **학습자 J** : 알바, 아... 한국... 막걸리 집 알바했어요. 그리고 축, 농구했어요.
> **평가자** : 취미가 있어요?
> **학습자 J** : 네. 농구...좋아해요.
> **평가자** : 자주 합니까?
> **학습자 J** : 시간이 있으면.
> **평가자** : 농구를 좋아하는데 왜 자주 안 해요?
> **학습자 J** : 중국에서 어...농구 경기...보았...보았...보았....(웃음)
>
> (…중략…)
>
> **평가자** : (드라마, 영화에 대해서) 어떤 종류를 좋아합니까?
> **학습자 J** : 음.. 어... 피디... 감동...
> **평가자** : 한국 드라마도 봅니까?
> **학습자 J** : 네, 요즘 질투의 화신.
> **평가자** : 질투의 화신은 어떤 내용이에요?
> **학습자 J** : 두 남자...한 여자 좋아해요. 그런데 어...여자 주인공... 이 기자...이 기자...선 택했어요.
>
> (…중략…)
>
> **–역할극–**
> **평가자** : 안녕하세요? 지금 친구 생일 선물 사려고 하는데 어떤 선물을 사야할지 잘 모르겠어요. 추천해 주세요.
> **학습자 J** : 네... 이 시계 좋아요. 시계 좋아요. 어... 손님 친구 어떤 사람이에요?
> **평가자** : 제 친구는 여자이고 대학생이에요.

학습자 J : 어... 이런 시계 좋아요.

평가자 : 이게 인기가 있어요?

학습자 J : 네. 지... 요즘 많은 사람들 사, 사, 사요.

평가자 : 왜 인기가 많아요?

학습자 J : 새로운 어... 디자인이에요.

(···역할극 후략···)

학습자 J는 '공부는 안 할 거예요?'라는 평가자의 질문을 그대로 사용해 대답하거나 침묵하고, 고립된 단어로 대답하는 등 문장 생성 능력이 있다고 보기 어려웠다. 이에 평가자는 평가 말미에 '평가자에게 질문하기' 과제를 제시하였는데 학습자 J는 '주말에 뭐 해요?' 등 외운 문장 외에는 문장을 완성하지 못하여 과제를 성공적으로 수행하지 못하였다. 이 학습자는 문장 생성 능력이 없고 발음이 부정확해 의사소통에 심각한 방해를 일으키므로 최종적으로 N-M(초급-중) 등급을 받았다.

1.3. SIT 수업 후 OPI 평가 결과

(1) 학습자 A

학습자 A의 SIT 수업 후 OPI 평가는 I-M(중급-중)이었다. 이는 SIT 수업 전 OPI 평가보다 한 단계 상승된 결과인데, 학습자 A는 질문자의 대답에 간단한 문장과 문장의 연쇄로만 답해 중급 판정을 받았다. 또한 시제 사용의 오류가 있었으며, 흥미있는 주제에 대해 대답을 하였으나 구체적인 답을 하지는 못했다. 다음은 학습자 A의 SIT 수업 후 OPI 평가의 일부이다.

평가자 : 한국하고 타지키스탄하고 문화가 많이 다르죠? 두 나라의 문화를 비교해 주세요

학습자 A : 네, 많이 있어요. 우리가 큰절 안 해요. 그리고 또 옷도 달

라요. 또 여기서 자유롭게 연애를 밖에서 할 수 없어요. 한국
　　　　드라마는 뽀뽀도 해요. 우리는 안 돼요. (웃음)
평가자 : 타지키스탄에서 한국 드라마를 많이 봤는데 드라마를 보면서
　　　　사람들이 '드라마에서는 되는데 왜 우리는 안 되는 걸까?'라
　　　　고 생각한 적도 있어요?
학습자 A : 아니요. 친구랑 드라마를 같이 보니까 괜찮아요. 부모님하
　　　　고는 아니요. 안 봐서 괜찮아요.

　　평가자는 학습자 A의 상한선(ceiling)을 탐색하기 위해 고급 단계의 비
교하기 과제와 진술하기 과제를 제시하였다. 그러나 문장이 단락으로 응
집성 있게 연결되지 않았고 그 길이도 짧았다. 또한 위의 예시와 같이 타
지키스탄 문화와 한국 문화에 대한 고민을 고급 단계에 맞게 제시하지
못했고 자신의 의견을 제대로 진술하지 못하였다. 그러나 학습자 A의 답
변이 문장의 연쇄의 경우라 해도 첫 평가보다 더 연속적으로 이어졌고,
좀 더 구체적인 대답을 하려는 시도가 계속되었다. 특히 SIT 수업 전
OPI 평가에서는 고급 과제 수행을 모두 실패하였으나, SIT 수업 후 평가
에서는 '한국 드라마의 인기 이유', '한국과 타지키스탄의 문화 비교',
'사트르 쓴 여자들 모습 묘사' 등과 같은 평가자의 고급 질문에 부분적인
수행을 하였다. 학습자 스스로도 '자신이 생각하는 것을 조금 더 편하게
말할 수 있었다'[81]고 한 것으로 보아 앞으로 SIT 수업 후 숙달도의 향상
이 이루어졌다고 판단된다.

81) OPI 평가를 시작한 후 도입 단계(warm-up)에서 나눈 대화는 다음과 같다.
　　(평가자 : 수업 전보다 A 씨 한국어 실력이 좋아졌나요? A 씨 생각은 어때요?
　　학습자 A : 네. 왜냐하면 원래 마음대로 이야기를 설명하기 너무 어려웠어요. 지금 조
　　금씩 설명할 수 있어요.)

(2) 학습자 B

학습자 B의 SIT 수업 후 OPI 평가는 I-H(중급-상)이었다. SIT 수업 전 OPI 평가에서는 질문과 초점이 맞지 않는 대답, 단락으로 이어지지 않는 대답들이 있어 I-M을 판정 받았다. 그러나 마지막 평가에서는 한층 깊이 있고 응집성 있는 대답으로 단계 상승이 가능했다. 다음은 OPI 평가의 일부이다.

평가자 : 책을 많이 읽게 하려면 어떻게 해야 할까요?
학습자 B : 저는 그냥 기념품처럼 이런 책을, 이런 책만 팔 거예요.
평가자 : 그게 뭐예요?
학습자 B : 무슨 회사에서 그냥 10주년, 20주년 특별한 책 파는 거예요.
(…중략…)
평가자 : 최근 읽은 책 중에 기억에 남는 내용이 있어요?
학습자 B : 소설책이에요. 우리나라 책인데요, 그 작가는 우리나라 전문 작가 중에서 제일 유명한 작가예요. 왜냐하면 그 작가는 키가 별로 안 커요. 남자는 32살이에요. 근데 키는 아마 150 정도요. 그런데 그 작가는, 작가뿐만 아니라 기업자, 기업자가 됐어요. 그래서 성공적인 사람이에요. 제가 작가를 좋아해서 그 작품을 읽어요.
평가자 : 어떤 내용이 제일 감동적이었어요?
학습자 B : 책의 내용은 음... 어... 한 여자는 주인공이고 그 여자는 좋은 친구, 친한 친구 세 명 있어요. 그 네 명 같이 고등학교부터 대학교까지 같이 생활하는 것이에요. 같이 생활해서 그냥 감동적인 일도 있고 그냥 싸우는 경우도 있고 그런데 서로 지금까지도 친해요. 이런 것이 감동적이에요.
평가자 : 그게 왜 감동적이에요?
학습자 B : 사람 감정은 변화스럽게 돼요. 이 시간 저랑 누구누구 친해요. 그런데 아마 한 달 후에 안 친해요. 그래서 그 책의 주인공들을 내년, 5년, 10년 쯤 계속해서 친해요. 저도 이런 우정을 있고 싶어요.

학습자 B는 SIT 수업 전 OPI 평가에서는 고급 과제를 거의 수행하지 못하였으나, SIT 수업 후 OPI 평가에서는 '자신이 읽은 책 내용 진술하기', '특별히 감동적인 부분 진술하기', '외모가 취업에 미치는 영향 진술하기' 등의 고급 과제를 수행하고, '면접장에서 면접 보기' 역할극도 성공적으로 수행하였다. 그러나 '독서 증진 방법' 등의 고급 과제는 실패하여 고급 단계의 판정을 받지 못하였다. 중급 단계의 과제를 모두 수행하고, 고급 단계 과제 수행을 부분적으로 성공하여 I-H(중급-상)으로 한 단계의 상승이 이루어졌다. 학습자 B는 여전히 상황에 맞는 적절한 고급 어휘를 구사할 수 없고 모어의 영향이 있었지만 비원어민에 그리 친숙하지 않은 원어민이 이해하기에도 큰 무리가 없는 발화를 하였다.

(3) 학습자 C

학습자 C의 SIT 수업 후 OPI 평가 판정은 A-M(고급-중)으로 변화가 없었다. 학습자 C는 분절문으로 끝나는 대답은 없고 필요한 상황에서 모두 단락 단위로 발화하였다. 이 학습자는 수준급의 한국어 실력을 갖고 있으나 여전히 오류가 의사소통을 방해하기도 하였으며, 최고급 수준에 달하는 질문에 평이하고 짧은 대답에 그쳐 단계의 상승으로 이어지지 않았다. 이 학습자는 실력이 매우 안정적이었다. 이 학습자의 단계 상승이 가능하려면 좀 더 난도가 높은 주제로 수업이 구성되어야 했다. 그러나 몇몇 학습자를 제외한 대부분의 학습자들의 수준이 기존의 수업에도 어려움을 느낀 바, 수업의 난도를 높이는 것은 현실적인 어려움이 있었다.[82] 학습자 C가 단계 상승을 이루려면 정확성을 좀 더 키우고, 전문적이고 친숙하지 않은 주제에 대해 안정적 답변이 나오도록 숙달도를 키워

---

82) SIT 수업 후 OPI 평가에 앞서 실시한 개설 과목에 대한 총평에서 학습자 C는 자신에게는 수업이 조금 쉬웠다고 답한 바 있다.

야 한다. 다음은 학습자 C의 OPI 평가의 일부이다.

평가자 : 미얀마의 요즘 경제와 정치 상황에 대해 설명해 주세요.

학습자 C : 지금 미얀마 경제는 주로 다 중국 사람들 경제를 잡고 있어요. 그래서 미얀마 사람들은 가난하고 돈이 없는 경우가 많고, 중국 사람들은 부자, 돈이 많아요. 빈부 격차 심해요. 정치 면은 지금 민주주의라고... 하지만 아직도 옛날처럼 군사 그런 거 진행하고 있어요.

평가자 : 미얀마에 중국 사람이 많이 사는 이유가 있습니까?

학습자 C : 네, 중국에서 투자하고 거기에서 거의 살고 있어요. 옛날부터 살았기 때문에 자본 있어요. 자본이 있으면 실패하지 않아요. 그래서 중국 사람들이 계속 투자하고 돈을 벌어요.

평가자 : 각 나라의 민주화 정도는 언론의 자유 정도와 관계가 깊은 것 같습니다. 미얀마의 언론의 자유는 어떻습니까?

학습자 C : 미얀마의 언론 자유 그런 거, 다들 의식만 있으고, 있었고, 평상시에 아직 무서웠어요. 아직 미얀마에서 언론은 정부를 자유롭게 비판할 수 없어요.

평가자 : 정부에 대해서 비판적으로 보도하면 탄압을 받습니까? 어떤 방식으로 탄압을 받습니까?

학습자 C : 정부에 대해 비판하면 벌도 받고 벌금도, 벌금 재미있는 거는 정부에게 비판적인 얘기하면 벌금 받고 감옥에 갈 수도 있어요.

학습자 C는 미얀마의 경제 및 정치 상황에 대해 고급 어휘를 사용하는 대신 풀어 설명하기를 통해 상황을 진술하였다. 그리고 특정 분야의 전문적인 어휘들을 사용하지 못하였으며, 미얀마의 언론 자유와 같은 문제와 같은 최고급 단계의 과제에서는 자신의 의견을 제대로 피력하지 못하는 등 과제 수행에 실패하거나 부분 수행에 그쳤다. 이 학습자는 거의 모든 분야의 비공식적 대화는 큰 무리 없이 수행할 수 있다. 이 학습자의 예에서와 같이 전문 분야와 관련된 대화, 공식적 대화, 격식체 사용 능력 향상을 위해서는 SIT 수업에서도 학습자의 수준에 따라 학회에서의 발표, 사장단 혹은 이사진과의 회의 등과 같이 전문적이고 공식적 대화가 가능한 사회적 상호작용 과제 활동을 설계할 필요가 있다.

(4) 학습자 D

학습자 D는 SIT 수업 후 OPI 평가에서 I-M(중급-중) 판정을 받아 변화가 없었다. 학습자 D는 SIT 수업 전 평가에서 시제 사용의 문제, 낮춤말 사용 등의 문제가 있었지만 수업 후 평가에서 시제 사용 등 발화의 정확성이 높아진 것이 눈에 띄었다. 또한 난도 있는 어휘의 사용 등도 있었으나 발화 전체 내용이 단계 상승으로 이어지기에는 무리가 있었다. 이 학습자는 발화 단위의 발전이 없고 자신의 생각을 충분히 표현할 만큼의 길이로 대답하지 못했다. 다음은 학습자 D의 OPI 평가 중 일부이다.

> **평가자** : 한국 사람들이 D 씨 고향에서 무슨 일을 하나요?
> **학습자 D** : 미용... 많아지고 있어요. 우리 학교에서 우리 반 중국 학교에서 동반생, 동창생 두 명은 미용회사에서 다니고 있어요.
> **평가자** : 한국 기업들이 호남성에 가서 미용 회사를 만들었어요? 그 회사에서 보통 뭘 만들어요?
> **학습자 D** : 머리, 머리카락요. 그런데 한국어 필요하기 때문에 우리 그, 그, 도, 동창생 한국어, 한국어 능력이 높아기 때문에 번역할 수 있어요.
> **평가자** : 한국 회사가 중국에서 회사를 운영하면 좋은 점이 뭐예요?
> **학습자 D** : 중국 사람 많아서 필요, 필요성 어...많아요. 그리고 중국에서 그... 어... 원가가 회사를 만드는 원가가 적어, 적고 이익 많아요.

학습자 D는 평가자와의 대화 중 학습자 D의 고향(중국 장춘시)에서 한국 사람들이 공장을 설립해 일을 하고 있다고 하였다. 평가자가 공장에 관련한 질문을 하였지만 단락 단위의 발화 없이 문장의 연쇄로 짧은 대답을 하였다. I-M에서 단계의 상승이 있으려면 단락 단위의 발화와 설명 및 묘사에 대한 충분한 시도가 필요하다. 학습자 D는 여전히 모어의 영향을 많이 받고 있어 발화가 매끄럽지 않고 유창하지 않았다. 다만 이전 평가에 비해 전반적으로 시제 사용이 안정되고 있는 것은 고무적인 일이었다. 학습자 D는 고급반 수업의 난도가 자신에게 다소 높은 편이었다고 하였지만 매우 열정적으로 수업에 임하였고, SIT 수업에서의 과제 수행도 적극적이었다. 단기간의 학습으로 단계 상승이 가능하지는 않았지만 학습 기간에 여유를 두면 더욱 정교하게 한국어 실력이 다듬어질 것으로 보인다.

(5) 학습자 E

학습자 E의 SIT 수업 후 OPI 평가는 N-H(초급-상)이었다. 학습자 E의 가장 큰 변화는 고립된 단어로만 구성된 대답이 거의 없었다는 것이다. 학습자 E는 비록 습관처럼 외워서 말하는 문장이 혼재하지만 문장을 생성해냈고 간단한 질문과 대답도 가능하였다. 그러나 또한 학습자 E는 내용을 풍부하게 구성하지 못했고, 여전히 평가자의 질문을 이해하지 못하여 엉뚱한 대답을 하여 중급 단계로의 상승에는 실패했다. 다음은 학습자 E의 OPI 평가의 일부이다.

> 평가자 : 방학에 뭐 할 거예요?
> 학습자 E : 여행 아니면 알바하고 싶어요.
> 평가자 : 아르바이트를 한 적 있어요?
> 학습자 E : 네. 있어요. 닭 공장에서 알바했어요.
> 평가자 : 어땠어요?
> 학습자 E : 힘들었어요. 아침에 일어나 힘들었어요.

(…중략…)

평가자 : 하루 일과를 말해 주세요.

학습자 E : 아침에 일어나서 음... 아침 식사해서 그 다음에 수업에 갔
어요 수업이 끝나면 점심 식사를 먹고 기숙사에 조금 쉬어서
수업에 숙제 있으면 숙제를 하고 영화 보고 음... 부모님들에
게 매일 전화해서... 이렇게...

(…중략…)

—역할극—

평가자 : 어떻게 오셨어요?

학습자 E : 저는 선물을 타지키스탄에서 부모님들에게 택배하고 싶어
요. 언제 택배...

평가자 : 택배가 어디 있어요?

학습자 E : 여기, 택배 여기.

(…중략…)

평가자 : 이 택배 안에 뭐가 들어 있어요?

학습자 E : 옷.

평가자 : 옷이에요?

학습자 E : 네. 화장품.

학습자 E는 하루 일과에 대한 평가자의 질문에 다소 긴 문장의 연쇄로
대답하는 등 내용의 풍부성이 생기기 시작하였다. 그러나 여전히 고립된
단어로만 의사소통하는 경우가 있었으며, 평가자의 질문을 따라하는 경
우도 있었다. 특히 학습자 E는 '택배'라는 단어는 알고 있어도 '보내다'
와 같은 기본 동사 어휘를 알지 못하여 '택배하다'와 같은 표현으로 발화
하였다. 한국 사회에서 물건을 구입하면서 고립된 단어로만 답을 하면
매우 예의 없는 손님으로 취급받을 것이다. 관계성을 전혀 고려하지 않
은 대화이기 때문이다. 학습자 E는 문장을 생성하는 능력이 부족한 상태
에서 의사소통을 해야 해 무례한 상황을 초래하였다.

학습자 E는 초급 실력으로 수업을 따라가는 것이 쉽지 않았을 테지만

조원들의 도움과 배려로 무사히 SIT 수업을 마칠 수 있었다. 이 학습자에게는 SIT 수업이 다소 난도가 높은 수업이었지만 사회적 상호작용 과제를 수행하는 과정에서 자신의 약점들을 발견하고 개선해 나가고 있었다. 차후에 이 학습자와 같은 언어 수행 능력이 낮은 학습자들에게는 다소 낮은 난도의 수업을 설계하고 구성하여 교수한다면 학습자들의 큰 발전을 기대할 수 있을 것이다.

(6) 학습자 F

학습자 F의 SIT 수업 후 OPI 평가 결과는 이전 평가보다 한 단계 상승한 A-M(고급-중)이었다. 이 학습자는 SIT 수업 전 OPI 평가에서는 비공식적인 상황에서의 까다롭지 않은 질문에 대해 자연스럽게 대처하지 못하는 경우가 있어 A-L(고급-하) 단계 판정을 받았는데, SIT 수업 후 OPI 평가에서는 한층 향상된 모습을 보였다. 다음은 학습자 F의 OPI 평가의 일부분이다.

평가자 : 한국어를 전공한 이유가 있습니까?

학습자 F : 고등학교 때 원래는 화학과 들어가고 싶었는데 그때는 일년 동안 먼저 어떤 대학교에서 그... 그거... 뭐... 어... 보통 화학 수업을 들었어요 조금 예상과 달라서 문과 선택했어요 그때는 북한, 북한에 대한 책 많이 읽어서 관심을 가지게 됐어요 그리고 대만에서, 대만에서 대부분 사람들 한국에 대해서 인식이 부족해서 그때 이렇게 생각했어요 만약에 저는 이 분야에서 열심히 공부하면 앞으로 대만에 돌아갈 때는 이 분야에서 조금 그런 다 전문가 될 수 있다고 생각해요.

평가자 : 북한에 대한 책을 많이 읽었으면 남북한의 비슷한 점이나 다른 점을 많이 느꼈겠네요.

학습자 F : 실제 가 본 적이 없지만 책으로 느끼... 느꼈어요 언어, 언어 부분 많이 달라졌어요 옛날에 대만에서 어떤 한국 교수님이 소개했어요. 어떤 용어, 어... 그.. 북한은 조금 어... 폐쇄된 국가라서 사용하는 언어는 아주 옛날처럼. 그런데 대한민국은 다른 문화를 많이 받아서 외래어 사용하는 게. 사용하는 상황 많아요. 그리고 점점 영어 쓰는 상황도 심해지고 있어요.

(…중략…)

평가자 : 정치·경제에 관심이 많다고 하셨는데 한국 경제와 대만 경제 는 상황의 유사점이 있습니까?

학습자 F : 중국 시장하고 많이 교류하는 것이 비슷해요. 그리고 다른 점은, 차이점은 (웃음) 잘 모르겠어요.

(…중략…)

평가자 : 한국이 정치적 안정을 찾으려면 어떻게 하는 게 좋을까요?

학습자 F : 제 생각에는 정치적과 정치적인 개혁을 해야 돼요. 한국의 정치와 경제는 관련이 많아요. 그때 한국 신문도 봤어요. 한국 국회에서 여러 명이 CEO에게 청문? 질문했어요. 그것은 대만 에서 본 적이 없어서 조금, 많이 놀라게 됐어요. 한국의 정치 인과 한국의 그... 재벌들과 관계가 이렇게 깊었어요. 정치적 으로 안정되려 면 정치와 경제 분리돼야 해요.

학습자 F는 비교와 설명 등 고급에 필요한 기능들을 잘 수행하여 발화하였고 한국의 현 정치 상황 등 일부 친숙하지 않은 주제에 관해서도 탄력적으로 대답하였다. 그러나 정확성이나 어휘 및 표현, 내용의 풍부성, 확장 면에서 최고급에 미치지 못하고 최고급 도전을 위한 여러 질문을 하였으나, 대부분의 대답이 그 수준에는 미치지 못해 A-M을 판정받았다.

학습자 F는 한국어 학습에 대한 욕구가 강하고 적극적으로 수업을 준비하는 학습자였다. 토론극 때는 다른 학습자에게 메모를 하지 않고 말로만 토론하면 더 많은 것을 학습할 수 있다는 의견을 피력하기도 한 바 있다. 이렇게 스스로 말하기 실력의 부족함을 느끼며 과제 수행에 적극적인 태도를 보이는 학습자에게는 좀 더 긴장감 있는 주제 및 수행 방법을 제시하여 학습자가 도전적으로 학습에 임하도록 하는 것이 효과적일 것이다.

(7) 학습자 G

학습자 G의 SIT 수업 후 OPI 평가는 A-M(고급-중)이었다. 학습자 G는 유창성이 높지만 오류가 많은 학습자이다. SIT 수업 후에도 학습자 G는 여전히 유창성은 높았으나 오류가 많았다. 관계성을 고려한 말하기도 여전히 어려워 높임말, 반말, 격식체와 비격식체를 섞어서 발화했다. 이 학습자는 이전 평가에서 전문적인 내용에 대해 구체적인 답변을 제시하지 못하고, 관계성을 고려하지 않은 대답을 하여 A-M(고급-중) 단계 판정을 받은 바 있다. SIT 수업 후 OPI 평가에서 눌언과 간투사가 눈에 띄게 줄었고 반말 실수 등도 감소하였으며, 전문적이고 추상적인 질문에 탄력적으로 대답하였으나, 모어의 영향을 받은 오류 등이 사라지지 않아 최고급의 수준에 이르는 답변은 관찰되지 않았다. 다음은 학습자 G의 OPI 평가의 일부분이다.

> 평가자 : 언어를 배우려면 문화 이해도 필요하다고 생각하십니까?
> 학습자 G : 한국 문화를 익숙하지 않고 좋아하지 않는다면 한국어를 배워하는 거 좀 어려워요. 제 생각에는 언어는 단순하는 문자 언어가 아니라 인간은 오래, 오랫동안 문화를 형성해서 감정을 담고 어... 그 예술이라는 거 생각해요. 언어는 그래서 단순하게 문법을 배우고 표현을 어떻게 표현하는지 공부하는 거보다 문화랑 인간적인 친구를 많이 사귀고 이 사회를 어... 완전히 익숙하고 한국어를 다시 배우는 것이 더 도움이 될 것 같애요.
>
> (…중략…)
>
> 평가자 : G씨가 생각하는 한국의 가장 큰 문제점에 대해서 말씀해 주세요.

학습자 G : (웃음) 대통령 지금 하야되었다고 들었어요 이거는 제가 두 가지 생각하는 거 있어요 하나씩 제가 어... 한국 부러우는 것도 있어요. 한국은 한국 사람들이 대통령이 잘 못하는 거 발견한 후에 저항할 수 있어요 시위나 전국적으로 일어나는 게 제가 또 깜짝 놀랐어요 하지만 중국에서는 민주는 잘 못해요 정부에 나쁜 말이 많으면 제가 감옥에 갈 수도 있어요 (웃음) 이 점은 한국가 중국보다 나은 점이라고 생각해요

학습자 G는 초기 한국어 학습 과정에서 독학을 하였기 때문에 사전적인 의미만을 익힌 후 단어를 조합해서 문장을 구성하는 경우가 많았고, 이로 인해 오류를 많이 생산하였다. 모어의 영향이 많이 남아 있고, 문법적 오류, 사회적 상호작용 오류가 심한 학습자 G와 같은 학습자를 위해서는 부분과제를 조금 더 강화하고 전체과제 후 피드백 기법을 활용하는 등 정확성을 높여 주며, 전체과제 후 사회적 상호작용 피드백을 중점적으로 실시하는 등 관계성을 강화하는 수업 설계가 필요하다. 특히 특정 문법을 목표 형태로 정하는 것보다는 정확한 문장 생성을 위한 통사 교육에 초점을 맞추면 단계 상승이 가능할 것으로 보인다.

(8) 학습자 H

학습자 H는 SIT 수업 후 OPI 평가에서 I-M(중급-중) 판정을 받았다. 이 학습자는 평가자의 질문에 대부분 단답형으로 대답하거나 대응적인 대답만 하였다. 그러나 이전 평가에 비해 시제 사용이 안정되고 문장 구조의 오류가 눈에 띄게 줄었다. SIT 수업 전 OPI 평가에서는 쉬운 질문을 어렵게 대답하거나 웃음으로 회피한 경우가 있었는데 SIT 수업 후 OPI 평가에서는 모두 판정에 적합하게 대답하였다. 다음은 학습자 H의 SIT 수업 후 OPI 평가의 일부이다.

평가자 : 어디에서 일하고 싶어요?

학습자 H : 무역회사에서 일하고 싶어요.

평가자 : 한국과 무역을 하는 회사를 찾을 거예요?

학습자 H : 네. 먼저 무역회사 일하고 몇 년 후에 자기 회사 기업 만들고 싶어요.

평가자 : 특별히 만들고 싶은 회사가 있어요?

학습자 H : 지금 음... 생각... 졸업한 후 그... 무역회사에서 음... 어... 전공 수업... 그 상품 파는 과정 연구해서 어떻게 상품 팔아... 그 일을 하고 싶어요 좀 알고 싶어요. 몇 년 후에 상관있는 회사를 만들고 싶어요.

평가자 : 중국에서 사업할 때 한국어가 어떤 도움이 될 수 있는지 말해 주세요.

학습자 H : 아마 한국어 상관있는 일을 하면 도움이 돼요. 작년에 중국의 선생님, 우리 선배 하는 일이 한국, 한국, 한국 사람이 중국에 가면 생활에 도움, 도우는 그런 일이 있어요. 생활... 저 한국어 전공이니까 한국어 상관있는 무역 회사 취직하고 싶어요.

평가자 : 요즘 무역업자들이 한국에서 어떤 물건들을 많이 수입합니까?

학습자 H : 지금 경공업 사업, 중국에서 지금 자조업, 제조업 많아요. 특히 광동 같은 데서. 경공업 대해서 상관있는 일요. 그래서 중국에서 수입하는 상품 다 많이 경공업이에요.

학습자 H는 문장 생성 능력은 있으나 단문 외에 복합문 생성 능력, 연결어미 사용 능력 등이 부족하였다. 제조업, 경공업, 무역 등 자신이 관심 있는 분야에 대해서는 자신의 생각을 문장의 연쇄로 대답하였다. 또 중국에서 사업을 할 때 한국어가 어떤 도움이 되는지 진술하는 고급 단계 과제에서도 짧고 단순한 문장은 아니나 간단한 정보로 이루어진 문장의 연쇄로만 발화하여, 단락을 구성했다고 보기 어려웠다. 그러나 이전 평가에 비해 짧고 단순한 대답, 대응적 대답이 줄어 단계의 상승이 가능하였다. 무역업자들이 한국에서 수입하는 물건에 대한 단순한 질문에도 제조업과 경공업 분야에서 수입이 많다는 대답을 하는 등 대답의 수준이 이전 평가보다 질적으로 높아졌다.

학습자 H는 준비 시간이 충분하면 사전에 미리 준비하고 메모하여 실수를 줄이는 편이나, 준비 시간 없이 즉흥적으로 발화를 하게 되면 많은 실수를 하고 오류를 범하는 학습자이다. 메모나 쓰기로 실수의 위험성을 줄인 후 발화하는 특성이 있는 학습자이기 때문에 실제 발화에서 많은 정정과 머뭇거림이 발생한다. 또한 이 학습자는 자신의 언어 사용 능력이 부족하다는 점을 인식하며 개선을 위해 노력을 기울이는 학습자였는데, 역할극을 도입한 SIT 수업이 자신의 부족한 언어 사용 능력을 향상시키는 데 도움이 된다고 하였다.[83] 이러한 유형의 학습자에게는 준비 시간을 여유 있게 주는 것보다는 즉흥적으로 자신 있게 말할 수 있는 기회를 더 많이 제공하는 것이 약점 극복에 도움이 될 것이다.

(9) 학습자 I

학습자 I의 SIT 수업 후 OPI 평가는 A-L(고급-하)였다. SIT 수업 전 평가와 비교하여 등급의 변화가 없었는데, 이 학습자는 자신이 익숙한 주제에 대해서 말할 때는 안정적이고 차분하게 말한다. 그러나 익숙하지 않은 주제에 대해서 말할 때는 피상적인 대답으로 과제에 대해 회피하는 모습을 보였다. 학습자 I는 다양한 과제 수행이 가능하지만 여전히 익숙하지 않은 주제에서는 대화가 간신히 유지되거나 대답의 질이 하락되어 평가자가 확장 질문을 할 수 없게 하였다. 다음은 학습자 I의 OPI 평가 중 일부이다.

---

83) OPI 평가에 앞서 실시한 전체 수업에 대한 총평에서 학습자 H는 'SIT 수업 전 수업들은 다른 수업과 비슷해서 특별한 것이 없었다, 과제 수업은 팀으로 구성되어 활동할 수 있어서 좋았다'는 평가를 하였다.

평가자 : 고향의 지금 경제 상황이 어떤가요?

학습자 I : (한숨 쉬며) 낙후... 낙후한다, 하다고 생각해요.

평가자 : 그래요? 고향 경제를 발전시키려면 뭐가 필요하다고 생각
합니까?

학습자 I : 경제하고 정부 관리도 많이 필요한 것 같아요. 사회 분위기
가 많이 안 좋아요. 직업... 환경도 안 좋고 도둑이 많아요. 제
가 한국에 이번에 3월에 왔잖아요. 그 전에 그... 기차역 근처
백만 원 잃어버렸어요.

평가자 : 그래요? 고향에 도둑이 많은 이유가 뭐라고 생각하세요?

학습자 I : 경찰이 관리 잘 못하고, 그냥 많아요. 백화점에도 있어요. 많
이 싫어요. 매년, 매년 물건 많이 잃어요. 사람들이 직업 없어
요. 그 사람들 그냥 직업이 도둑이에요. 도둑들 그냥 물건 훔
치, 훔치면서 살아요.

평가자 : 도둑을 없애기 위해서 특별한 대책이 필요하지 않을까요?

학습자 I : 정부가 강하게 관리해야 해요. 내 생각에는 도둑하고 경찰이
같은 편이어서 나쁜 일을 해도 경찰 아무 것도 안 하는 것 같
았어요.

학습자 I는 고향 경제 발전 방법 등에 관해 자신의 의견을 피력하는
최고급 단계의 질문에 대해 '정부의 관리가 필요하다', '도둑이 많다' 등
으로 단순하게 진단을 내린 후, 자신의 경험만을 진술하며 대충 넘어가
려 하였다. 또한 이 학습자는 여전히 모어의 영향이 강하고 정정과 문법
적 오류가 많았다. 도둑을 없애기 위한 특별한 대책에 대한 의견 피력에
도 정부의 강한 관리를 주장하였는데, 부패한 경찰에 대한 인식은 하고
있으나 이것을 적극적으로 피력하지 못하였다.

한편 이 학습자는 OPI 평가보다 목표 형태 사용 평가에서 훨씬 불안
하고 긴장하는 모습을 보였다. 이러한 원인은 목표 형태 사용 평가는 모
든 학습자들에게 공개된 장소에서 진행되었고, 동료 학습자들이 지켜보
는 상황에서 교사와 마주 보며 이야기하는 평가 환경이 불안감을 높였기

때문인 것으로 추측된다.[84] 긴장감을 많이 느끼는 성향의 학습자는 편안하고 자연스러운 학습 분위기에서 더욱 실력을 발휘할 가능성이 클 것이다. 이와 같은 학습자들을 위해서는 그룹별 활동을 기본으로 하되, 학습 시간이 경쟁이 아닌 협력하고 즐기는 과정임을 느끼게 하여 편안한 분위기에서 발화할 수 있도록 교사가 수업 환경을 조성해야 할 것이다.

(10) 학습자 J

학습자 J의 SIT 수업 후 OPI 평가는 이전 평가와 변화 없이 N-M(초급-중) 등급이었다. SIT 수업 후 OPI 평가에서도 학습자 J는 문장 수준으로 대화를 유지하지 못하고 몇 개의 단어 조합 혹은 매우 단순한 문장으로 대화를 이어나갔다. 다음은 학습자 J의 OPI 평가 중 일부이다.

> 평가자 : 중국에 돌아가면 바로 취직할 거예요?
> 학습자 J : 네. 다음 학기.
> 평가자 : 한국어 전공인데 한국에 와서 공부해 보니 어때요?
> 학습자 J : 네. 중국...발음...어...어렸을 때부터...언어 환경...달라요. 그런데...어...한국 와서 반 친구들 중국 사람...(웃음)
> (…중략…)
> 평가자 : 중국 남자하고 한국 남자하고 다른 점이 있어요?
> 학습자 J : 한국 남자 보통... 다리 길어요. 멋있어요
> 평가자 : 정말이에요? 드라마에서만 그런 거 아니에요?
> 학습자 J : (웃음) 한국 남자 화장 많아요. 중국에서 아니에요. 한국에서 남자, 남자 요리 필요 없어요. 대부분 여자...
> 평가자 : 중국에서는 집안일을 남자랑 여자가 같이해요?
> 학습자 J : 네. 같이 일해요.
> 평가자 : 왜 그렇습니까?

---

84) 앞서 제시한 OPI 평가 내용에서 보듯이 목표 형태 사용 평가에서 보이는 반복, 정정, 머뭇거림이 많지 않으며, 문단 길이로 진행되는 대화의 내용이 자연스럽게 연결되고 확장되었다.

학습자 J : 전통.

(…중략…)

-평가자에게 질문하기-

학습자 J : 선생님, 취미가 뭐예요?

평가자 : 음악 듣는 것을 좋아해요.

학습자 J : 주말에 뭐 해요?

평가자 : 보통 집에서 쉬고 가끔 친구를 만나요.

학습자 J : 중국에 갔어요?

평가자 : 옛날에 중국에 가 봤어요. 베이징을 구경했어요.

학습자 J : 선생님, 여행을 계획 있어요?

평가자 : 방학에 제주도로 여행을 갈 거예요. 바다를 좋아해요.

학습자 J : 저는 지금 한국어 잘 못해요. 잘해요. 어떻게 몰라요.

평가자 : 친구들이랑 많이 말하면 잘 할 수 있을 거예요.

학습자 J는 아주 간단한 문장으로 말하거나 고립된 단어로 말하였다. 문장 생성 능력을 알아보기 위하여 평가자에게 질문하기를 실시하였는데, '취미가 뭐예요?'와 '주말에 뭐 해요?' 등과 같이 외운 문장 외에는 '중국에 가 봤어요?' 혹은 '여행 계획이 있어요?' 등과 같은 단순한 문장도 생성하지 못하여 오류를 범하였다. 이 학습자는 자신의 의도를 간단한 문장으로도 정확하게 생성해 내지 못하여 문장 생성 능력이 없다고 판단되었다.

학습자 J는 한국어 학습 기간이 상당히 긴 편인데 한국어를 제대로 습득하지 못한 학습자이다.[85] 한국어 능력이 전반적으로 떨어지는 이러한 학습자에게는 수업 중 수행한 과제의 수준이 너무 높았을 것이다. 수업

---

85) 학습자 J는 역할극 목표 형태 사용 평가 전에 실시한 수업 평가에 대한 인터뷰에서 중국에서 한국어를 배울 때는 전혀 힘들지 않았다고 한 바 있다. 한국어 교재에 중국어 설명이 곁들여져 있어 힘들지 않았는데, 한국에 와서 한국어로만 수업을 듣고 한국말을 해야 하는 상황이 매우 힘들다고 토로하였다. 하지만 지필고사로 실시한 문법 평가 점수도 좋지 않았기 때문에 언어 사용 능력만 부족하다고 평가하기는 어렵다. 이 학습자는 문법적 지식과 언어 사용 능력이 모두 부족한 학습자라 하겠다.

관찰 중에도 짝이나 그룹원에 크게 의존하는 모습이 목격되기도 하였는데, 학습자 J와 같은 학습자들에게는 수준에 맞는 과제 설정, 도움을 주며 끌어갈 수 있는 그룹원 배치 등의 조치가 필요하다.

1.4. OPI 결과 종합 분석

SIT 수업은 앞서 살펴본 바와 같이 모두 10명의 학습자를 대상으로 실시하였는데, 이 중 5명의 학습자가 숙달도의 향상을 보였다. 숙달도가 향상된 학습자는 학습자 A, B, E, F, H였다. 이 절에서는 학습자 개별 분석 결과를 종합 정리하고 숙달도가 향상된 학습자들의 특성을 살펴보고자 한다.

학습자 A는 SIT 수업 후 한국어 숙달도가 한 단계 상승하였다. 이 학습자는 학기를 시작할 때부터 개설 강의 수준과 맞지 않는 중급 수준의 학습자였다. 특히 강의 주제 및 내용이 학습자 수준에 맞지 않아 힘들어하였고, 스스로 말하기 실력이 부족하다고 여기는 학습자였다. 그러나 SIT 수업에 임하는 자세는 매우 적극적이었는데, 실제로 자신의 언어 수준을 넘어서는 내용 및 주제였다고 해도 동료 학습자의 도움을 받아 의욕적으로 과제 수행 활동에 참여하였다. 그 결과로 SIT 수업 후 실시한 OPI 평가에서는 좀 더 양질의 대화가 가능하여, 언어 수행 능력이 눈에 띄게 좋아지고 있음을 알 수 있었다. 단시일 내에 실력 향상이 이루어진다는 것은 결코 쉬운 일이 아니다. 이 학습자는 다른 학습자의 조력을 받는 것을 두려워하지 않고 매우 협조적으로 그룹 활동에 참여하여 단계 상승을 이루었다.

학습자 B 역시 숙달도 향상이 관찰되었다. 이 학습자는 한국어 문법 능력이 중급 수준의 학습자인데 문법 지식에 비해 유창성이 떨어지는 학습자였다. 이 학습자의 한국어 학습 목적 또한 유창한 한국어 실력을 갖추는 것이었는데, SIT 수업 후에 숙달도 향상이 가능하였다.

학습자 C는 수업 후에도 숙달도의 변화가 없었다. 이 학습자는 토픽 5급 합격자로, 문법 지식도 고급 수준의 실력을 갖고 있었고 OPI 평가도 고급 등급을 받은, 유창성과 정확성이 균형적으로 발달한 학습자이다. 단기간에 실시한 SIT 수업이기에 고급 학습자가 숙달도의 등급 상승을 성취하기에는 시간적 여유가 없었을 수도 있다. 또한 이 학습자는 수업 주제 및 내용의 난도가 좀 더 높기를 바랐지만,86) 타 학습자들의 학습 수준 등을 고려하여 수업 난도가 낮게 조정되었기 때문에 상대적으로 불이익을 받은 학습자이다.

학습자 D 역시 숙달도의 향상은 없었다. 그러나 이 학습자는 OPI 평가의 단계 상승을 성취하지는 못하였으나, SIT 수업 전후 OPI 평가를 통해 언어 수행 능력 향상이 진행되고 있다고 판단되었다. 특히 이 학습자는 문법적 정확성이 유창성보다 더 중요하며, 수업 시간에는 '문법을 배우는 것이 중요하다'87)고 생각하였음에도 불구하고 수업 참여에 적극적이었다. 등급 상승으로 이어질 만큼의 확연한 숙달도 향상은 없었지만 실력 향상 과정 중에 있음이 관찰되었다.

학습자 E는 SIT 수업 후 숙달도 향상이 관찰되었다. 이 학습자는 문법 지식에 비해 말하기 수준이 매우 낮은 학습자였다. 특히 SIT 수업 전에는 문장 수준의 발화를 하지 못하고 단어 나열로 대화를 이어갔지만, SIT 수업 후에는 대부분의 대화에서 문장 수준의 발화가 가능하였다. 물론

---

86) OPI 평가의 도입 단계(Warm-up) 전 전체 수업에 대한 평가 구술에서 이 학습자는 수업의 수준이 비교적 평이하였지만 다른 친구와 함께 과제를 수 있어서 즐거웠다는 총평을 하였다.

87) 이 학습자는 SIT 수업 후에 실시한 설문에서 과제 활동보다는 문법을 배우는 것이 더 중요하다며 과제 중심 수업이 한국어 실력 향상에 도움이 되느냐는 질문에 '보통'이라고 답한 바 있다. 또 개방형 질문에도 (말하기보다) '문법이 더 중요하다'고 답한 바 있다.

학습자 E는 SIT 수업이 끝난 후에도 여전히 초급 단계를 벗어나지는 못하였다. 그러나 과제 중심 수업의 많은 산출 기회를 통하여 발화의 질과 양이 좀 더 풍부해지고 문장 발화 가능성을 보여주었다.

학습자 F 역시 숙달도가 향상되었다. 이 학습자는 토픽 6급 자격증을 취득하였으며, 문법적 정확성이 매우 뛰어난 학습자이다. 그러나 스스로도 말하기 실력이 그에 못 미친다고 한 바 있다. 이 학습자는 SIT 수업이 아닌 기존 강의에서도 말을 많이 하기보다는 꼭 필요한 말을 정확하게 말하고자 하는 성향의 학습자였다. 이 학습자 역시 사회적 상호작용 과제를 수행하면서 언어 수행에 자신감을 가지게 되고 이것이 숙달도 향상으로 이어진 것이리라 판단된다.

이에 반해 학습자 G는 문법적 지식이 언어 수행 능력보다 다소 부족한 학습자였는데 숙달도가 향상되지 못하였다. 이 학습자는 SIT 수업 전 실시한 문법 평가에서도 중급 판정을 받고 토픽은 4급을 취득하였는데, SIT 수업 전 OPI 평가에서 A-M(고급-중) 판정을 받았다. 이 학습자는 높임말 사용 등 관계성을 고려한 발화가 개선되었지만 문법적 정확성을 개선하기에는 기간이 너무 짧았던 것으로 보인다. 특히 독학으로 인한 오류의 화석화가 우려되었는데, 이러한 문법적 부정확성이 극복되지 못하면 숙달도 향상이 어려울 것으로 보인다.

학습자 H도 SIT 수업 후 한국어 숙달도가 향상되었다. 이 학습자는 SIT 수업 전 문법 평가에서 중급 판정을 받고, 토픽도 4급 자격증을 보유한 학습자인데, OPI 평가는 M-L(중급-하)의 수준으로 문법 지식과 언어 수행 능력의 차이를 보이는 학습자였다. 이 학습자는 SIT 수업에서 초점화한 목표 언어 형태에 관한 문법 평가 성적은 그리 좋지 않았지만 OPI 평가는 등급이 상승했다. 학습자 H는 기존의 교재 위주의 수업보다 SIT 수업을 높이 평가했는데,[88] SIT 수업이 자신의 부족한 점을 보완할 수 있는 수업이라고 판단하였다. SIT 수업에서의 산출 기회가 이 학습자의 언어 수행에 자극을 주어 짧은 시간 내에 숙달도 향상으로 이어지게 했을 것이다.

학습자 I는 SIT 수업 후 숙달도의 변화가 나타나지 않았다. 이 학습자는 SIT 수업 전 OPI 평가에서 A-L(고급-하)를 판정 받았는데, 고급 단계에서의 등급 상승은 모어의 영향을 줄이고, 대화 확장과 같은 언어적 과제를 익히는 등의 상당한 노력과 시간을 필요로 하기 때문에 이 학습자가 등급이 상승되기에는 수업 기간이 다소 짧았던 것으로 보인다. 특히 이 학습자는 긴장감과 불안감을 잘 느끼는데 이러한 학습자의 성향도 면대 면으로 이뤄지는 평가에서 약점으로 작용했을 것이다.

마지막으로 학습자 J는 문법 지식과 언어 수행 능력이 모두 부족한 학습자로 숙달도의 변화가 없었다. 이 학습자는 고급반 강의를 수강하고 있었지만 실력은 그에 미치지 못하여 강의를 소화하기에는 무리가 있었다. 특히 수업 수준이 자신 실력과 맞지 않아 적극적인 참여가 어려웠으며, 한국어에 큰 관심이 없어 숙달도의 향상을 기대하기는 어려웠다. 다만 성격이 밝고 긍정적이어서 과제 수행을 동료 학습자와 협력하여 비교적 잘 수행했으며, SIT 수업 자체에는 만족감을 나타내었다.

이상으로 SIT 수업에 참여한 학습자들의 OPI 평가 결과를 표로 정리하면 다음과 같다.

---

88) 학습자 H는 OPI 평가 도입 단계(Warm-up) 전에 실시한 수업에 대한 총평에서 기존의 수업들(한국에서 받은 여러 수업들)은 새롭지도 않았고 어렵지도 않았다고 하면서 SIT 수업 방식은 어렵기는 하지만 흥미로웠고 말할 기회가 많아서 좋았다는 의견을 밝힌 바 있다.

[표 45] SIT 수업 참여 학습자들의 OPI 평가 결과

	학습자	수업 전 OPI 평가	수업 후 OPI 평가	비고
1	A	I-L (중급-하)	I-M (중급-중)	+
2	B	I-M (중급-중)	I-H (중급-상)	+
3	C	A-M (고급-중)	A-M (고급-중)	0
4	D	I-M (중급-중)	I-M (중급-중)	0
5	E	N-M (초급-중)	N-H (초급-상)	+
6	F	A-L (고급-하)	A-M (고급-중)	+
7	G	A-M (고급-중)	A-M (고급-중)	0
8	H	I-L (중급-하)	I-M (중급-중)	+
9	I	A-L (고급-하)	A-L (고급-하)	0
10	J	N-M (초급-중)	N-M (초급-중)	0

실제 수업에 참여한 학습자 10명 중 5명의 학습자가 숙달도의 향상을 보였다. 수업 대상 학습자 수가 적고, 국적, 성별로도 수가 동일하지 않으며, 한국어 공부 목적 및 한국 거주 기간도 학습자별로 큰 차이가 없기 때문에 숙달도 향상을 학습자들의 기본 인적사항과 연관지어 접근하는 것은 설득력이 없다. 또한 이 연구는 통상적인 한국어 연수반에 개설된 4급 수준 학습자를 기준으로 SIT 수업을 설계하였는데, 수업 난도와 숙달도 향상 학습자의 한국어 수준이 일치하는 것도 아니었다.

다음은 숙달도 향상이 있는 학습자들의 학습 특성이다.

[표 46] 숙달도 향상 학습자의 학습 특성

	학습자 A	학습자 B	학습자 E	학습자 F	학습자 H
한국어 숙달도 변화	I-L → I-M	I-M → I-H	N-M → N-H	A-L → A-M	I-L→ I-M
학습 특성	한국어 수학 기간에 비해 문법 지식 및 언어 수행 능력이 떨어지는 편임. 문법 실력보다 언어 수행 능력이 다소 높기는 하지만 수학 기간과 비교하면 두 능력 간 차이는 크게 변별력이 없음. 과제 수행의 적극적으로 참여해 실력이 향상됨	문법 지식에 비해 언어 수행 능력이 부족함. I-M의 경계에서 과제 수행 자극을 통해 향상됨	한국어 수학 기간에 비해 문법 지식 및 언어 수행 능력이 발전이 없는 편임. 수업 과정이 학습자 수준에 맞지 않아 동료 학습자들의 도움을 받음. 과제 수행을 통해 문장 구사력이 매우 좋아짐	토픽 6급 합격자이지만 스스로도 말하기 실력이 부족하다고 여김. 정확하게 말하려는 경향이 있음. 과제 수행에서 동료 학습자들을 이끌어 가며 주도적으로 수행함	문법 지식에 비해 말하기 실력이 매우 부족. 말하기에 자신 없어 함. 자신의 문제점을 알고 과제 수행에 자신의 문제 개선을 위해 과제 수행 시에도 매우 적극적으로 임함

　　숙달도 향상 학습자들의 가장 큰 특성은 언어 수행 능력의 부족을 들 수 있다. 대부분의 학습자들이 문법 지식에 비해 언어 수행 능력이 부족하였다. 이는 학습자들이 실제 의사소통 상황에서 내재화된 문법 지식을 바탕으로 언어화하는 것을 어려워한다는 것을 뜻한다. 이 학습자들은 SIT 수업 중 사회적 상호작용 과제 활동 수행을 통해 언어 수행 능력을 키울 수 있었다. 특히 3주간의 짧은 SIT 수업에서도 이러한 숙달도 향상이 가능했던 것은 학습자들이 그동안 실제적 과제 수행 기회가 그만큼 부족했다는 사실을 반증한다. 숙달도 단계의 경계에서 아쉽게 등급 상승을 하지 못했던 1명의 학습자(학습자 D) 또한 좀 더 충분한 기간을 두고 과제 중심 수업을 실행한다면 숙달도 향상을 기대할 수 있을 것이다.

　　또한 숙달도 향상 학습자들은 과제 수행에 있어 적극적으로 참여하는 열의가 있었다. 그러나 단계 상승이 이루어지지 않은 학습자들도 대부분 과제 수행과 그룹 활동에 소극적이지는 않았다. 즉, 학습자들의 적극성은 숙달도 단계 상승을 위한 필수 조건인 것이다. 과제 수행에 적극적으로 참여했다 하더라도 학습자의 학습 속도 및 개인적인 제반 차이점에 따라 단계 상승이 이뤄지지 않을 수도 있으나, 수업의 적극적인 참여 없이 숙달도 향상은 불가능하다.

2. 기타 평가 결과

2.1. 목표 형태 사용 평가 결과

이 연구에서는 학습자들의 목표 형태의 사용적 측면을 관찰하기 위해 목표 형태 사용 평가를 실시하였다. 목표 형태 사용 평가 결과를 종합하면 다음과 같다.

첫째, 역할극의 통제성이 약하면 목표 형태가 산출되지 않았다. 학습자들은 상황과 목적이 통제된 역할극에서는 과제 수행에서 자연스럽게 목표 문법이 산출되었다. 그러나 토론극과 즉흥극에서는 과제 수행에서 목표 문법이 거의 산출되지 않았다. 과제 수행에서의 목표 문법 사용은 목표 형태 사용 평가의 목표 문법 사용과 관련이 있었다. 상황과 목적이 통제된 역할극은 과제 수행과 목표 형태 사용 평가에서 모두 목표 문법이 산출되었다. 그러나 토론극과 즉흥극은 목표 형태 사용 평가에서도 전체과제 수행에서와 같이 목표 문법이 산출되지 않았다. 즉, 과제 수행에서 목표 형태가 잘 사용되지 않으면 목표 형태 사용 평가에서도 그 형태의 사용을 기대하기가 어려웠다.

둘째, 문법 평가의 점수와 목표 형태 사용 평가에서의 목표 언어 사용과는 정비례하지 않았다. 다시 말해, 문법 평가에서 점수가 높은 학습자가 목표 형태 사용 평가에서 목표 언어 사용의 빈도가 높은 것은 아니었다. 이는 문법 평가 점수가 높다고 해서 그 문법을 잘 사용할 수 있다는 것을 의미하지 않으며 문법 교육에는 실제 사용을 위한 과제 수행이 필요함을 시사한다.

셋째, 문법 평가의 점수가 좋지 않은 학습자들은 목표 형태 사용 평가에서 목표 언어 형태를 정확하게 사용하지 못하였다. 이는 문법 지식이 없으면 정확한 형태 사용을 기대하기 어렵다는 것을 보여준다. 이 같은 결과는 문법 교육에 대한 시사점을 제공한다. 학습자들이 의사소통 상황에 노출되어 있다고 해도 형태 학습이 없으면 형태를 적절히 사용할 수 없으므로, 사용을 위한 형태 학습은 반드시 필요하다. 알지 못하고 말한다는 것은 불가능하기 때문이다.

2.2. 학습자 성장 평가 결과

학습자들은 형태 초점 기법을 적용한 문법 학습을 통해 특정 문법 항목에 주의를 기울여 학습으로 이어갈 수 있다. 이 연구는 과제 수행 전 형태에 대한 초점화 단계를 기반으로, 사회적 상호작용 과제를 수행함으로써 실제적 의사소통 학습 효과를 높이고자 하였다. 학습자들은 과제 수행에서 정확성과 유창성, 관계성을 고려한 발화를 했는지에 대해 모두 평균(보통이다) 이상의 긍정적인 답을 하였다. 특히 관계성의 평균 수치가 다른 항목보다 높았는데, 전체과제 활동이 역할극으로 구성되고 실제와 유사한 상황에서 수행되어, 학습자들이 관계성에 대한 학습이 충분히 이루어졌다고 판단하는 듯했다. 또한 학습자들은 목표 문법을 많이 사용하지 않았다고 해도 SIT 수업이 정확성을 학습할 수 있는 수업이라 생각하고 있었다. 수업 별 학습자 성장 평가 결과를 종합하면 다음과 같다.

[표 47] SIT 수업에 대한 학습자 성장 평가

	정확성	유창성	관계성
상황과 목적이 통제된 역할극 과제	3.66	3.52	3.74
토론극 과제	3.4	3.57	3.59
즉흥극 과제	3.74	3.59	3.91

2.3. 학습자 정의적 평가 결과

이 연구는 SIT 수업이 학습자들의 정의적 측면에 미치는 영향에 대한 평가를 실시하였다. 평가 결과, SIT 수업은 학습자의 정의적 측면에 긍정적인 영향을 미치는 것으로 나타났다.

먼저 SIT 1차 수업인 상황과 목적이 통제된 역할극 과제 수업에 대하여 학습자들은 수업에 적극적으로 참여했으며, 이 수업이 재미있고 한국어 실력 향상에 도움이 된다고 응답하였다. 정의적 평가 문항에 대한 부정적인 응답은 없었다.[89] 또한 자신감 측면에서 이 수업이 실제 상황에서도 말할 수 있는 자신감을 준다고 응답하였다. 수업의 난도에 관한 질문은 1명만이 다소 어렵다고 답하였는데, 이는 전체과제가 학습자가 직접 참여해야 하는 역할극으로 구성되고 단체 수행을 해야 하는 과제이기 때문으로 예상된다.

개방형 응답에서 학습자들은 상황과 목적이 통제된 역할극 수업이 한국어 실력 향상에 도움이 되는 이유에 대해 '말하기 연습을 많이 했다',

---

89) 학습자 정의적 평가에 대한 평균 점수는 3.75이며, 부정 문항인 4번 '이 수업이 어려웠습니까?'를 제외한 문항의 평균 점수는 4.0이었다. 4번 문항 외에는 '그렇지 않다', '매우 그렇지 않다'로 대답한 학습자는 없었다.

'실제 의사소통하면서 배운 문법을 바로 사용할 수 있다', '말하기를 통해서 정확한 표현을 알게 된다', '실제 상황에서 대화 연습을 했다', '실제 상황을 가정해 대화를 만드는 것이 어휘, 문법 등을 더 자연스럽게 활용하는 데 도움이 된다', '의사소통 상황에서 연습을 해서 도움이 되었는데 상황을 연습하지 않으면 말하기가 어려울 것이다', '고급 표현을 배웠다', '발표나 토론은 긴장하게 되는데 대화 상황은 훨씬 더 자연스럽게 말할 수 있다', '대화를 많이 해서 말하기 연습을 많이 할 수 있었다' 등으로 답했다.

SIT 2차 수업인 토론극 과제 수업에 관한 학습자들의 정의적 평가 역시 매우 높았다.[90] 그러나 이 수업에 대해 학습자들은 다소 어렵다고 평가했는데(그렇다 : 4명, 매우 그렇다 : 2명), 평소에 깊게 생각하지 않은 주제들에 대해 고급 어휘와 고급 표현들을 사용해 논지를 전개하는 과정들이 학습자들에게 부담을 주었기 때문으로 보인다.[91] 수업에 대한 전반적 만족도에 대해서는 모든 문항에서 부정적 응답이 없었는데, 6번 문항인 '이 수업과 비슷한 실제 상황에서도 말할 수 있는 자신감이 생겼습니까?'에 대해, 한 명의 학습자가 '그렇지 않다'로 부정적 응답을 하였다. 이는 과제 수행에서 느낀 토론 형식 및 내용에 대한 어려움이 자신감 하락으로

---

90) 수업에 대한 관심도 항목의 평균 점수는 3.95로 나타났으며, 부정 질문인 4번 문항을 제외한 문항들의 평균 점수는 4.0이었다.

91) 학습자들은 대체적으로 토론을 어려워했다. 목표 형태 사용 평가 전 실시한 수업에 관한 총평에서 학습자들은 토론이 어려운 이유로 '고급 어휘를 잘 모르기 때문에', '자신의 전달 능력 및 상황에 맞는 정확한 문법 형태 사용, 다른 사람의 이해 여부를 모두 고려해야 하기 때문에', '자신이 말하고 싶은 것을 완벽히 전달할 수 없는 경우에 힘들기 때문에', '생각의 수준이 달라서 맞춰서 말하기 힘들고 평소에 많이 생각해 보지 않은 주제이기 때문에', '자료를 준비하고 토론을 할 때 긴장감을 갖고 말해야 하기 때문에' 등을 들었다. 반면 토론이 쉽다고 답한 학습자도 있었는데 토론이 쉬운 이유로는 '준비를 잘하면 평소에 말하는 것과 똑같기 때문에', 이번 토론은 '평소에 생각했고 관심 있는 일이었기 때문에' 등이라고 응답했다.

이어진 것으로 보인다.

SIT 3차 수업 과제인 즉흥극 과제는 앞서 실시한 과제보다 학습자의 흥미도와 만족도가 높은 것으로 조사되었다.[92) 학습자들은 즉흥극을 재미있게 준비하며 적극적으로 과제 수행에 임했다.[93) 수업에 대한 흥미, 그룹 활동 만족도, 수업의 한국어에 대한 기여도, 실제 상황에 대한 자신감 항목 모두 부정적 응답이 없었으며, 응답 평균 점수도 4점을 상회하였다.[94) 그런데 수업 참여에 대한 적극성에 대해서는 1명의 학습자가 부정적인 응답을 하였다. 부정적인 응답을 한 학습자는 텍스트 완성을 위한 의견 개진에서 개인적인 사유로 소극적이었다고 밝혔다.[95) 실제 상황에 대한 자신감 측면에서는 즉흥극은 통제성이 약하고 학습자 스스로가 텍스트의 결말을 완성해야 하는 과제이므로, 학습자들은 이 과정에서 상당한 자신감이 생겼다고 답하였다. 과제 수행을 분석해 본 바와 같이 학습자들에 의해 구성된 텍스트들은 내용이 어렵지 않고 학습자들이 실제로 충분히 말할 수 있는 수준의 한국어로 구성되어 있다. 따라서 학습자들은 자신이 가능한 수준에서 대화를 구성하고 과제를 수행했기 때문에 발화의 안정감과 자신감을 느낀 것으로 보인다.

---

92) 수업에 대한 관심도 문항의 평균 점수는 수업의 난이도 문항인 4번 문항을 제외하고 4.19였다. 수업의 난이도 문항에 대해서는 보통이다(5명), 어렵다(4명), 전혀 어렵지 않다(1명) 순으로 답하였다.

93) 목표 형태 사용 평가 전 실시한 구술 인터뷰에서 학습자들은 친구와 함께 역할극의 줄거리를 구성하는 과정, 연기 연습하는 과정, 의견을 통일하는 과정, 함께 집중하며 준비하는 과정, 대본을 만드는 과정 등 그룹 활동을 하는 모든 과정에서 흥미가 있었다는 답변을 하였다. 학습자들은 함께 준비하고 의견을 나누면서 전체 줄거리를 만들어 낸 후 구체적인 대사를 구성하였는데, 각 조의 개성이 드러나는 텍스트를 완성하였다.

94) 각 항목 별 평균 점수는 수업에 대한 흥미도는 4.3, 그룹 활동 만족도는 4.0, 수업의 한국어에 대한 기여도는 4.1, 실제 유사 상황에 대한 자신감이 4.1로 나타났다.

95) 구술 인터뷰에서 한 학습자가 수업에 적극적이지 않아서 동료 팀원들에게 미안했다는 응답을 하였다. 이러한 답변을 한 학습자는 아르바이트 때문에 피곤해서 모두 텍스트를 완성하기 위해 토론하고 토의할 때 적극적으로 의견을 표출하지 않고 매우 소극적이었다고 진술하였다.

SIT 수업에 대한 학습자 정의적 평가 결과를 표로 정리하면 다음과 같다.

[표 48] SIT 수업에 대한 학습자 정의적 평가

	학습자의 정의적 평가			
	학습 만족도	흥미 만족도96)	참여의 적극성	수업 후 자신감
상황과 목적이 통제된 역할극	4.1	3.95(2.5)	3.9	4.1
토론극	4.2	3.85(3.8)	3.9	4.2
즉흥극	4.3	4.35(3.2)	4.4	4.1

학습자들의 학습 만족도는 매우 높아 평균 4점을 모두 상회하였다. 학습자들은 이 수업이 형태 학습과 실제 상황과 유사한 실제적 과제를 수행함으로써 한국어 실력 향상에 도움을 줄 수 있다고 생각하였다. 또한 학습자의 수업 자체에 대한 흥미도 높았다. 상황과 목적이 통제된 역할극은 3.95, 토론극은 3.85, 즉흥극은 4.35였다. 상대적으로 토론극이 통제성이 약함에도 흥미도가 낮았는데, 이는 토론의 형식도 지키며 다소 난해한 주제를 갖고 토론을 해야 하는 것이 학습자에게 압박감으로 작용했기 때문으로 보인다. 이 같은 결과는 수업의 난도에 대한 측정치가 무려 3.8로 나타난 것만 봐도 알 수 있다. 앞서 지적한 것과 같이 학습자의 부담감 감소와 흥미 유발을 위해 자유 토론으로 형식을 조정한다면 이 부분은 보완될 수 있으리라 생각된다.

참여의 적극성에 대한 수치는 즉흥극이 가장 높았다. 즉흥극은 사회적 상호작용 과제 중 통제성이 가장 약해 학습자들의 자율성과 창의성이 가

---

96) 수업에 대한 흥미 만족도 수치는 '이 수업이 재미있었습니까?' 항목과 '짝 활동이나 그룹 활동이 만족스러웠습니까?' 항목의 평균을 합하여 나눈 평균값이다. 수업의 난도를 질문하는 '수업이 어려웠습니까?' 항목은 괄호로 처리하였다.

장 많이 발휘될 수 있었고, 그만큼 참여도도 높았다. 즉흥극의 경우 학습자들의 참여도가 낮으면 과제 수행이 매우 어렵다. 특히 그룹원들 간의 협동이 매우 중요하므로, 그룹원을 구성할 때는 교사가 더욱 주의를 기울여야 한다. 상황과 목적이 통제된 역할극은 통제성이 강해 상대적으로 적극적 참여의 필요성이 덜 했고, 토론극은 학습 수준이 이 역할극을 소화해 내지 못할 만한 초급 수준의 학습자들이 포함되어 있어 참여에 소극적인 학습자들이 상대적으로 많을 수밖에 없었다.

상황과 목적이 통제된 역할극과 토론극에 대한 정의적 평가의 만족도 종합 평균은 각각 4.0이었다. 즉흥극은 4.19로 나타났다. 종합한 결과로 보면, 학습자들은 학습자 중심 수업인 SIT 수업에서 매우 큰 정의적 측면의 만족도를 보였다는 것을 알 수 있다. 특히 즉흥극이 다른 역할극보다 만족도가 다소 높았는데, 이는 즉흥극이 통제성이 약하고, 학습자 스스로 자유롭게 결말을 완성할 수 있는, 창의성이 최대화된 역할극이기 때문인 것으로 보인다. 그런데 상황과 목적이 통제된 역할극은 비교적 쉽고, 토론극은 다소 어려운 과제 활동이었는데, 이 두 과제가 동일한 평균이 나온 것이 흥미롭다. 이와 같은 결과는 상황이 목적이 통제된 역할극은 쉬운 과제이기는 하지만 통제성이 강하여 학습자 의도대로 역할극을 구성할 수 없다는 점이, 토론극은 과제 수행은 어려우나 학습자들이 주도적으로 자료를 수집하고 토론 전략을 짤 수 있다는 점이 작용했기 때문으로 보인다. 이로써 학습자들은 교사 주도의 수업이 아닌 학습자 중심 수업에서 학습에 대한 만족도와 함께, 흥미, 자신감까지 갖게 되는 것으로 확인되었다.

제6장 **사회적 상호작용 과제 수업의 수정 제안**

1. 설계의 수정

1.1. 1차 수업 수정 : 명확한 세부 설정 제시

SIT 1차 수업인 상황과 목적이 통제된 역할극 과제 수업을 실제 수업에 적용한 결과, 설계 단계는 실행하기에 큰 무리가 없었다. 그러나 수업 실행 과정에서 단계 내 세부 내용들은 수정이 필요하였다.

첫째, 전체과제 텍스트 개발 시, 사회적 상호작용이 활발히 일어날 수 있도록 인물의 나이 및 관계 등을 명확히 제시해야 한다. 한국어는 나이와 사회적 지위에 따라 사회적 상호작용이 크게 달라질 수 있다. 실제 수업에서 실시한 역할극의 예에서 보면 식당 주인과 아르바이트생의 나이가 기재되어 있지 않았다. 학습자들이 관계성을 고려하면서 발화하려면 텍스트에서 역할극이 일어나는 장소와 인물 소개, 인물 간 관계, 나이 등이 명확히 제시되어야 한다. 그것이 명확히 제시되지 않는다면 학습자들은 사회적 상호작용에 관해 관심을 두지 않고, 기능적 의사전달에만 신경 쓸 수 있기 때문이다. 따라서 1차 수업 설계 시, 사회적 상호작용을 위한 설계자의 세밀한 설정이 필요하다.

둘째, 부분과제 후 단계 설계에서 전체과제의 활동에 대한 배경지식 활성화가 필요하다. 부분과제 단계는 전체과제 전 단계이며, 전체과제 수행을 준비하는 단계이다. 그러나 실제 수업에서는 부분과제가 형태 초점화에만 집중이 되어 부분과제와 전체과제가 연계성이 드러나지 않았다. 학습자들이 목표 문법에 다시 한 번 주의를 집중하고 자연스럽게 과제 활동을 예비할 수 있도록 교사가 부분과제 후 단계에서 과제활동에 대한 배경지식 활성화 작업을 간단히 진행해야 한다.

셋째, 부분과제 후 단계 설계에서 목표 문법 과제 재수행 설계가 필요하다. Willis(1996)와 Skehan(1996)과 같이 과제 중심 교수 모형을 제시한 학자들은 과제 후 단계가 학습자들이 언어 형태의 중요성을 인식할 수 있는 단계로 보고, 언어 형태에 초점을 두어야 한다고 하였다. 특히 유사 과제 수행은 학습자들을 언어 형태에 집중하게 하면서도 의미 학습에도 도움을 준다. 그런데 SIT 수업 모형 설계를 위한 실제 수업에서는 부분 과제 후 단계에서 유사 과제 수행을 하지 않았다. 유사 과제 수행이 설계 과정에서 필수로 조직된다면 학습자들의 목표 문법의 내재화 가능성이 높아질 것이고, 이 과정이 실제 언어 수행 능력 향상에도 긍정적인 영향을 줄 것으로 판단된다.

넷째, 전체과제 후 단계에서는 목표 문법의 초점화를 위한 문법 과제나 유사 과제 수행을 하지 않는다. 모형 설계를 위한 실제 수업 문법을 위한 과제 재수행은 하지 않았다. 그러나 설계 단계에는 문법 과제 재수행을 실시할 수도 있다고 한 바 있다. 그런데 실제 수업 진행 결과, 학습자들은 전체과제 수행 후 상당히 지쳐 있었다. 또한 역할극을 끝낸 후이기 때문에 자연스러운 분위기에서 마무리가 되는 것이 좋다. 역할극 과제에 대한 회고는 의사소통 전체 과정이 우선되어야 하며, 교사는 정확성, 유창성, 관계성을 포함하는 의사소통의 전체적 과정에 대한 피드백을 한다. 특히 사회적 상호작용은 학습자들이 부적절한 발화를 하더라도 자각하기 쉽지 않으므로, 교사가 수행 후 반드시 피드백 과정을 갖도록 한다.

1차 수업의 수정 사항을 표로 정리하면 다음과 같다.

[표 49] SIT 1차 수업의 설계 수정

단계	세부 수정 사항
Ⅰ단계 : 목표 형태 선정	• 없음
Ⅱ단계 : 목표 형태에 적합한 형태 초점 기법 선정	• 없음
Ⅲ단계 : 전체과제 텍스트 개발	• 텍스트 내용이 사회적 상호작용이 활발히 일어날 수 있도록 세밀히 개발되어야 함
Ⅳ단계 : 전체과제 전 단계 설계	• 부분과제 후 단계에서 전체과제의 활동에 대한 배경지식 활성화 필요 • 목표 문법에 대한 재설명과 간단한 과제 재수행 필요
Ⅴ단계 : 전체과제 수행 단계 설계	• 없음
Ⅵ단계 : 전체과제 수행 후 단계	• 목표 문법 초점화를 위한 문법 과제 재수행은 실행하지 않음 • 사회적 상호작용 피드백 과정 포함

1.2. 2차 수업 수정 : 어휘 초점과 토론극의 역할극 특성 강화

SIT 2차 수업인 토론극 과제 수업을 실제 수업에 적용한 결과 수업의 일반화를 위해서는 설계의 수정 및 단계 내의 세부 내용 수정과 추가가 요구되었다.

우선 실제 수업 설계의 Ⅰ단계인 '토론 형식 선정' 단계를 삭제한다. 실제 수업에서는 토론 형식 중 하나인 CEDA 토론을 적용하여 수업을 진행하였다. 학습자들은 CEDA 토론의 형식을 알고 있었으나, SIT 수업에서 토론을 진행할 때 입론과 교차조사, 반박 등 토론 형식 준수에 대한 부담이 있었던 것으로 관찰되었다. 더욱이 모어가 아닌 목표어로 토론을 한다는 것에 대한 부담감이 컸을 것으로 보인다. 학습자들은 토론 형식에 따라 입론하고 교차조사에 대한 답을 준비하는 등의 과정에서 인터넷 자료를 활용하며 적극적으로 자료를 준비하였으나, 토론 과정에서 메모한 내용을 그대로 읽는 학습자가 많았다. 학습자들은 자신들의 논지를 설득력 있게 전달하는 것보다 토론의 형식을 잘 지키고, 상대 측의 질문에 형식에 맞게 대답하는 것에 신경을 쓰는 모습을 보였다. 따라서 특정 토론 절차를 따르는 대신 자유로운 토론 형식에서 학습자들이 적극적으로 의견을 표출할 수 있도록 한다면 학습자들의 자료 의존도를 줄일 수 있을 것으로 예상된다.

둘째, 토론 주제 선정 단계에서 학습자의 수준에 맞는 토론 주제를 선정해야 한다. 실제 수업에서 실시한 토론 주제는 학습자들의 한국어 수준에 비해 다소 높았다. 이 연구에서는 중급 단계의 수업을 설계하였지만 정작 토론의 주제는 중급 단계에서 다루기에는 다소 어려운 주제였다. 교사가 학습자에게 토론 준비 시간을 주고, 메모도 가능하게 하였으나, 학습자들은 토론 형식 및 어려운 어휘와 표현에 대한 부담감으로 자신의 언어로 발화하지 못하고 자료를 그대로 읽으며 토론에 임해, 토론의 본질이 다소 흐려졌다.

셋째, 토론 주제 선정 단계에서 토론극의 역할극의 성격을 강화해 사회적 상호작용이 활발히 일어나도록 설계해야 한다. 실제 수업에서는 학습자들이 특별한 역할을 부여 받지 않고 긍정 측과 부정 측으로 나뉘어 토론하였다. 학습자들은 토론 장소에서 공식적 대화를 나누어야 한다는 제약만 있었던 셈이다. 그러나 토론극의 역할극의 성격을 강화하여 학습자에게 역할을 부여하고 특정 상황에서 토론을 하게 하면, 토론 장소도 다양해지며 대화도 다양해질 수 있다. 예를 들어, 환경 개발에 찬성하는 주민과 보존해야 한다며 맞서는 주민들의 토론이나, 마을에서 개최하는 마을 축제의 성격이나 종류 결정하기 등을 제시하고, 그 토론에 참여하는 이들의 성격을 미리 제시해 놓으면 학습자들은 토론을 하면서도 토론이라는 형식뿐 아니라 상대와의 관계, 나이 등을 고려하여 발화할 것이다.

넷째, 어휘를 목표 형태로 삼는다. 실제 수업에서는 학습자들이 토론극 과제 활동에서 부분과제에서 초점화했던 목표 문법을 사용하여 발화하는 예를 찾기 어려웠다. 목표 형태 사용 평가 또한 마찬가지였는데, 학습자들은 과제 활동의 생산된 텍스트의 요약에만 집중하였고, 문법 항목에 대한 관심은 없었다. 앞서 제기한 토론의 형식 문제, 토론 주제의 난도 문제 등의 이유와 함께 토론이 통제성이 약하다는 점도 목표 문법 발화를 어렵게 했을 것이다. 통제성이 없는 상태에서 학습자들이 목표 문법을 자연스럽게 떠올려 발화한다는 것이 현실적으로 매우 어려웠다. 이러한 문제점을 극복하기 위해 형태 초점 기법 적용의 측면에서 문법 항목이 아닌 어휘의 초점화를 제안한다. 토론과 같은 통제성이 약화된 역할극은 발화의 즉흥성, 생소한 어휘의 사용 등을 고려하여 특정 문법의 형태 초점보다 어휘의 초점화가 적합할 수 있다.

형태 초점에서의 형태는 문법 형태만을 뜻하는 것은 아니다. 채윤정 외(2010)에서는 '형태'의 개념이 확대되었다고 소개하면서 한국어 형태 초점 교육 연구에서도 형태 초점의 대상을 확대한 연구들이 필요함을 주장한 바 있다. 특히 어휘를 초점화하는 것은 단순한 어휘 학습이 아니라 학습자에게 의미에 주목하게 하는 역할도 수반한다. 기계적 연습이 아닌 의미 안에서 맥락을 고려한 읽기를 하면서 어휘에 초점을 두기 때문에 이것 또한 형태 초점 교수라 칭할 수 있다(Williams, 2005 : 673).

이 외에도 1차 수업에서와 같이 부분과제 후 단계에서 목표 형태에 대한 유사 과제 수행을 통해 목표 형태의 초점화를 강화한다. 그리고 전체과제 전 단계를 마무리하는 과정에서 전체과제 수행을 위한 배경지식을 활성화하여 역할극 과제를 준비할 수 있도록 하는 것과 전체과제 후 단계에서 사회적 상호작용에 대한 피드백을 하는 것도 추가되어야 한다. SIT 수업 일반화를 위한 2차 수업의 수정 사항을 표로 제시하면 다음과 같다.

[표 50] SIT 2차 수업의 설계 수정

수정된 단계	세부 수정 및 추가 사항
I 단계 : 토론 주제 선정	• 기존 I 단계인 토론 형식 결정 삭제 • 학습자 수준에 맞는 토론 주제 선정 • 토론의 역할극 성격 강화
II 단계 : 목표 형태 선정	• 어휘의 초점화
III단계 : 목표 형태에 적합한 형태 초점 기법 선정	• 없음
IV단계 : 전체과제 전 단계 설계	• 부분과제 후 단계에서 목표 형태 초점화를 위한 유사과제 재수행 실시 포함
V단계 : 전체과제 수행 단계 설계	• 자유 토론으로 실시하며, 토론극에서 역할을 부여 받아 토론함
VI단계 : 전체과제 수행 후 단계 설계	• 사회적 상호작용 피드백 과정 포함

1.3. 3차 수업 수정
: 통사 구조 및 관계성 학습을 위한 형태 초점의 확장

SIT 3차 수업인 즉흥극 과제 수업을 실제 수업에 적용한 결과, 설계 단계는 수정이 불필요하였다. 그러나 3차 수업의 일반화를 위해 설계 단계 내 세부 내용의 수정 및 추가가 요구되었다.

첫째, 목표 형태 선정 단계에서 목표 형태를 개별 항목 및 범주적 문법에서 통사 구조 교육으로 변경한다. 즉흥극 또한 목표 형태가 전체과

제 수행에서 산출되지 않았고, 목표 형태 사용 평가에서도 나타나지 않았다. 즉흥극에서 사용한 형태 초점 기법이 딕토글로스인데, 앞에서도 밝힌 바와 같이 딕토글로스는 특정 문법 항목보다 통사적 처리의 문제, 즉 문장 구조 교육에 적합하다는 지적이 있다. 목표 형태가 과제 수행에서 발화가 어렵고 언어 사용에 도움이 되지 않는다면 딕토글로스를 통한 통사 교육을 실시하는 것도 한 방법이 될 수 있다. 실제로 많은 학습자들이 특정한 문장 구조 오류로 인한 의사소통 실패를 겪고 있는 현실을 감안하면 즉흥극 과제에서 한국어의 기본 문장 구조 습득을 위한 형태 초점 교수는 학습자의 문법적 정확성 향상에 도움이 될 수 있다.

둘째, 목표 형태 선정 단계에서 사회적 상호작용과 밀접한 관련이 있는 높임법이나, 화용적 표현 등을 목표 형태로 삼을 수도 있다. SIT 수업은 사회적 상호작용을 고려한 과제 수행에서 목표 형태의 정확성, 언어의 유창성, 관계성의 총체적 발현으로 의사소통 능력을 향상시키는 수업이다. 이때 목표 형태는 특정 언어 형태일 수도 있지만 관계성을 향상시킬 수 있는 높임말이나 화용적 표현 등도 초점의 대상이 될 수 있다. 한국어는 높임법이 발달되어 있어 외국어 학습자들이 큰 어려움을 겪는다. 특히 반말과 높임말의 구분, 격식체와 비격식체의 적절한 사용 등은 모두 학습과 경험이 반복되어야만 자연스러운 사용이 가능하다. Williams (2005 : 673)에서는 주의가 필요한 항목이라면 문법뿐 아니라 화용적 관습이나 어휘를 포함해 음운(phonology)도 대상이 될 수 있다고 하였고, Laufer (2003; 2005)와 함께 Rose(2005)도 외국어 학습에서는 교수를 통한 어휘, 담화·화용적 능력의 향상이 가능하다고 하여, 어휘 및 담화·화용적 능력 향상을 위한 형태 초점 교수의 가능성을 제시하였다. 이에 사회적 상호작용을 학습할 수 있는 표현들을 형태 초점화한다면 학습자들의 창의력을 약화시키지 않으면서도 관계성을 강화할 수 있는 좋은 방법이 된다.

일반화를 위한 SIT 3차 수업의 수정 및 추가 사항을 표로 정리하면 다음과 같다.

[표 51] SIT 3차 수업의 설계 수정

단계	세부 수정 및 추가 사항
I 단계 : 형태 초점 기법 선정	• 없음
II단계 : 목표 형태 선정	• 통사 구조, 사회적 상호작용과 관련된 높임법, 화용적 표현 등으로 목표 형태 확장
III단계 : 전체과제 텍스트 개발	• 없음
IV단계 : 전체과제 전 단계 설계	• 부분과제 후 단계에서 목표 형태 간단한 유사 과제 재수행 실시 포함 • 전체과제 배경지식 활성화
V단계 : 전체과제 수행 단계 설계	• 없음
VI단계 : 전체과제 수행 후 단계 설계	• 사회적 상호작용 피드백 과정 포함

2. 사회적 상호작용 과제 수업의 설계 원칙

지금까지 이 연구는 SIT 수업을 설계하여 실제 수업에 적용하고 수업에 대한 평가를 실시하였다. 학습자 평가를 통해 드러난 문제점 및 개선점은 SIT 최종 설계에 반영하여 수정하였다. 이는 SIT 수업을 한국어 수업에 적용하기 위한 일반화 과정이다. SIT 수업의 일반화를 위해서는 설계 원칙 확립이 필요하다. SIT 수업의 설계 원칙은 다음과 같다.

(1) 수업 목표를 고려하여 설계한다.

SIT 수업의 목표는 수업을 통한 학습자들의 의사소통 능력 향상이다. SIT 수업은 형태 초점 기법을 통해 문법 형태의 정확성을 높이고 사회적 상호작용을 고려한 실제적 과제를 통해 의사소통 능력을 키우는 것을 목표로 설계된다. 형태 학습은 단지 목표 형태를 알게 하는 것에 있는 것이 아니다. 형태 초점 과제의 목표는 학습자들이 과제를 수행함으로써 의미에 집중하여 목표 형태를 이해한 후, 의사소통 상황에서 적절히 사용 가능하게 한다. 형태 초점 과제 수행 후, 실제 의사소통 상황과 유사한 사회적 상호작용 과제 활동을 통해 최종적으로 의사소통 능력을 신장시키게 되는 것이다. 따라서 SIT 수업에서는 학습자들이 형태 초점 과제에서 학습한 형태를 전체과제 활동에서 자연스럽게 발화할 수 있도록 수업을 설계하는 것이 무엇보다 중요하다. 의사소통 능력은 단순한 문법적 지식이 아니며, 형태의 정확성, 언어의 유창성, 관계성이 모두 적절하게 수행되는 능력이다. 설계자는 과제 수행을 통해 의사소통 능력이 향상될 수 있도록 수업을 설계해야 한다. 각 단계의 세부 목표 또한 의사소통 능력 향상을 위해 설정된다. 따라서 세부 목표 간 연계성이 있어야 하며, 각 단계의 세부 목표가 달성되면 수업의 목표도 달성된다.

SIT 1차 수업의 목표는 상황과 목적이 통제된 역할극의 수행을 통한 학습자 의사소통 능력의 향상이다. 학습자들은 통제된 상황 안에서 정해진 목적을 위해 의사소통하며, 그 과정에서 의사소통을 학습하게 된다. SIT 2차 수업의 목표는 토론극 수행을 통한 의사소통 능력의 향상이다. 학습자들은 다양한 실제 토론 과정을 통해 의사소통을 학습한다. 학습자들은 역할이 가미된 토론 과정에서 가져야 할 태도 및 말투, 적절한 용어 선택, 격식체 사용 등을 경험하고, 그 경험을 통하여 의사소통 능력이 향상된다. SIT 3차 수업의 목표는 즉흥극 수행을 통한 의사소통 능력의 향상이다. 학습자들은 부분과제에서 딕토글로스 수업을 통해 형태를 초점화하는 동시에, 전체과제 수행을 위한 텍스트를 접한다. 학습자들은 즉흥극에서 사회적 위치, 청자와의 관계, 장소 등을 고려하여 발화하게 되는데, 이 과정을 통해 학습자들은 의사소통 능력이 신장된다.

(2) SIT 수업은 교실 환경과 학습자 환경을 고려하여 설계한다.

SIT 수업은 실제 한국어 수업에 적용할 수 있어야 한다. 따라서 수업이 적용될 교실 환경 및 학습자 환경을 고려해야 한다.

SIT 수업은 형태 초점 과제와 역할극 과제가 수행되는 수업이다. 과제 수행 중에는 시청각 입력 강화 기법과 같은 형태 초점 기법이 수행되는데, 시청각 입력 강화를 위해서는 컴퓨터를 기본으로 하여 PPT 시설이나 프로젝트 시설이 준비되어 있어야 한다. 또한 토론극에서는 정보나 자료 수집을 위해 학습자들이 인터넷을 사용할 가능성이 크다. 교실에 개인별 컴퓨터가 갖춰져 있지 않다고 해도 학습자들이 인터넷을 사용할 수 있는 와이파이 시설 등의 인터넷 환경이 제공되어야 한다. 그리고 즉흥극은 학습자들의 의견을 공유하여 극을 완성하기 때문에 여러 그룹원이 역할극을 실연할 수 있도록 무대 환경도 제공되어야 한다. 교사는 교수 설계 뿐 아니라 환경 설정에도 직접적인 역할을 하는 만큼 제반 환경이 학습자의 과제 수행에 방해가 되는 일이 없도록 철저히 준비한다.

또한 SIT 수업은 학습자의 인원수도 고려해야 한다. SIT 수업은 그룹 활동을 하는 학습자 중심 수업이다. 따라서 인원수에 따라 그룹원의 수가 달라질 수 있다. 상황과 목적이 통제된 역할극은 통제성이 강하여 학습자 수에 맞춰 통제성을 조절해야 한다. 역할극에서 짝 활동이나 그룹 활동의 인원수가 맞지 않는 경우까지 고려하여 수업을 설계해야 하며, 각 그룹의 학습자 구성도 원활한 수업을 위하여 주의하여 설계한다.

그리고 학습자의 한국어 수준을 고려하여 수업을 설계한다. SIT 수업은 중급 이상 학습자를 대상으로 하는 수업이다. 그러나 중급과 고급 또한 3급에서 6급까지 다양한 급수가 있다. 교사가 설계를 할 때에는 학습자의 문법적 지식뿐만 아니라 언어 수행 능력까지 모두 고려하여 설계해야 한다. 또한 교사는 목표 형태의 선정, 토론 주제, 즉흥극을 위한 텍스트 개발 등 SIT 수업의 모든 단계에서 학습자의 학습 능력을 고려하여 수업을 설계해야 한다. 특히 이 연구의 실제 수업 적용 과정에서 드러났듯이 여러 급수의 학습자가 한 반에 속해 있을 때는 수업 설계에 어려움이 있다. 이때 교사는 다수를 대상으로 수업을 설계하되, 모든 학습자가 수업을 통하여 의사소통 능력이 향상될 수 있도록 학습자 간 협조를 강조하고 학습자들을 격려해야 한다.

(3) SIT 수업은 학습자 중심 수업으로 구성된다.

SIT 수업은 그룹 활동을 기본으로 하는 학습자 중심 수업이므로 짝 활동과 그룹 활동으로 설계한다. 상황과 목적이 통제된 역할극 과제는 짝 활동과 그룹 활동 모두 설계 가능하며, 토론극과 즉흥극 과제는 주로 그룹 활동으로 설계된다. 학습자들은 그룹 간 활발한 상호작용을 통하여 과제를 성공적으로 수행해야 하며, 이 과정에서 교사의 의도를 적극적으로 파악해야 한다. 학습자들이 교사의 수업 설계 의도를 이해하려는 노력을 하지 않고 수동적인 태도로 수업에 임하게 되면 교사의 의도가 수업에 완전히 반영되는 것은 불가능해지기 때문이다. 이를 위해 학습자 간 협동 의식은 필수적이다.

SIT 수업이 학습자 중심 수업이므로, 교사는 수업에서 학습자 간 의사소통을 촉진시키고 의식을 고양시켜야 한다. 학습자가 과제 수행에 어려움을 느낄 때 교사는 즉각적인 조언 및 상담을 하며, 수업 진행 통제 등을 통하여 수업이 원활하게 운영될 수 있게 한다. 교사는 학습자들의 의사소통을 촉진하게 하여 학습자가 자발적이고 창의적으로 역할극을 수행할 수 있도록 하며, 실제적 자료를 통하여 과제 수행을 완성하게 할 수 있도록 준비해 학습자들이 과제 수행을 주도적으로 할 수 있게 해야 한다.

(4) SIT 수업은 수업의 통제에 따라 1차 수업, 2차 수업, 3차 수업으로 조직된다.

SIT 수업은 상황과 목적이 통제된 역할극 과제 수업(1차), 토론극 과제 수업(2차), 즉흥극 과제 수업(3차) 수업으로 구성된다. 이는 수업의 통제 정도에 따라 구분되며, 배열이 바뀔 수 없다.

상황과 목적이 통제된 역할극의 전체과제 수행 단계에서 교사는 지시 사항을 학습자들에게 제시하고, 상황과 목적을 통제한 텍스트를 배부한 다. 이 텍스트는 학습자들에게 역할극의 시작과 끝, 목적을 제시해 준다. 또한 교사는 목표 형태가 역할극에서 자연스럽게 발화될 수 있도록 통제한다. 또한 교사는 통제 상황에 발화가 일어나는 장소 및 청자와 화자의 관계, 나이, 사회적 지위를 정확하게 통제하여 사회적 상호작용 학습의 기회를 높인다.

토론극은 토론 주제의 통제 외에 교사의 구체적 통제가 약화된다. 토론 주제는 제시되지만 토론의 승패나 결론은 중요하지 않으며, 학습자 중심으로 토론이 수행된다. 교사는 토론 주제 선정 시, 역할과 장소를 통제할 수 있다. 즉, 역할극 내에서 토론을 하는 역할을 맡는 것이다. 이때 학습자들은 토론에 필요한 사회적 상호작용뿐 아니라 역할에 따른 사회적 상호작용을 동시에 고려하며 발화해야 한다.

즉흥극 과제는 도입 부분만 통제되고 모든 부분을 학습자가 즉흥적으로 꾸며 나가야 한다. 즉흥극 과제 활동은 부분과제에서 교사가 제시했던 미완결 텍스트를 학습자들이 창조적으로 완결하여 즉흥극으로 완성하는 활동이다. 학습자들은 교사의 통제 없이 자유롭게 상상하여 극을 완성한다. 역할극의 주제 및 결말은 학습자들에 의해 정해지며, 극중 배역들의 관계 또한 학습자들이 설정한다.

(5) SIT 수업은 과제 중심 교수 절차를 따른다.

SIT 수업은 학습자의 요구분석 후, 수업이 설계된다. 또한 수업은 과제 전 단계 – 과제 수행 단계 – 과제 후 단계로 설계된다. SIT 수업에서 중심이 되는 과제는 사회적 상호작용 과제 활동이며, 이것이 전체과제가 된다. 앞서 밝힌 수업 단계에서의 '과제'는 바로 '전체과제'를 뜻한다. 과제 전 단계, 즉 전체과제 전 단계는 부분과제 단계이다. 부분과제 단계도 과제 중심 교수 절차를 따르기 때문에 이 부분도 3단계로 나뉘어 부분과제 전 단계 – 부분과제 수행 단계 – 부분과제 후 단계가 된다. 정리하면, SIT 수업은 전체과제 전 단계 – 전체과제 수행 단계 – 전체과제 후 단계로 진행되며, 전체과제 전 단계는 부분과제 전 단계 – 부분과제 수행 단계 – 부분과제 후 단계로 구성된다.

이렇듯 SIT 수업은 과제 중심 교수 절차를 따르고 있으나 그 절차는 다소 수정되었다. 이는 SIT 수업이 하나의 단일 과제로 구성되지 않고 형태 초점 과제와 사회적 상호작용 과제를 연계한 수업이기 때문이다. 절차의 수정이 있었다 해도 그것이 과제 중심 교수 절차를 완전히 벗어나는 것은 아니다. 부분과제 내에서의 수업 과정, 부분과제와 전체과제의 연계 방식 등 모든 과정에서 과제 중심 교수 절차를 따르기 때문이다.

(6) SIT 수업의 전체과제 전 단계는 형태 초점 과제 수행 단계로 조직되며,
     과제 수행을 위한 배경지식 활성화 단계로 설계된다.

과제 전 단계는 과제 수행을 위한 배경지식을 활성화하는 단계이다. SIT 수업의 전체과제 전 단계는 배경지식 활성화와 함께 과제 수행에 필요한 목표 형태의 초점화가 포함된다.

부분과제에서 목표 형태 선정과 전체과제 활동과의 연계는 개별 SIT 수업별로 접근 방식이 다르다. 상황과 목적이 통제된 역할극 과제와 토

론극 과제 수업에서는 목표 형태를 선정한 후, 그에 적합한 형태 초점 기법을 선정한다. 그러나 즉흥극 과제에서 형태 초점 과제는 딕토글로스 기법을 적용한다. 딕토글로스 기법은 교사가 들려주는 텍스트를 학습자들이 듣고 재구성하는 기법으로서, 목표 형태의 초점화뿐 아니라 텍스트의 서사적 이해에도 도움을 주는 기법이다. 또한 딕토글로스 기법이 개별 형태의 교육에 비효율적이라는 비판이 있으므로 즉흥극 과제에서는 교사의 명시적 설명도 포함한다.

목표 형태는 개별 문법, 범주별 문법, 어휘, 화용적 표현 등 다양하게 선택할 수 있다. 그러나 통제성을 고려하여 상황과 목적이 통제된 역할극 과제는 개별 문법 및 범주별 문법 초점, 토론극 과제는 어휘 초점, 즉흥극 과제는 높임말, 화용적 표현 등 사회적 상호작용과 관련된 형태 초점으로까지 확장 가능하다.

부분과제 후 단계에서 목표 형태를 위한 간단한 과제 재수행을 실시한다. 이 연구에서 SIT 수업 일반화를 위한 실제 수업에서 학습자들을 관찰한 결과, 형태 초점 과제를 수행하고 나서도 형태의 초점화가 확실히 일어나는 것은 아니었다. 이에 과제 후 단계에서 유사 과제 수행을 설계했던 Skehan(1996)의 견해를 받아들여, SIT 부분과제 후 단계에서도 확실한 형태 초점화를 위해 문법 재설명, 유사 과제 재수행을 실시한다.

(7) 전체과제 수행 단계는 역할극 과제로 조직된다.

전체과제 수행 단계에서는 사회적 상호작용 과제 활동이 수행된다. 이 과제 활동은 앞서 밝힌 바와 같이 통제성에 따라 나뉘는데, 상황과 목적이 통제된 역할극, 토론 역할극, 즉흥극 순서로 적용된다. 교사는 역할극 주제에 따라 부분과제에서 초점화할 목표 형태를 선정한다. 학습자들은 역할극 주제에 따라 과제 수행을 하면서 형태 사용의 의도 없이 자연스러운 상황에서 맥락을 위해 형태를 사용하게 된다. 이와는 반대로 부분 과제에서 학습한 목표 언어 형태가 최대한 자연스러운 상황에서 발화될 수 있도록 역할극 주제를 설정할 수도 있다. 그러나 전체과제 주제를 설정하고 그에 필요한 목표 형태를 선정한 후, 목표 형태 학습을 위한 형태 초점 과제를 설정하는 것이 보다 자연스러운 설계 과정이다.

역할극 과제는 목표 형태의 자연스러운 사용과 함께 학습자의 의도가 충분히 표현될 수 있도록 유창성을 고려하여 설계해야 하며, 과제 수행 과정에서 관계성을 고려한 대화가 일어날 수 있도록 해야 한다. 이를 위해 교사는 상황과 목적이 통제된 역할극 활동에서 통제 지시 사항을 면밀히 설계하여 학습자들이 통제 내에서 사회적 상호작용을 고려한 발화가 일어날 수 있게 해야 한다. 토론극 활동에서는 역할이 주어진 토론을 실시하여 공식 토론 외에 특별한 상황 및 장소에서의 특수한 관계를 고려한 말하기가 가능하도록 과제를 조직한다면 학습자들이 토론 과정에서 자연스럽게 다양한 사회적 상호작용을 경험할 수 있다. 즉흥극 과제에서는 학습자들이 창의적으로 역할 간 관계를 설정할 수 있다. 기본적인 설정은 제시되어 있으나 극의 시작 이후는 학습자의 창의력에 의해 극이 진행된다. 학습자들은 자신들이 원하는 극의 진행 방향과 결말을 위해 형태를 사용하고, 유창성을 발휘하며, 관계성을 고려하여 의사소통할 것이다.

(8) 전체과제 후 단계는 과제 수행의 과정 회고 및 피드백 단계로 조직된다.

전체과제 후 단계에서는 과제 수행에 대한 발표 혹은 회고가 주가 된다. 학습자들은 과제 수행에서의 느낀 점, 타 그룹과의 비교 등을 하면서 과제 수행에 대한 숙고의 과정을 거친다. 이 단계에서는 과제 수행으로 학습자들이 지쳐 있는 상태이다. 교사는 과제 수행에 대해 될 수 있는 대로 긍정적 피드백을 주어 학습자들을 격려한다. 또한 이 단계에서는 목표 형태 사용에 대한 확인도 이루어지는데, 목표 형태 사용이 활발하지 못했다면 그 이유를 질문하고 다음 설계에서 그 점을 고려하여 재설계해야 한다. 교사는 역할극의 창의성 정도에 대해 학습자들과 이야기를 나눈다. 또한 맥락에 맞지 않는 높임말 등 관계성에 관해서도 피드백한다.

3. 사회적 상호작용 과제 수업 교수·학습 모형

앞서 밝힌 SIT 수업 설계 원칙을 토대로 SIT 수업 교수·학습 모형을 구체화하면 다음과 같다.

수업 목표	과제 수행을 통해 의사소통 능력을 향상시킨다		
SIT 수업	상황과 목적이 통제된 역할극 과제	토론극 과제[97]	즉흥극 과제
전체과제 전 단계(Ⅰ단계) (50분)	• 전체과제 수행을 위한 형태 초점 과제 수행하기 • 전체과제 수행 전 배경지식 활성화하기		
부분과제 전 단계 (5분)	• 형태 초점 과제를 위한 배경지식 활성화하기 • 형태의 초점화를 위한 시청각적 입력 강화(즉흥극 과제 생략 가능)		
부분과제 수행 단계 (30~35분)	• 문법 형태 초점 과제 수행하기 • 문법 형태 초점과제에 적합한 형태 초점 기법 선정하기	• 어휘 형태 초점 과제 수행하기 • 어휘 학습에 적합한 형태 초점 기법 선정하기	• 통사 구조 및 화용 표현 형태 초점 과제 수행하기 • 딕토글로스 과제 수행하기 • 교사의 명시적 설명
부분과제 후 단계 (10~15분)	• 목표 형태에 대한 교사 피드백 • 유사 과제 재수행하기 • 전체과제 수행에 대한 배경지식 활성화하기	• 목표 형태에 대한 교사 피드백 • 유사 과제 재수행하기 • 전체과제 수행에 대한 배경지식 활성화하기	• 재구조화한 텍스트 발표하기 • 원 텍스트와 비교하기 • 목표 형태에 대한 교사 피드백 • 유사 과제 재수행하기 • 전체과제 수행에 대한 배경지식 활성화하기

전체과제 수행 단계 (Ⅱ단계) (80분)	• 상황과 목적이 통제된 역할극 수행하기 • 자연스럽게 목표 형태 사용하기 • 상황과 목적이 담긴 텍스트를 풍부한 대화의 양과 질로 표현하기 • 역할극에서 맡은 배역과 상대방과의 관계, 장소에 맞는 의사소통하기	• 토론 주제에 따라 토론하기 • 토론에서 역할을 부여 받아 토론하기 • 토론 상황에서 자연스럽게 목표 형태 사용하기 • 풍부한 대화의 양과 질로 표현하여 자신의 논지를 전개하기 • 토론이 일어나는 장소 및 토론에서의 역할에 맞는 표현 사용하기 • 다른 팀의 토론를 보고 승패 나누기, 혹은 잘한 학습자 고르고 이유 쓰기	• 그룹원 간 즉흥극 진행에 대해 간단히 상의하여 결말 정하기 • 배역 정하기 • 즉흥극 상황에서 자연스럽게 목표 형태 사용하기 • 즉흥극에서 맡은 배역과 상대방과의 관계를 고려하여 의사소통하기
전체과제 후 단계 (Ⅲ단계) (20분)	• 과제 수행에 대한 회고 • 과제 수행에 대한 교사 피드백(긍정적 피드백) • 목표 형태 사용 확인 • 사회적 상호작용 피드백	• 학습자들이 판정한 토론 승패 결과 공개, 판정 이유 공개 • 과제 수행에 대한 교사 피드백(긍정적 피드백) • 목표 형태 사용 확인 • 사회적 상호작용 피드백	• 과제 수행에 대한 회고 • 다른 그룹에 대한 평가 (창의성, 흥미 등) • 과제 수행에 대한 교사 피드백(긍정적 피드백) • 목표 형태 사용 확인 • 사회적 상호작용 피드백

[그림 8] SIT 교수·학습 모형

(1) 전체과제 전 단계

전체과제 전 단계는 모두 50분간 진행된다. 이 단계는 전술했듯이 부분과제 단계이다. 부분과제 전 단계는 5분, 부분과제 수행 단계는 30~35분, 부분과제 후 단계는 10~15분이다. 전체과제 전 단계는 전체과제 수행을 위해 형태 초점 과제를 수행하고, 전체과제 수행 전 배경지식을 활성화하는 단계이다. 부분과제 후 단계는 교사의 유사 과제 실시와 학습자의 과제 수행 발표, 교사의 명시적 설명 추가로 인해 시간이 조절될 수 있다. 형태 초점 기법에 따라 부분과제 후 단계의 시간은 유동적이다.

---

97) 토의극 과제로 구성할 수도 있다.

(2) 전체과제 수행 단계

전체과제 수행 단계는 모두 80분이다. 학습자들이 전체과제 수행 단계에서 동료 학습자들과 협력하여 대화를 구성하고 과제 수행에 임해야 한다. 학습자들이 과제 수행을 준비하는 상의 단계의 시간은 학습자의 수준과 역할극의 수행 난이도에 따라 다르다. 상황과 목적이 통제된 역할극은 통제성이 비교적 명확하기 때문에 짝이나 그룹 간 간단한 합의만 이루어져도 역할극이 가능하다. 그러나 토론극은 주어진 역할에 대한 이해 및 논쟁을 위한 자료 조사를 위한 상당한 시간이 필요하다. 또한 여러 그룹의 토론극이 진행되어야 하므로 교사의 꼼꼼한 설계가 필요하다. 즉 흥극은 학습자의 창의력으로 극을 구성해야 하므로 가장 많은 상의 시간이 필요하다. 학습자들은 극의 완결을 위한 많은 의견을 나눌 것이고, 합의를 이룬 후에도 배역을 정하는 등의 준비 시간이 필요하다. 그런데 상의 시간이 너무 길어지면 학습자들이 역할극을 위해 대사를 적는 등 즉흥성을 떨어뜨리는 행위를 할 가능성이 있기 때문에 주의해야 한다. 교사는 지나치게 여유 있게 시간을 주기보다는 학습자들이 역할극 진행을 위한 전략을 세우는 정도의 시간을 주는 것이 좋다.

(3) 전체과제 후 단계

전체과제 후 단계는 20분이다. 이 단계는 과제 수행에 대해 회고하고 과제 수행에 대한 피드백을 하는 시간이라 20분이면 다소 긴 시간일 수도 있다. 그러나 과제 수행에 대한 회고는 간단히 질문할 수도 있으나 학습자별로 소감을 들어보는 것도 좋다. 이 회고의 과정은 학습자들이 과제 수행 과정을 되돌아보면서 의사소통을 위해 학습자들이 한 발화와 행위들을 총체적으로 점검할 수 있는 시간이기 때문에 가급적 실시하는 것이 좋다. 이 단계에서는 목표 형태 사용을 확인하는 과정과 함께 사회적 상호작용 피드백 과정도 필수적이다. 교사는 학습자들이 인지하기 힘든 사회적 상호작용 오류에 대한 피드백을 통해 학습자들의 좀 더 완전한 의사소통 수행을 위해 도움을 제공해야 한다.

제7장 **결론**

 이 연구는 중급 이상의 한국어 학습자들을 대상으로 한 사회적 상호작용 과제 중심의 한국어 수업을 설계하고 수업에 적용함으로써 SIT 교수·학습 모형을 제시하였다. 그 모형을 간략화하면 다음과 같다.

[표 52] SIT 수업의 간략화 모형

전체과제 전 단계			전체과제 수행 단계	전체과제 후 단계
부분과제 전 단계	부분과제 수행 단계	부분과제 후 단계		
시청각적 입력강화, 배경지식 활성화 등	형태 초점 과제 (문법 형태 초점)	정리 및 피드백, 언어 형태 강화(유사 과제 재수행), 전체과제 배경지식 활성화	상황과 목적이 통제된 역할극	과제 수행 후 소감 및 정리, 언어 형태 피드백, 사회적 상호작용 피드백
	형태 초점 과제 (어휘 초점)		토론극	
	딕토글로스 과제 (통사 구조 초점, 화용 표현 초점)		즉흥극	
5분	30-35분	10-15분	80분	20분
50분				

 이 연구에서 실시한 SIT 수업은 참가한 학습자가 소수라는 점, 국적이

다양하지 않다는 점, 학습자의 수준이 동일하지 않다는 점 등의 수업 적용의 한계가 있었다. 또한 실제 수업 적용을 통해 문제점을 파악한 후 설계를 수정하였는데, 설계 수정 후의 최종 교수·학습 모형은 다시 실제 수업에서 적용하여 분석하지 않았다는 약점이 있다. 그리고 SIT 수업의 실제 적용은 대학교 학부 수업에서 실시되었는데, 각 대학교 부설 기관에서 운영되는 한국어 연수반의 경우, SIT 수업을 적용할 수 있는 환경이 조성되어 있는지는 불투명하다. 많은 학교의 연수반 수업은 교재 중심으로, 동료 교사와 협동 수업으로 진행되기 때문에 교사 임의로 SIT 수업을 설계하여 실시하는 데에 어려움이 있는 것이 사실이다. 그러나 학습자 개개인 및 그룹을 면밀히 분석하고 의사소통 능력 향상을 위한 다양한 평가를 실시해 각 개인별 결과 분석이 가능했다는 점은 앞으로 한국어 교육 현장에서 수업 환경을 고려하여 수업을 설계할 때 도움이 될 것으로 기대한다. 최종 모형의 적용 연구 및 다수의 학습자들을 대상으로 하는 연구는 추후를 기약한다.

부록

〈1-1〉 SIT 수업 전 OPI 평가 목록표

(1) 학습자 A

과제	과제 수준	주제 (Topic)	질문	O	△	X
단순 대화	I	한국어 공부	한국어 공부가 어때요?	√		
단순 대화	I	취미	한국어 공부말고 취미가 있어요?	√		
단순 대화	I	여가 시간	시간이 있으면 보통 뭘 해요?	√		
단순 대화	I	한국 드라마	타지키스탄에서 한국 드라마 많이 봤어요?	√		
진술하기	A	드라마 줄거리	그 드라마는 어떤 내용이에요?			√
설명하기	A	드라마 선호 이유	타지키스탄 사람들이 왜 한국 드라마를 좋아하는 것 같아요?			√
단순 대화	I	좋아하는 배우	○○ 씨는 배우 중에서 누구를 좋아해요?	√		
단순 대화	I	좋아하는 이유	왜 좋아해요?	√		
비교하기	A	한국어와 타지키스탄어의 비교	드라마 때문에 한국어를 배우는데 한국어하고 타지키스탄 말하고 어떻게 다른지 비교해 주세요.			√
단순 대화	I	수업 후 여가 시간	수업이 끝나면 보통 뭘 해요?	√		
단순 대화	I	친구	친구들을 만나면 보통 뭐 하세요?	√		
단순 대화	I	친구와 하는 이야기	친구하고 드라마에 대해서 무슨 얘기를 합니까?	√		
단순 대화	I	여행	한국에서 어디를 여행했어요?	√		
단순 대화	I	여행지 단순 감상	부안은 어땠어요?			
묘사하기	A	부안의 환경 묘사	부안은 어떤 곳인지 안 가 본 사람들에게 알려 주세요.			√
단순 대화	I	여행지에서 한 일	거기에서 뭐 했어요?	√		
단순 대화	I	여행하고 싶은 곳	또 어디를 여행하고 싶어요?	√		
단순 대화	I	여행지에서 하고 싶은 일	여행 가서 뭘 제일 하고 싶어요?	√		
질문하기	I	문장 생성 능력 점검	저에게 질문하고 싶은 것을 5가지만 해 보십시오.	√		
역할극	A	복잡한 문제 해결하기	○○ 씨가 친구를 만나러 가야 하는데 휴대전화를 놓고 왔습니다. 그런데 버스를 탔어요. 버스요금이 1300원인데 900원밖에 없어요. 이 문제를 어떻게 해결할 수 있을까요?			√
판정				I–L		

(2) 학습자 B

과제	과제 수준	주제 (Topic)	질문	등급 수준에 맞는 대답 여부 O	△	×
단순 대화	I	주말에 한 일	지난 주말에는 뭐 했어요?	√		
단순 대화	I	아르바이트	요즘 아르바이트를 합니까?	√		
단순 대화	I	아르바이트	횟집에 사람이 많아요?	√		
단순 대화	I	중국인의 음식 습관	중국 사람들도 회를 먹습니까?	√		
비교하기	A	한국-중국 음식 비교	한국 음식하고 고향 음식의 차이점은 어떤지 설명해 주세요.		√	
진술하기	A	음식 차이의 이유	한국에도 볶음이 있지만 중국 사람만큼 좋아하지는 않는 것 같아요. 왜 그럴까요?		√	
단순 대화	I	여행 계획	여행을 좋아한다고 했지요? 여행 계획이 있어요?	√		
단순 대화	I	가고 싶은 여행지	어디로 가고 싶어요?	√		
단순 대화	I	제주도를 좋아하는 이유	사람들이 왜 제주도를 좋아하는 것 같아요?	√		
묘사하기	A	가 본 여행지에 대한 묘사	○○ 씨가 가 본 곳 중에서 어떤 곳이 가장 좋았어요? 그곳이 어떤 곳이었는지 설명해 주십시오.	√		
단순 대화	I	실망스러운 여행지	지금까지 여행한 곳 중에서 가장 실망스러웠던 곳은 어디예요?	√		
진술하기	A	실망한 이유 설명하기	왜 실망했는지 이유를 설명해 주세요.			√
단순 대화	I	한국 관광지 경험	지금까지 한국 관광지 중에서 어디를 여행해 봤습니까?	√		
진술하기	A	한국 여행지의 개선점	한국 여행을 하면서 개선했으면 좋겠다 싶었던 것이 있었어요?			√
진술하기	A	교통 문제	여행할 때 교통을 편리하게 이용하려면 어떻게 해야 할까요?			√
문제 해결	A	경제적이고 효과적인 쇼핑	여기는 백화점입니다. ○○ 씨가 선물을 하려고 하는데 한 곳은 비싸지만 사은품이 있습니다. 한 곳은 싸지만 예쁘지 않고 사은품도 없습니다. 카드 결제와 현금 결제의 차이도 있습니다. 무엇을 사면 가장 만족스러울까요?		√	
판정				I-M		

(3) 학습자 C

과제	과제 수준	주제 (Topic)	질문	등급 수준에 맞는 대답 여부		
				O	△	X
단순 대화	•	전공 공부	미얀마와 대만에서 한국어를 계속 공부했나요?	√		
비교하기	A	공부한 언어의 차이	여러 언어를 공부하면서 각 언어마다 차이가 있었나요?	√		
진술하기	A	도서관 관리학과	처음 가고 싶어 했던 도서관 관리학과는 어떤 곳인지 설명해 주세요.	√		
진술하기	A	도서 관심 분야	책 내용보다 책이 나오는 과정에 더 관심이 많은 건가요?	√		
진술하기	A	재미있게 읽은 책	재미있게 읽은 책이 있으면 얘기해 주세요.	√		
의견 피력하기	S	독서량의 영향을 주는 사회적 문제	요즘은 독서를 많이 하지 않는 추세죠. 독서를 안 하는 것과 관계있는 사회적 문제나 현상이 있을까요?		√	
의견 피력하기	S	책을 많이 읽는 방법	책을 많이 읽는 방법이 있을까요?			√
추상적 주제 말하기	S	정부의 독서 장려 정책	정부에서 독서 장려 정책을 편다면 어떤 정책이 좋을까요?		√	
진술하기	A	한국어 책 쓰기	독서를 좋아하는데 한국어 책을 쓰고 싶지 않으세요?	√		
진술하기	A	중국어로 쓴 책	중국어로 쓴 책의 주제는 뭐였나요?	√		
가정하기	S	인터넷이나 전자북의 등장과 출판 시장 상황과의 관계	요즘 출판업계가 위기라고 하는데요, 인터넷이나 전자북이 없다면 지금의 출판 시장 상황이 달라졌을까요?			√
역할극	S	출판사 사장과 기자와의 인터뷰	○○ 씨는 출판사 사장입니다. 기자와 인터뷰를 하고 있다고 생각하고 말해 주십시오.			√
판정				A-M		

(4) 학습자 D

과제	과제수준	주제 (Topic)	질문	등급 수준에 맞는 대답 여부 O	△	×
단순 대화	I	한국 생활	한국 생활이 어떻습니까?	√		
단순 대화	I	기숙사	기숙사에서 살아요?	√		
단순 대화	I	식사	어떻게 밥을 먹어요?	√		
단순 대화	I	한국 음식	한국 음식이 입에 맞아요?	√		
비교하기	A	한국 음식과 중국 음식 비교	한국 음식하고 중국 음식이 차이점이 있어요?			√
단순 대화	I	취미	취미가 뭐예요?	√		
단순 대화	I	수영과 게임	수영하고 게임하고 어떤 게 더 좋아요?	√		
단순 대화	I	수영할 때 중요한 점	수영을 할 때 뭐가 제일 중요해요?	√		
단순 대화	I	중국 사람들의 스포츠 사랑	중국 사람들은 운동을 참 많이 하는 것 같은데 어때요?	√		
진술하기	A	건강에 필요한 것	사람들은 건강을 위해서 D 씨처럼 운동을 하기도 하고 건강 식품을 먹기도 하는데 D 씨는 건강해지려면 가장 필요한 게 뭐라고 생각해요?	√		
단순 대화	I	음식과 운동 중 건강에 도움이 되는 것	(학습자의 대답에 따라)음식보다 운동이 더 중요해요?	√		
진술하기	A	수영	수영의 좋은 점을 이야기해 보세요.			√
단순 대화	I	한국어 공부	한국에서 한국어를 공부해 보니 어떻습니까?	√		
비교하기	A	한국-중국의 한국어 수업 차이점	한국에서 배우는 수업과 중국에서 배운 한국어 수업과 무엇이 다릅니까? 비교해 보세요.		√	
단순 대화	I	한국 여행	한국에서 여행을 해 보셨어요? 어디를 가 보셨어요?	√		
묘사하기	A	제주도 묘사	제주도는 어떤 곳이었어요? 가 보지 않은 사람들은 위해서 제주도를 설명해 보세요.		√	
역할극	I	관광안내소 직원과 관광객의 대화	○○ 씨는 관광안내소 직원입니다. 관광객들이 ○○ 씨에게 질문을 할 거예요. 이야기를 해 봅시다.	√		
판정				I-M		

한국어 학습자를 위한 사회적 상호작용 과제 수업 연구

(5) 학습자 E

과제	과제 수준	주제 (Topic)	질문	등급 수준에 맞는 대답 여부		
				O	△	X
단순 대화	I	취미	취미가 뭐예요?		√	
단순 대화	I	여가 시간	수업이 끝나면 보통 뭐 합니까?		√	
단순 대화	I	주말에 한 일	지난 주말에 뭐 했어요?	√		
단순 대화	I	주말 계획	이번 주말에는 뭐 할 거예요?	√		
단순 대화	I	가 보고 싶은 곳	어디에 가 보고 싶어요?		√	
단순 대화	I	하고 싶은 일	그곳에 가서 뭐 하고 싶어요?		√	
단순 대화	I	부산	부산에 가서 한국 문화를 배울 수 있어요?		√	
단순 대화	I	전주	전주에서는 한국 문화를 배웠어요?			√
단순 대화	I	전주에서 한 일	전주에서는 뭐 했어요?			√
단순 대화	I	한옥마을	한옥마을에 가 봤어요?	√		
단순 대화	I	한옥마을	한옥마을에 뭐가 있어요?		√	
단순 대화	I	한옥마을을 다 안 본 이유	왜요?			√
단순 대화	I	한국 음식	전주에서 한국 음식을 많이 먹어 봤어요?			√
단순 대화	I	한국 음식	한국 음식이 어때요?		√	
단순 대화	I	한국 생활	한국 생활이 어때요?		√	
단순 대화	I	한국 생활이 힘든 이유	뭐가 힘들어요?	√		
단순 대화	I	아르바이트	한국에서 일해요?	√		
단순 대화	I	아르바이트 장소	어디에서 아르바이트 해요?			√
단순 대화	I	아르바이트	지금도 일해요?	√		
단순 대화	I	아르바이트	지난 주말에 일했어요?			√
단순 대화	I	아르바이트 공장	공장에서 일하는 게 힘들지 않아요?	√		
단순 대화	I	일이 필요한 이유	왜 일이 필요합니까?		√	
단순 대화	I	돈이 생기면 하고 싶은 일	일해서 돈이 생기면 뭐 할 거예요?	√		
단순 대화	I	컴퓨터를 사고 싶은 이유	컴퓨터가 왜 필요해요?	√		
단순 대화	I	하루 일과	○○ 씨의 하루 일과를 말해 주세요.			√
단순 대화	I	하루 일과	아침부터 저녁까지 뭘 해요?		√	
질문하기	I	문장 생성 능력 점검	저에게 질문 5개를 해 보세요.		√	
역할극	I	백화점에서 물건 사기	○○ 씨가 백화점에 갔습니다. 친구 생일 선물을 사 보세요.		√	
판정				N–M		

(6) 학습자 F

과제	과제 수준	주제 (Topic)	질문	등급 수준에 맞는 대답 여부 O	△	×
단순 대화	•	대만 날씨	대만은 요즘 날씨가 어때요?	√		
비교하기	A	한국과 대만 날씨 비교	대만 날씨와 한국 날씨를 비교해 주세요.	√		
단순 대화	•	한국에 온 이유	한국어 때문에 한국에 온 거예요?	√		
진술하기	A	한국 문화 체험 경험 소개	한국에 와서 한국어를 배우고 문화 체험을 하는 게 어땠나요?	√		
진술하기	A	기억에 남는 체험 소개	특별히 기억에 남는 체험이 있었으면 소개해 주세요.	√		
비교하기	A	대만과 한국 문화 비교	대만과 한국 문화가 비슷하다고 생각합니까?	√		
진술하기	A	문화 차이의 이유	왜 그런 차이가 있는 것 같아요?	√		
의견 피력하기	S	날씨와 성격의 관계	날씨가 사람들의 성격에도 영향을 준다고 생각해요?			√
비교하기	A	대만과 한국의 장단점 비교	한국에 와서 한국의 장단점을 많이 보고 느꼈을 텐데 어떠셨어요?	√		
진술하기	A	대만의 장점 말하기	대만의 장점은 뭐라고 생각합니까?	√		
진술하기	A	대만 사람들이 한국 사람들을 싫어한다는 뉴스 기사	대만 사람들이 한국 사람들을 싫어한다는 뉴스를 많이 봤습니다. 그 이유가 있습니까?	√		
의견 피력하기	S	역사적 과오의 영향	한국이 대만에 대해서 정치적, 외교적 결례를 범한 것 같은데요, 지금 이런 악감정도 그 영향이 있다고 보세요?			√
가정하기	S	정치적 갈등 가정	한국과 정치적인 문제로 갈등이 심해진다면 대만은 어떻게 해야 한다고 생각하시는지 말씀해 주세요.			√
진술하기	A	요즘의 대만과 중국의 갈등 상황	대만 사람들과 중국 사람들의 갈등 상태는 요즘은 어떻습니까?	√		
묘사하기	A	교과서에서의 중국 묘사	교과서에서는 중국을 어떻게 묘사하고 있어요?	√		
진술하기	A	졸업 후 계획	○○ 씨는 졸업 후에 어떤 계획이 있는지 말씀해 주십시오.	√		
진술하기	A	광고 관심 이유	광고에 관심을 가진 이유가 있습니까?	√		
의견 피력하기	S	효과적인 광고 말하기	어떤 광고가 효과적인 광고인지 말씀해 주세요.			√
판정				A–L		

(7) 학습자 G

과제	과제 수준	주제 (Topic)	질문	등급 수준에 맞는 대답 여부		
				O	△	×
진술하기	A	한국에 관심 이유	왜 한국어에 관심을 가지게 됐어요?	√		
진술하기	A	한국어 공부 계기	원월 씨도 그럼 한국 드라마를 보고 한국어를 공부해야겠다고 생각했어요?	√		
진술하기	A	한국에 온 계기	아 그럼 어떻게 한국어를 정식으로 배우게 되고 교환학생으로 한국까지 오게 됐어요?	√		
진술하기	A	한국에서 전공할 과목	대학원에서 전공은 뭘로 하려고 합니까?	√		
진술하기	A	한국어 공부의 어려운 점	한국어 공부는 뭐가 제일 어려우세요?	√		
비교하기	A	영어와 한국어의 비교	영어하고 한국어가 다른 점이 많지요?	√		
비교하기	A	전공	전공이 토목인데 전공이 재미있어요?	√		
가정하기	S	전공 선택을 위한 조언	전공 선택하는 것에 고민하는 후배들이 있다면 어떤 말을 해주고 싶어요?		√	
진술하기	A	중국의 입시 경쟁	중국 입시 경쟁이 치열합니까?	√		
의견 피력하기	S	중국의 입시 경쟁	(중국에서도 입시 경쟁이 치열한데) 이렇게 경쟁하면서 하는 공부에 어떤 가치를 찾을 수 있을까요?		√	
묘사하기	A	빈부격차 상황	(대답에 이어)중국의 빈부격차 상황이 어떤지 말씀해 주세요.	√		
의견 피력하기	S	빈부격차에 대한 국가 대책	빈부격차 해소를 위해서는 국가적 차원의 대책도 필요할 것 같은데 어떻게 생각하세요?			√
역할극 (추상적 주제에 대해 토론하기)	S	공정한 사회를 위한 토론회 참석	공정한 사회를 위한 대책 마련 토론회에 참석하셨습니다. 중국이 공정한 사회가 되려면 어떤 대책이 마련되어야 하는지 말씀해 주십시오.		√	
판정				A-M		

(8) 학습자 H

과제	과제수준	주제(Topic)	질문	등급 수준에 맞는 대답 여부 O	Δ	X
단순 대화	I	여가 시간	시간이 있을 때 보통 뭐 해요?	√		
단순 대화	I	지난 주말 한 일	지난 주말에 뭐 했어요?	√		
단순 대화	I	농구	농구는 보통 누구하고 합니까?	√		
단순 대화	I	농구	농구를 왜 좋아하세요?	√		
단순 대화	I	농구가 인기 있는 이유	농구는 인기 있는 운동인데 사람들이 왜 농구를 할까요?	√		
단순 대화	I	농구와 건강	농구를 하면 건강이 좋아져요?		√	
비교하기	A	살을 빼는 방법 비교	살을 빼고 싶은 사람들한테는 밥을 안 먹는 것, 운동하는 것 뭐가 더 좋은 방법일까요?			√
단순 대화	I	스트레스 푸는 다른 방법	운동을 하면 스트레스가 풀린다고 했는데 스트레스를 풀 수 있는 다른 방법도 있어요?	√		
진술하기	A	스트레스를 많이 받는 이유	현대인들이 스트레스를 이렇게 많이 받는 이유가 있을 것 같은데 ○○ 씨는 어떻게 생각하십니까?		√	
진술하기	A	아르바이트와 학업	아르바이트 때문에 공부를 열심히 안 하는 학생들이 있는데 ○○ 씨는 그것에 대해서 어떻게 생각해요?	√		
진술하기	A	아르바이트와 학업	가정 상황만 좋으면 아르바이트를 안 해도 돼요?		√	
단순 대화	I	한국 생활 소감	곧 고향으로 돌아가는데 한국 생활이 어땠어요?	√		
묘사하기	A	전주 모습 소개	전주의 모습은 어땠습니까? 전주에 와 보지 않은 사람들을 위해서 전주가 어떤 곳인지 설명해 주세요.			√
질문하기	I	문장 생성 능력 점검	저에게 질문 5가지를 해 주세요.	√		
역할극 (복잡한 문제 해결)	A	버스 안에서 돈이 부족할 때 해결 방법	○○ 씨가 친구를 만나러 가야 하는데 휴대전화를 놓고 왔습니다. 그런데 버스를 탔어요. 버스요금이 1300원인데 900원밖에 없어요. 이 문제를 어떻게 해결할 수 있을까요?			√
판정				I-L		

(9) 학습자 I

과제	과제 수준	주제 (Topic)	질문	등급 수준에 맞는 대답 여부		
				O	△	×
진술하기	A	한국 드라마	언제부터 한국 드라마를 좋아했어요?	√		
진술하기	A	드라마 줄거리	지금까지 본 드라마 중에서 기억에 남는 드라마가 있으면 얘기해 주세요.	√		
묘사하기	A	드라마 인물 묘사하기	그때 현빈 씨는 어떤 인물로 나왔죠?	√		
의견 피력하기	S	한국 드라마 몰입 이유	한국 드라마가 사람들을 몰입하게 하는 원인은 뭐라고 생각하십니까?			√
의견 피력하기	S	드라마의 문제점	그런데 그런 비현실적인 드라마를 많이 보면 문제점은 없을까요?			√
진술하기	A	드라마 줄거리	지금까지 봤던 드라마 중에서 가장 황당했던 드라마는 어떤 내용이었어요?	√		
진술하기	A	진학 계획	지금 한국어를 전공하고 있는데 대학원에 갈 거예요?	√		
진술하기	A	희망 전공	대학원에서 어떤 전공을 하고 싶어요?	√		
진술하기	A	대학원 진학	가고 싶은 대학교는 어디이고, 왜 가고 싶은지 말씀해 주세요.	√		
진술하기	A	교환학생	교환학생으로 외국에서 공부하는 것을 다른 학생들에게도 추천하겠습니까?	√		
비교하기	A	대도시와 중소도시 비교	대도시와 중소도시 유학 생활의 장단점이 있을 것 같은데 설명해 주세요.			
역할극	S	익숙하지 않은 상황에서 토론하기	중국의 드라마 산업을 보호하기 위해 중국 당국에서 한국 드라마 수입을 제한하기 위한 토론회를 실시하려고 합니다. OO 씨는 방송국 편성 담당 PD입니다. 토론해 주세요.			√
판정				A-L		

(10) 학습자 J

과제	과제 수준	주제 (Topic)	질문	등급 수준에 맞는 대답 여부		
				O	△	X
단순 대화	I	졸업 후 계획	졸업 후에 뭐 할 거예요?	√		
단순 대화	I	공부	공부는 안 할 거예요?		√	
단순 대화	I	주말 여가	주말에 보통 뭐 해요?			√
단순 대화	I	취미	취미가 있어요?	√		
단순 대화	I	취미	자주 합니까?		√	
단순 대화	I	농구	농구를 좋아하는데 왜 자주 안 해요?			√
단순 대화	I	농구 외 취미	날씨가 안 좋으면 농구를 못하는데 그때는 뭐 해요?	√		
단순 대화	I	좋아하는 드라마나 영화	(드라마, 여행에 대해서) 어떤 종류를 좋아합니까?			√
단순 대화	I	한국 드라마	한국 드라마도 봅니까?			√
진술하기	A	드라마 내용	질투의 화신은 어떤 내용인지 설명해 주세요.			√
단순 대화	I	드라마 내용	한 남자는 누구예요?		√	
단순 대화	I	한국 드라마	한국 드라마 내용이 좀 다 비슷하지요?			√
진술하기	A	한국 드라마	이렇게 비슷한 이유가 뭘까요?			√
단순 대화	I	스트레스 푸는 법	○○ 씨는 스트레스를 받을 때 어떻게 스트레스를 풀어요?			
단순 대화	I	스트레스 푸는 법	(재질문)스트레스를 어떻게 풀어요?		√	
단순 대화	I	술	보통 누구하고 마셔요?			√
단순 대화	I	술	술을 많이 마시면 건강에 안 좋을 것 같은데요.	√		
단순 대화	I	한국 여행	한국에서 여행해 봤어요?		√	
단순 대화	I	한국 여행 느낌	한국 여행이 어땠어요?	√		
단순 대화	I	한국 여행의 불편한 점	불편한 것도 있었어요?	√		
비교하기	A	중국 여행과 한국 여행의 차이점	중국 여행하고 한국 여행하고 뭐가 달랐어요?			√
질문하기	I	문장 생성 능력 점검	저에게 질문 5개를 해 보세요.		√	
역할극	I	백화점에서 물건 사기	백화점에서 친구 생일 선물을 사 보세요.		√	
판정				N–M		

〈1-2〉 SIT 수업 후 OPI 평가

(1) 학습자 A

과제	과제 수준	주제 (Topic)	질문	등급 수준에 맞는 대답 여부 O	△	X
단순 대화	I	고향 가는 날짜	언제 고향으로 돌아갑니까?	√		
단순 대화	I	한국에 다시 올 계획	다시 한국에 올 거예요?	√		
단순 대화	I	한국어 전공	한국어를 좋아해서 한국어를 전공했어요?	√		
단순 대화	I	좋아하는 배우	(배우) 이민호 씨를 언제 알게 됐어요?	√		
단순 대화	I	중국 드라마	중국 드라마도 많이 봤어요?	√		
단순 대화 (단순 비교)	I	중국드라마와 한국 드라마	중국 드라마랑 한국 드라마랑 비슷해요?	√		
비교하기	A	두 나라 드라마의 차이점	다른 점은 뭐예요? 두 나라 드라마를 비교해 보세요.			√
단순 대화	I	한국 드라마	한국 드라마 중에서 무슨 드라마를 봤어요?	√		
진술하기	A	한국 드라마의 인기 이유	한국 드라마가 왜 인기가 있다고 생각하는지 ○○ 씨의 생각을 말해 보세요.		√	
단순 대화	I	타지키스탄 드라마	타지키스탄 드라마도 많이 보세요?	√		
단순 대화	I	인기 드라마	타지키스탄 드라마는 요즘 어떤 드라마가 인기 있어요?	√		
비교하기	A	한국과 타지키스탄의 문화 비교	한국하고 타지키스탄하고 문화가 많이 다르죠? 두 나라의 문화를 비교해 주세요.		√	
진술하기	A	한국과 타지키스탄 문화 차이에 대한 자신의 생각	타지키스탄에서 한국 드라마를 많이 봤는데 드라마를 보면서 사람들이 '드라마에서는 되는데 왜 우리는 안 되는 걸까?'라고 생각한 적도 있어요?			√
단순 대화	I	부모님과 드라마	부모님과 한국 드라마를 보는 게 불편하지 않아요?	√		
단순 대화	I	타지키스탄 이슬람 문화	타지키스탄 여자들도 히잡을 써요?	√		
단순 대화	I	사트르	사트르는 쓰고 싶은 사람만 써도 되나요?	√		
묘사하기	A	사트르 쓴 여자들 모습	타지키스탄 여자들이 사트르를 썼을 때 어떤 모습인가요? 설명해 주세요.		√	
역할극	I	우체국에서 소포 보내기	고향에 소포를 보내려고 합니다. 우체국 직원과 이야기를 해 보세요.	√		
판정				I-M		

(2) 학습자 B

과제	과제 수준	주제 (Topic)	질문	등급 수준에 맞는 대답 여부		
				O	△	X
단순 대화	I	고향	고향에 언제 돌아가요?	√		
단순 대화	I	졸업	돌아가면 졸업합니까?	√		
단순 대화	I	졸업 후 취업	어떤 곳에 취직하고 싶어요?	√		
단순 대화	I	하고 싶은 일	커피숍과 서점은 왜 하고 싶어요?	√		
단순 대화	I	중국 상업	중국에서 그런 가게들이 잘 되나요?	√		
단순 대화	I	독서 문제	한국 사람들은 요즘 책을 안 읽는데 중국은 어때요?	√		
진술하기	A	독서 증진 방법	책을 많이 읽게 하려면 어떻게 해야 할까요?			√
단순 대화	I	용어 설명	(기념품 같은 책을 팔고 싶다는 대답에 이어) 기념품요? 그게 뭐예요?	√		
진술하기	A	발화 내용 확인	그럼 ○○ 씨는 책 내용보다 예쁘거나 장식용 책을 원하는 거예요?		√	
단순 대화	I	읽은 책	최근에 읽은 책이 있어요?	√		
진술하기	A	책 내용 말하기	기억에 남는 내용이 있어요?	√		
진술하기	A	감동적인 내용	뭐가 제일 감동적이었어요?	√		
진술하기	A	감동이었던 이유 (부가 질문)	그게 왜 감동적이에요?		√	
단순 대화	I	외모 차별	(작가의 외모에 대한 얘기 후) 중국에서 외모 때문에 차별이 심한가요?	√		
단순 대화	I	한국 사람들의 외모 관심	한국 사람들이 외모에 관심이 많은 것 같아요?	√		
진술하기	A	외모가 취업에 미치는 영향	예쁘거나 잘생기면 취직이 잘 된다고 생각하는 거예요?	√		
묘사하기	A	평가자 외모 묘사해 보기	그럼, 저는 면접을 보면 합격할 외모인가요? 면접관이 되어서 제 외모를 설명해 보세요.		√	
역할극	A	면접장에서 면접 보기	○○ 씨는 지금 면접을 보고 있습니다. 면접관이 여러 가지 질문을 할 거예요. 대답해 주십시오.	√		
판정				I–H		

(3) 학습자 C

과제	과제 수준	주제 (Topic)	질문	등급 수준에 맞는 대답 여부		
				O	△	X
단순 대화	•	고향에 머문 시기	미얀마에서 언제부터 언제까지 사셨어요?	√		
진술하기	A	중국어 배우기	미얀마에서 어떻게 중국어를 배우셨어요?	√		
비교하기	A	각 나라 대학교 비교	여러 곳에서 대학교를 다녔는데 각 나라의 대학교를 비교해 보세요.	√		
특정 분야 진술하기	S	미얀마의 정치와 경제 상황	미얀마의 정치, 경제 상황에 대해 설명해 주세요.		√	
진술하기	A	미얀마의 상황	미얀마에 중국 사람이 많이 사는 이유가 있습니까?	√		
의견 피력하기	S	미얀마의 언론의 자유	각 나라의 민주화 정도는 언론의 자유 정도와 관계가 깊은 것 같습니다. 미얀마의 언론의 자유는 어떻습니까?			√
특정 분야 진술하기	S	언론의 탄압 방식	정부에 대해서 비판적으로 보도하면 탄압을 받습니까? 어떤 방식으로 탄압을 받습니까?			√
비교하기	A	한국과 미얀마 비교	한국에 와서 미얀마와 비교를 많이 할 것 같아요. 현재의 두 나라를 비교해 보십시오.	√		
묘사하기	A	미얀마 시골 풍경 묘사	미얀마의 시골 풍경은 어떻습니까? 가 보지 않은 사람들을 위해서 설명해 주세요.	√		
가정하기	S	고향으로 가서 할 수 있는 일 가정해 보기	○○ 씨가 지금 당장 미얀마로 돌아가서 회사를 운영할 수 있는 자금이 있거나 어떤 정책을 시행할 수 있는 권한이 주어진다면 어떤 것을 시도해 보고 싶습니까?		√	
진술하기	A	포부 말하기	앞으로의 포부를 말씀해 주십시오.	√		
판정				A-M		

(4) 학습자 D

과제	과제 수준	주제 (Topic)	질문	등급 수준에 맞는 대답 여부 O	△	X
단순 대화	I	귀국 후 계획	고향으로 돌아가면 취직할 거예요?	√		
단순 대화	I	재질문	(학습자의 대답에 따라) 외모 회사요?	√		
진술하기	A	회사 설명	그 회사에 대해서 좀 더 설명해 주세요.			√
진술하기	A	회사에서 일하고 싶은 이유	왜 그 회사에서 일하고 싶어요?		√	
단순 대화	I	고향 상황	하남성은 아직 경제 개발 중에 있습니까?	√		
단순 대화	I	하남성에서 일하는 한국 사람들	한국 사람들은 ○○ 씨 고향에서 무슨 일을 하나요?	√		
단순 대화	I	하남성에 진출한 한국 회사	한국 기업들이 하남성에 가서 미용 회사를 만들었어요? 그 회사에서 보통 뭘 만들어요?	√		
진술하기	A	한국 회사가 중국에서 회사를 운영하면 좋은 점	한국 회사가 중국에서 회사를 운영하면 좋은 점이 뭐예요?			√
진술하기	A	상하이로 가서 일하고 싶은 이유	○○ 씨는 상하이로 가고 싶지요? 왜 고향에서 일하고 싶지 않나요?		√	
단순 대화	I	가족 이주	○○ 씨가 상하이로 가면 가족이 모두 가겠네요.	√		
묘사하기	A	남자 친구	남자 친구는 어떤 사람입니까? 저에게 설명해 주세요.	√		
단순 대화	I	남자 친구 좋아하는 이유	왜 남자 친구를 좋아합니까?	√		
역할극	A	남자 친구와의 대화	상하이로 가면 남자 친구와 헤어져야 할 텐데 방법이 없을까요? 남자 친구와 함께 문제를 해결해 보세요.		√	
판정				I–M		

(5) 학습자 E

과제	과제 수준	주제 (Topic)	질문	등급 수준에 맞는 대답 여부		
				O	△	×
단순 대화	I	귀국 날짜	○○ 씨는 언제 고향에 돌아가요?	√		
단순 대화	I	귀국 전 계획	그때까지 뭐 할 거예요?	√		
단순 대화	I	아르바이트 경험	아르바이트를 한 적이 있어요?	√		
단순 대화	I	아르바이트 경험	어땠어요?	√		
단순 대화	I	아르바이트 시간	몇 시부터 몇 시까지 아르바이트 했어요?			√
단순 대화	I	아르바이트 이유	아르바이트를 왜 했어요?	√		
단순 대화	I	여행 경험	한국에서 어디를 여행했어요?	√		
단순 대화	I	여행 안 한 이유	왜 안 했어요?	√		
단순 대화	I	여행 안 한 이유	주말에 바빠서 여행을 못했어요?			
단순 대화	I	여행 계획	겨울에 여행 계획이 있어요?	√		
단순 대화	I	서울에서 하고 싶은 일	서울에서 뭐 하고 싶어요?	√		
단순 대화	I	사고 싶은 것	사고 싶은 게 있어요?	√		
단순 대화	I	바다	타지키스탄에도 바다가 있어요?	√		
단순 대화	I	유명한 바다 소개	어떤 바다가 유명해요?	√		
단순 대화	I	바다 본 경험	바다를 본 적 있어요?	√		
단순 대화	I	한국에서의 바다 본 경험	한국에서 바다 안 봤어요?	√		
단순 대화	I	바다를 본 느낌	어땠어요?	√		
단순 대화	I	하루 일과	○○ 씨, 하루 일과를 말해 주세요.		√	
질문하기	I	문장 생성 능력 점검	저에게 질문 5개만 해 보세요.		√	
역할극	I	우체국에서 소포 보내기	고향 부모님께 소포를 보내려고 우체국에 갔습니다. 직원과 얘기해 보세요.			√
판정				N–H		

(6) 학습자 F

과제	과제 수준	주제 (Topic)	질문	등급 수준에 맞는 대답 여부		
				O	△	×
단순 대화	•	대만 날씨	대만은 요즘 날씨가 어때요?	√		
비교하기	A	한국과 대만 날씨 비교	대만 날씨와 한국 날씨를 비교해 주세요.	√		
단순 대화	•	한국에 온 이유	한국어 때문에 한국에 온 거에요?	√		
진술하기	A	한국 문화 체험 경험 소개	한국에 와서 한국어를 배우고 문화 체험을 하는 게 어땠나요?	√		
진술하기	A	기억에 남는 체험 소개	특별히 기억에 남는 체험이 있었으면 소개해 주세요.	√		
비교하기	A	대만과 한국 문화 비교	대만과 한국 문화가 비슷하다고 생각합니까?	√		
진술하기	A	문화 차이의 이유	왜 그런 차이가 있는 것 같아요?	√		
의견 피력하기	S	날씨와 성격의 관계	날씨가 사람들의 성격에도 영향을 준다고 생각해요?		√	
비교하기	A	대만과 한국의 장단점 비교	한국에 와서 한국의 장단점을 많이 보고 느꼈을 텐데 어떠셨어요?	√		
진술하기	A	대만의 장점 말하기	대만의 장점은 뭐라고 생각합니까?	√		
진술하기	A	대만 사람들이 한국 사람들을 싫어한다는 뉴스 기사	대만 사람들이 한국 사람들을 싫어한다는 뉴스를 많이 봤습니다. 그 이유가 있습니까?	√		
의견 피력하기	S	역사적 과오의 영향	한국이 대만에 대해서 정치적, 외교적 결례를 범한 것 같은데요. 지금 이런 악감정도 그 영향이 있다고 보세요?			√
가정하기	S	정치적 갈등 가정	한국과 정치적인 문제로 갈등이 심해진다면 대만은 어떻게 해야 한다고 생각하시는지 말씀해 주세요.			√
진술하기	A	요즘의 대만과 중국의 갈등 상황	대만 사람들과 중국 사람들의 갈등 상태는 요즘은 어떻습니까?	√		
묘사하기	A	교과서에서의 중국 묘사	교과서에서는 중국을 어떻게 묘사하고 있어요?	√		
진술하기	A	졸업 후 계획	○○ 씨는 졸업 후에 어떤 계획이 있는지 말씀해 주십시오.	√		
진술하기	A	광고 관심 이유	광고에 관심을 가진 이유가 있습니까?	√		
의견 피력하기	S	효과적인 광고 말하기	어떤 광고가 효과적인 광고인지 말씀해 주세요.		√	
판정				A–M		

(7) 학습자 G

과제	과제 수준	주제 (Topic)	질문	등급 수준에 맞는 대답 여부		
				O	△	X
진술하기	A	귀국 계획	이번에 중국에 돌아갑니까?	√		
비교하기	A	한국과 중국의 문화 비교	한국에 와서 한국 문화와 중국 문화의 차이점을 많이 느끼셨죠?	√		
진술하기	A	한국어 처음 배웠을 때의 어려웠던 점	처음 한국어를 배울 때 어떤 것이 가장 힘들었습니까?	√		
가정하기	S	독학으로 공부하는 학생들에게 조언하기	독학하는 학생들이 조언을 부탁하면 어떤 말을 해 주겠습니까?		√	
의견 피력하기	S	언어와 문화의 관계	언어를 배우려면 문화 이해도 필요하다고 생각하십니까?		√	
묘사하기	A	한국의 모습	뉴스나 신문에서 나오는 한국의 모습은 요즘 어떻습니까?	√		
의견 피력하기	S	한국의 문제점	○○ 씨가 생각하는 한국의 가장 큰 문제점에 대해서 말씀해 주세요.		√	
의견 피력하기	S	자신의 포부 설명하기	○○ 씨는 한국과 중국에 대해 정통한 그야말로 전문가가 될 수 있을 것 같은데 어떤 일을 할 수 있을 거라 생각합니까?		√	
판정				A-M		

(8) 학습자 H

과제	과제 수준	주제 (Topic)	질문	등급 수준에 맞는 대답 여부 O	△	×
단순 대화	I	졸업 후 계획	졸업하면 뭘 하고 싶어요?	√		
단순 대화	I	일하고 싶은 회사	어디에서 일하고 싶어요?	√		
단순 대화	I	무역회사 취직	한국과 무역을 하는 회사를 찾을 거예요?	√		
단순 대화	I	운영하고 싶은 회사	특별히 만들고 싶은 회사가 있어요?	√		
진술하기	A	사업-한국어의 관계	중국에서 사업할 때 한국어가 어떤 도움이 될 수 있는지 말해 주세요.		√	
단순 대화	I	무역-수입	요즘 무역업자들이 한국에서 어떤 물건을 많이 수입합니까?	√		
진술하기	A	중국의 경제 상황	중국의 경제 상황이 어떻습니까?			√
단순 대화	I	중국의 경제 상황	원래 안 좋았어요?	√		
문제 해결하기	A	월급 인상 방법	중국 사람들 월급이 적다고 했는데요. 월급 좀 올릴 수 있는 방법이 없을까요?		√	
단순 대화	I	고향 돌아가기 전에 할 일	고향에 돌아가기 전에 한국에서 뭐 할 거예요?	√		
단순 대화	I	아르바이트	어떤 아르바이트를 하고 싶어요?	√		
단순 대화	I	한국에서 경험하고 싶은 것	한국에서 또 경험해 보고 싶은 것이 있어요?	√		
진술하기	A	한국에서 기억에 남는 일	지금까지 한국에서 가장 기억에 남는 일을 이야기해 주십시오.		√	
판정				I-M		

한국어 학습자를 위한 사회적 상호작용 과제 수업 연구

(9) 학습자 I

과제	과제 수준	주제 (Topic)	질문	등급 수준에 맞는 대답 여부 O	△	X
진술하기	A	아르바이트	왜 아르바이트를 하기 시작했어요?	√		
비교하기	A	학업과 아르바이트 병행의 장단점	공부하면서 아르바이트를 하면 좋은 점도 있고 나쁜 점도 있지요. 이야기해 주세요.	√		
진술하기	A	졸업 후 계획	한국에서 대학원을 졸업하고 고향에서 일을 하려고 합니까?	√		
진술하기	A	고향 상황	고향의 지금 경제 상황이 어떤가요?	√		
의견 피력하기	S	고향 경제	고향 경제를 발전시키려면 어떤 대책이 필요하다고 생각하세요?			√
의견 피력하기	S	도둑이 많은 이유	그래요? 고향에 도둑이 많은 이유가 뭐라고 생각하세요?		√	
의견 피력하기	S	도둑 없앨 수 있는 방법	도둑을 없애기 위해서 특별한 대책이 필요하지 않을까요?			√
진술하기	A	경제와 도둑과의 관계	○○ 씨는 고향이 더 발전되면 도둑이 없어질 것 같아요?	√		
진술하기	A	경제와 도둑과의 관계	다른 사람들도 그렇게 생각합니까?	√		
진술하기	A	거주하고 싶은 곳	정착해서 살고 싶은 도시가 있어요?	√		
가정하기	S	한국 생활 가정	한국에서 이민 와서 생활해야 한다면 ○○ 씨의 한국 생활이 어떨 것 같아요?			√
역할극	A	복잡한 상황 해결하기	한국에서 생활하고 있는데 겨울에 수도관이 얼어서 물이 나오지 않습니다. 집주인에게 고쳐 달라고 해 보세요.	√		
판정				A-L		

(10) 학습자 J

과제	과제 수준	주제 (Topic)	질문	등급 수준에 맞는 대답 여부 O	△	×
단순 대화	I	귀국 후 계획	중국에 돌아가면 바로 취직할 거예요?			√
단순 대화	I	유학 생활	한국어 전공인데 한국에 와서 공부해 보니 어때요?			√
단순 대화	I	하루 일과	○○ 씨의 하루 일과는 어때요?			√
단순 대화	I	하루 일과	(재질문) 하루 생활이 어때요?		√	
단순 대화	I	아르바이트	어떤 아르바이트를 해요?	√		
단순 대화	I	요리	요리 잘하겠네요.	√		
단순 대화	I	중국 남자들의 요리	중국 사람들은 남자들이 요리를 많이 하지요?	√		
단순 대화	I	중국 남자와 한국 남자의 비교	중국 남자하고 한국 남자하고 다른 점이 있어요?		√	
단순 대화	I	한국 남자에 대한 생각	드라마에서만 그런 거 아니에요?		√	
묘사하기	A	드라마 주인공 외모 설명하기	드라마에 나오는 남자 주인공의 외모는 어떤지 설명해 주세요.			√
비교하기	A	중국 사회와 한국 사회에서 바라는 남성의 모습	중국 사회에서 남자에게 바라는 것과 한국 사회에서 남자에게 바라는 것이 비슷하다고 생각하세요?			√
단순 대화	I	집안일 분담	집안일을 중국에서는 남자와 여자 같이 해요?	√		
단순 대화	I	집안일 분담 이유	왜 그렇습니까?			√
단순 대화	I	귀국 후 취직하고 싶은 곳	이제 중국에 돌아가면 취직하고 싶은 곳이 있습니까?	√		
단순 대화	I	식당 경영	어디에서 식당을 하고 싶어요?		√	
단순 대화	I	한국 재방문 계획	한국에 다시 올 계획이 있어요?		√	
질문하기	I	문장 생성 능력 점검	저에게 질문 5가지를 해 보세요.		√	
판정				N–M		

⟨2-1⟩ 상황과 목적이 통제된 역할극 형태 초점 과제(입력 처리 과제)

■ 구조화된 입력 활동 ①

※ 듣고 들은 문장이 사동문이면 '사동문이다'에, 사동문이 아니면 '그렇지 않다'에 표시하십시오.

	사동문이다	그렇지 않다
1.		
2.		
3.		
4.		
5.		
6.		
7.		

[듣기 지문 (교사가 읽음)]

1. 그건 벽에 붙이세요.
2. 수미 씨는 차가 없으니까 태우고 가자.
3. 물이 끓으면 불을 좀 꺼 주세요.
4. 동생이 공부할 때는 방에 아무도 못 들어오게 한다니까.
5. 반복해서 연습하면 좋아질 거니까 너무 걱정하지 마세요.
6. 일단 아이를 입원시켜서 검사를 해 보는 게 어떨까요?
7. 엄마가 문을 열자 아이는 장난감을 얼른 숨겼다.

■ 구조화된 입력 활동 ②

※ 잘 듣고 여러분이 해 본 경험이 있으면 '있다'에, 없으면 '없다'에 표시하십시오.

	있다	없다
1.		
2.		
3.		
4.		
5.		
6.		
7.		
8.		

[듣기 지문 (교사가 읽음)]

1. 과자를 사서 아무도 못 먹게 한 적이 있다.

2. 식물을 키운 적이 있다.

3. 동생이 내 옷을 입으려고 할 때 못 입게 한 적이 있다.

4. 부모님의 속을 썩인 적이 있다.

5. 친구나 연인을 울린 적이 있다.

6. 강아지나 고양이를 훈련시킨 적이 있다.

7. 아기를 재워 본 적이 있다.

8. 내가 하기 싫은 일을 다른 사람에게 시킨 적이 있다.

■ 구조화된 입력 활동 ③

※ 맞는 것에 ○ 하십시오

1. 이 사진은 어디에 (붙을까요, 붙일까요)?

2. 라면을 (끓이고, 끓고) 있어요 물이 (끓으면, 끓이면) 라면을 넣으세요

3. 엄마가 심부름을 (하셔서, 시키셔서) 마트에 가요

4. 머리가 아직 (마르지, 말리지) 않았으니 헤어드라이어로 (마르세요, 말리세요).

5. 여기에 아무도 (못 들어오세요, 못 들어오게 하세요).

6. 친구가 너무 뻔뻔하게 거짓말을 해서 쉽게 (속았다, 속였다).

7. 병원에서 의사가 고기류를 (못 먹고, 못 먹게 하고), 운동도 (해서, 시켜서) 요즘 좀 힘들다.

8. 눈이 많이 오고 바람도 많이 부니 아무도 밖에 (못 나가십시오, 못 나가게 하십시오).

9. 사장님이 또 우리에게 (야근을 하셨어요, 야근을 시키셨어요).

10. 약속 시간에 (늦을 것, 늦출 것) 같은데 시간을 조금만 (늦으면, 늦추면) 안 될까요?

11. 선생님께서 오늘도 우리에게 발표를 (하셨어요, 시키셨어요).

12. 엄마, 허리도 아프신데 무거운 건 (들지, 들게 하지) 마세요

■ 구조화된 입력 활동 ④

※ 그림과 일치하는 문장을 고르십시오

1.
   ① 엄마가 아이에게 옷을 입고 있어요.
   ② 엄마가 아이에게 옷을 입히고 있어요.

2.
   ① 아빠가 아이에게 밥을 먹고 있어요.
   ② 아빠가 아이에게 밥을 먹이고 있어요.

3.
   ① 의사가 남편에게 커피를 못 마셨어요.
   ② 의사가 남편에게 커피를 못 마시게 했어요.

4.
   ① 어제는 동생이 혼자 요리를 했어요.
   ② 어제는 동생이 혼자 요리를 시켰어요.

5.
   ① 그 박물관은 사진을 못 찍었어요.
   ② 그 박물관은 사진을 못 찍게 했어요.

6.
   ① 사장님은 우리에게 야근 좀 안 하셨으면 좋겠어요
   ② 사장님은 우리에게 야근 좀 안 시키셨으면 좋겠어요

7.
   ① 학생이 수업 시간에 화장실에 갑니다.
   ② 학생이 선생님께 화장실에 가게 합니다.

■ 학습자들에게 제시할 사동 목록

\-이\-		\-히\-		\-리\-		\-기\-		\-우\-		\-추\-	
기울다	기울이다	굳다	굳히다	구르다	굴리다	감다	감기다	걷다	거두다	들다	들추다
끓다	끓이다	굽다	굽히다	날다	날리다	굶다	굶기다	깨다	깨우다	맞다	맞추다
녹다	녹이다	넓다	넓히다	늘다	늘리다	남다	남기다	끼다	끼우다	낮다	낮추다
높다	높이다	눕다	눕히다	돌다	돌리다	넘다	넘기다	돋다	돋우다	늦다	늦추다
들다	들이다	더럽다	더럽히다	마르다	말리다	맡다	맡기다	뜨다	띄우다		
먹다	먹이다	맞다	맞히다	물다	물리다	벗다	벗기다	비다	비우다		
보다	보이다	밝다	밝히다	붇다	불리다	빗다	빗기다	서다	세우다		
붙다	붙이다	식다	식히다	살다	살리다	숨다	숨기다	쓰다	씌우다		
속다	속이다	앉다	앉히다	알다	알리다	신다	신기다	자다	재우다		
썩다	썩이다	익다	익히다	얼다	얼리다	씻다	씻기다	지다	지우다		
죽다	죽이다	읽다	읽히다	오르다	올리다	안다	안기다	찌다	찌우다		
		입다	입히다	울다	울리다	웃다	웃기다	크다	키우다		
		잡다	잡히다	흐르다	흘리다			타다	태우다		
		좁다	좁히다					피다	피우다		

\-시키다							
반복하다	반복시키다	발표하다	발표시키다	변화하다	변화시키다	설치하다	설치시키다
연습하다	연습시키다	운동하다	운동시키다	이해하다	이해시키다	입원하다	입원시키다
훈련하다	훈련시키다						

〈2-2〉 토론극 형태 초점 과제(의식 상승 과제)

1. 주목하기

1) 잘 듣고 받아쓰기

> 가 : 어, 약국 문이 _____.
>
> 아직 6시도 안 됐는데.
>
> 나 : 아, 오늘 일요일이지? 일요일은 약국이 문을 닫잖아.
>
> 아직 _____?
>
> 가 : 조금 안 좋기는 한데 괜찮아, 산책하면 좀 나아지겠지 뭐.

2. 가설 형성 기회

> 공부를 하고 있는데 밖에서 이상한 소리가 (1)**들렸다**. 창문을 열어 보니 바람 소리였다. 뉴스에서 태풍 소식을 (2)**들었는데** 오늘 밤은 바람도 심하게 불고 비도 많이 올 것 같다.
>
> 바람이 많이 불어서 창문이 심하게 **흔들렸다**. 다시 조심스럽게 창문을 열었더니 바람 때문에 책상 위의 연필이 **떨어지고** 책이 다 **펴졌다**. 또 열어 놓은 방문이 '쾅'하고 **닫혔다**. 갑자기 무서운 생각이 들었다. 오늘 밤은 잠이 안 올 것 같다.

[내용 이해 발문]

1) 이 사람은 뉴스에서 무슨 소식을 들었습니까?

2) 이 사람은 처음에 왜 창문을 열었습니까?

3) 지금 창문 밖의 상황은 어떻습니까?

4) 창문을 다시 열었을 때 어떤 일이 있었습니까?

5) 오늘 이 사람은 왜 잠이 안 올 것 같습니까?

[문법 항목 설명을 위한 발문]

1) 크고 진한 글씨를 잘 보십시오. 단어의 문법적 공통점을 생각해 봅시다.

2) (1)과 (2)의 표현이 왜 다릅니까?

3) 어떤 상황에서 피동을 사용합니까?

[알맞은 것 고르기]

※ 둘 중 알맞은 것을 고르십시오.

1) 여행 준비가 다 (했어요, 됐어요)? 그럼 어서 갑시다.

2) 잠깐만요, 문이 안 (잠근 것 같아요, 잠긴 것 같아요). 다시 닫아 주세요.

3) 뉴스에 한 비리 국회의원이 시민에게 폭행을 (했다는, 당했다는) 소식이 나왔다. 국회의원은 현재 입원 중이라고 한다.

4) 이 볼펜은 다른 볼펜보다 (잘 써서, 짤 써져서) 나는 항상 이 볼펜으로만 (쓴다, 써진다).

[틀린 것 고치기]

※ 아이가 서재에 들어옵니다. 책상 위에 책과 공책, 연필, 커피 잔이 있습니다.

1) 아이가 공책을 펴고 연필로 그림을 그립니다.

2) 잘못 그려서 그림을 지웠는데 그림이 잘 지우지 않아서 다른 곳에 다시 그립니다.

3) 연필이 떨어져서 연필을 주웠습니다.

4) 그때 커피가 공책에 쏟았습니다.

5) 휴지로 공책을 닦았지만 공책이 잘 닦지 않아서 티셔츠로 급하게 닦았습니다.

6) 이때 엄마가 들어왔고, 아이는 엄마에게 안아서 울었습니다.

■ 그림 보고 문장 완성하기

1) 꽃병이 교탁 위에 _____ -았/었/였어요.

2) 지하철에서 옆 사람한테 발이 _____ -았/었/였어요.

3) 1443년에 한글이 _____ -었/았/였어요.

4) 문이 _____ -었/았/였어요.

5) 열심히 하면 꿈이 꼭 _____ -(으)ㄹ 거예요.

6) 아기가 모기한테 _____ -었/았/였어요.

7) 도둑이 경찰에게 _____ -었/았/였어요.

〈2-3〉 학습자에게 제시할 피동 목록

-이-		-히-		-리-		-기-	
깎다	깎이다	걷다	걷히다	갈다	갈리다	감다	감기다
꺾다	꺾이다	긁다	긁히다	걸다	걸리다	끊다	끊기다
꼬다	꼬이다	꼬집다	꼬집히다	깔다	깔리다	담다	담기다
깨다	깨이다	꼽다	꼽히다	끌다	끌리다	뜯다	뜯기다
나누다	나뉘다	꽂다	꽂히다	널다	널리다	믿다	믿기다
낚다	낚이다	닫다	닫히다	누르다	눌리다	빼앗다	빼앗기다
닦다	닦다	뒤집다	뒤집히다	달다	달리다	씻다	씻기다
덮다	덮이다	막다	막히다	덜다	덜리다	안다	안기다
매다	매이다	먹다	먹히다	듣다	들리다	쫓다	쫓기다
묶다	묶이다	맺다	맺히다	들다	들리다	찢다	찢기다
바꾸다	바뀌다	묻다	묻히다	떨다	떨리다		
섞다	섞이다	박다	박히다	뚫다	뚫리다		
싸다	싸이다	밟다	밟히다	몰다	몰리다		
쌓다	쌓이다	뽑다	뽑히다	물다	물리다		
쏘다	쏘이다	씹다	씹히다	밀다	밀리다		
쓰다	쓰이다	얹다	얹히다	벌다	벌리다		
짜다	짜이다	얽다	얽히다	부르다	불리다		
쪼다	쪼이다	업다	업히다	빨다	빨리다		
		잊다	잊히다	싣다	실리다		
		읽다	읽히다	쓸다	쓸리다		
		잡다	잡히다	썰다	썰리다		
		접다	접히다	열다	열리다		
		짚다	짚히다	자르다	잘리다		
		찍다	찍히다	찌르다	찔리다		
				털다	털리다		
				팔다	팔리다		
				풀다	풀리다		
				헐다	헐리다		
				흔들다	흔들리다		

-되다							
건설하다	건설되다	결정하다	결정되다	반복하다	반복되다	발표하다	발표되다
설치하다	설치되다	언급하다	언급되다	정복하다	정복되다	증명하다	증명되다
포함하다	포함되다	확정하다	확정되다				

-받다							
교육하다	교육받다	배치하다	배치받다	사랑하다	사랑받다	의뢰하다	의뢰받다
주문하다	주문받다	전화하다	전화받다	훈련하다	훈련받다		

-당하다							
고문하다	고문당하다	공격하다	공격당하다	납치하다	납치당하다	모욕하다	모욕당하다
살해하다	살해당하다	해고하다	해고당하다				

〈3-1〉 상황과 목적이 통제된 역할극 수업 후 문법 평가지

이름 : (   )

※ 다음 문장을 사동에 유의하여 완성하십시오.

1. 엄마가 아이에게 밥을 _____ → 아이가 밥을 <u>먹습니다.</u>
2. 제가 모기를 _____. → 모기가 <u>죽었어요</u>
3. 친구들이 음식을 _____. → 음식이 <u>남았습니다.</u>
4. 어머니가 저에게 저녁 준비를 _____. → 제가 저녁 준비를 했습니다.
5. 아이에게 빨간 옷을 _____. → 아이가 빨간 옷을 <u>입었습니다.</u>
6. 의사가 환자를 _____. → 환자가 <u>살았습니다.</u>
7. 할머니는 저를 2층 방에서 _____ 주셨습니다. → 저는 2층 방에서 <u>지냈습니다.</u>
8. 국이 너무 뜨거워서 좀 _____. → 국이 좀 식었어요.
9. 의사가 술을 못 _____네요. → 요즘 술을 못 마십니다.
10. 추워서 아이에게 모자를 _____. → 아이가 모자를 <u>썼습니다.</u>

※ 다음 중 맞는 것을 골라 표시하십시오.

11. 아기 좀 보라고 했더니 도리어 (울면 어떡해, 울리면 어떡해)?
12. 한국말로 외국인 학생들을 (이해하는 건, 이해시키는 건) 힘든 일입니다.
13. 의자가 불편한데 좀 (낮아 주세요, 낮춰 주세요).
14. 소화가 안 되면 공원 한 바퀴를 (돌고, 돌리고) 오세요.
15. 부모님은 저에게 꼭 필요한 TV 프로그램만 (보셨다, 보게 하셨다).
16. 난 정말 저렇게 (웃는, 웃기는) 개그맨은 처음 봐. 저 사람만 나오면 우리 식구들은 웃느라고 정신이 없어.
17. 사회를 (변화하는 건, 변화시키는 건) 쉽지 않지만 불가능한 일도 아니다.
18. 우리 아이는 아무리 귀찮아도 이는 꼭 (닦고, 닦게 하고) 자요.
19. 빨래는 마당에서 (마르세요, 말리세요).
20. 아이에게 매일 일기를 (쓰는, 쓰게 하는) 방법이 없을까요?

※ 다음을 읽고 사동에 유의하여 이야기를 완성하십시오.

지난 주말 몸살이 나서 꼼짝할 수 없었다. 외국에 와서 몸이 아프니 가족들 생각이 많이 났다. 내가 여덟 살 때 감기에 걸려 누워 있었을 때가 생각난다. 그때 어머니는 내 머리에 차가운 수건을 21.(올려놓다)-(으)시고 동생에게 감기약을 22.(사오다)-었/았/였다. 일곱 살 동생은 감기약을 사오자마자 아픈 언니가 안쓰러웠는지 자기가 직접 밥을 23.(떠먹다) -어/아/여 줬다. 또 수건을 가져와서 내 얼굴도 24.(씻다)-었/았/였다. 다 감기가 다 낫고 나서 둘이 같이 손을 잡고 밖에 나가 종이비행기를 25.(날다) -(으)ㄴ 기억이 있다. 하늘을 보며 동생이 비행기를 26.(타다)-어/아/여 보고 싶다고 했을 때 나는 동생에게 돈을 많이 벌어서 꼭 27.(타다)-어/아/여 주겠다고 했다. 그랬던 우리가 벌써 대학생이 되고 나는 한국까지 유학을 왔다. 동생과 하루에 한 번은 전화했는데 요즘은 동생이 남자 친구가 생겨서 전화를 자주 하지 않는다. 오늘은 내가 먼저 문자메시지라도 28.(남다)-어야/아야/여야겠다

21.	
22.	
23.	
24.	
25.	
26.	
27.	
28.	

〈3-2〉 토론극 수업 후 문법 평가지

이름 : (   )

※ [1-10] 다음 문장을 피동에 유의하여 완성하십시오.

1. 어, 왜 갑자기 전화가 (끊다)-었/았/였지요? _____
2. 아기가 엄마에게 (안다)-어/아/여 있어요. _____
3. 학교 갔다고 아르바이트를 하는 생활이 계속 (반복하다)-(으)니까 좀 지루합니다. _____
4. 아주 옛날에는 호랑이한테 (잡아먹다)-는 경우도 있었대요. _____
5. 이 소리를 (듣다)-(으)ㄹ 수 있겠어? _____
6. 숟가락으로 밥이 잘 (비비다)-지 않으면 젓가락으로 비벼 보세요. _____
7. 종이를 이렇게 (접다)-(으)면 종이비행기가 됩니다. _____
8. 결과가 언제 (발표하다)-(스)ㅂ니까? _____
9. 이 도시는 인구가 급격히 증가하면서 많은 건물이 새로 (건설하다)-고 있습니다. _____
10. 한글은 세종대왕에 의해 500년 전에 (만들다)-었/았/였습니다. _____

※ [11-20] 맞는 것을 골라 문장을 완성하십시오.

11. 산 위에서 아래를 내려다 (보면, 보이면) 전주 시내가 다 (본다, 보인다).
12. 강연 내용을 잘 (들으려고, 들리려고) 했지만 너무 뒤에 있어서 잘 (듣지, 들리지) 않았다.
13. 아직은 업무가 (결정한, 결정된) 것이 없는데요.
14. 답답해서 농구를 보러 갔는데 우리 팀이 져서 스트레스가 (풀지, 풀리지) 않고 오히려 (쌓기만, 쌓이기만) 했다.
15. 옷이 (바꾸었으니, 바뀌었으니) 점원한테 (바꿔 달라고, 바뀌어 달라고) 해야겠어요.
16. 바람이 꽃을 (흔들고, 흔들리고), 꽃이 바람에 (흔들고 있어요, 흔들리고 있어요).
17. 회의 날짜가 (정하면, 정해지면) 전화해 주세요.
18. 여기에 인터넷이 (설치했어요, 설치됐어요)?

19. 방금 TV에서 인기 배우가 (납치했다는, 납치당했다는) 뉴스가 (보도했다, 보도되었다).

20. 물에 빠진 남자는 손에 (잡는, 잡히는) 것은 아무 것도 없었지만 무엇이든지 (잡으려고, 잡히려고) 했다.

※ [21-28] 피동에 유의하여 이야기를 완성하십시오.

> 제임스 씨는 한국에 1년 전에 한국에 왔습니다. 처음에는 한국 생활이 힘들고 입맛도 없어서 살이 많이 21.(빼다)-었/았/였습니다. 하지만 이제는 괜찮습니다. 한국 생활이 아주 즐겁습니다.
>
> 제임스 씨는 수업이 끝나면 항상 도서관에 갑니다. 오늘도 한국어 공부를 하기 위해서 도서관에 갔습니다. 제임스 씨 옆 자리에는 어떤 학생이 자고 있었습니다. 그런데 계속 코를 골았습니다. 그래서 제임스 씨는 공부가 잘 22.(하다)-지 않았습니다.
>
> 그때 휴대전화 진동이 23.(울다)-는 소리가 났습니다. 수미 씨 전화였습니다. 밖에 나가서 수미 씨 전화를 24.(하다)-었/았/였습니다. 수미 씨는 제임스 씨에게 학교 앞 거리 공연을 보러 가자고 했습니다. 그래서 제임스 씨와 수미 씨는 학교 밖으로 나갔습니다.
>
> 비가 오고 있었습니다. 제임스 씨는 우산을 25.(펴다)-았/었/였습니다. 그런데 우산이 오래되어서 잘 26.(펴다)-지 않았습니다. 제임스와 수미 씨는 수미 씨의 우산을 같이 쓰고 학교 정문 앞으로 갔습니다. 공연 시작 전이었지만 사람이 많이 27.(모으다)-어/아/여 있었습니다. 두 사람은 다른 사람의 발을 28.(밟다)-지 않도록 조심하면서 무대 앞으로 갔습니다.

〈3-3〉 즉흥극 과제 후 문법 평가지

이름 : (   )

※ [1-5] 다음 중 가장 자연스러운 표현을 골라 대화 및 문장을 완성하십시오.

1. 가 : 배고픈데 가게에 가서 빵이라도 사와야겠어요.
   나 : 벌써 12시예요. 가게도 문을 _____ 오늘은 그냥 자요.

   ① 닫을지도 몰랐으니까   ② 닫았을지도 모르니까   ③ 닫았을지도 몰랐으니까

2. 가 : 내일 말하기 대회에서 실수할까 봐 걱정이에요.
   나 : 걱정하지 마세요. 많이 연습했으니까 _____.

   ① 잘할 거예요   ② 잘할 모양이에요   ③ 잘할지도 몰라요

3. 수미 씨는 매일 도서관에 가는 걸 보니까 공부를 열심히 _____.

   ① 할걸요   ② 하나 봐요   ③ 할지도 몰라요

4. 가 : 이번에 토픽 안 볼 거예요?
   나 : 네. 아르바이트를 하느라 공부를 못해서 _____.

   ① 떨어질 뻔했어요   ② 떨어질 게 뻔해요   ③ 떨어졌을 게 뻔해요

5. 가 : 수미 씨, 내일 기말고사 _____?
   나 : 어휴, 아니에요.

   ① 잘 볼걸요   ② 잘 볼 것 같아요   ③ 잘 볼 모양이에요

※ [6-10] 다음 중 표현이 어색하거나 어울리지 않는 것을 고르십시오.

6. JB전자는 최근 새로운 기능의 스마트폰을 개발했다고 발표했다. 이 스마트폰은 내년 5월에 처음으로 소비자들에게 _____.

① 공개될 듯싶다　　　② 공개될 듯하다　　　③ 공개될 게 뻔하다

7. 가 : 저 식당은 항상 사람들이 줄을 서서 기다리네요.
　 나 : 그러네요. 저 집 음식이 _____.

① 맛있을걸요　　　② 맛있나 봐요　　　③ 맛있는 모양이에요

8. 저렇게 운전하면 교통사고가 _____.

① 날 모양이에요　　　② 날 게 뻔해요　　　③ 날지도 몰라요

9. 가 : 비용 절감을 하려면 어떤 방법이 좋겠습니까?
　 나 : 제 생각에는 기계를 사지 않고 대여하면 비용을 많이 줄일 수 _____

① 있을 것 같습니다　　② 있나 봅니다　　③ 있을 듯싶습니다

10. 가 : 우리 택시 타고 갈까?
　　나 : 지금은 많이 _____. 지하철 타고 가자.

① 막힐걸　　　② 막힐 게 뻔해　　　③ 막힐 모양이야

※ [11-20] 문장이 맞으면 O, 틀리면 X하십시오.

11. 가 : 그 공연이 재미있을까요?
    나 : 유명한 배우가 많이 나오니까 <u>재미있을걸요</u>.   (   )

12. 저도 전북 식당에서 먹어 봤는데 음식이 <u>괜찮은 모양이에요</u>.   (   )

13. 가 : 그 영화는 오후 6시까지 다 매진됐대요.
    나 : 그러게요. 영화가 아주 <u>재미있나 봐요</u>.   (   )

14. 제임스 씨가 고향으로 돌아간다고 했지만 <u>안 갔을지도 몰랐어요</u>.   (   )

15. 수미 씨는 유학을 떠나기로 굳게 <u>결심한 듯하다</u>.   (   )

16. 가 : 그 회사와 계약했나요?
    나 : 다음 주 금요일쯤 확실히 <u>알 수 있을 듯싶어요</u>.   (   )

17. 하늘에 먹구름이 낀 걸 보니 곧 <u>비가 올 모양이에요</u>.   (   )

18. 인주동에 쓰레기장을 건설한다고 하면 주민들이 <u>반대할 뻔하다</u>.   (   )

19. 가 : 엄마, 저 아이는 주사를 맞고 우는데 주사가 <u>아플걸요</u>.
    나 : 아니야, 별로 아프지 않아. 걱정하지 마.   (   )

20. 병원에 환자가 <u>많을지도 모르니까</u> 전화해 보세요.   (   )

〈4〉 과제 중심 수업 전 학습자 요구 분석 설문지

※ 다음 질문에 답해 주십시오

[학습자에 관한 질문]

1. 국적 :

2. 성별 :

3. 연령 :

4. 학력 :

5. 한국어를 공부한 기간 :

6. 한국에서 한국어를 공부한 기간 :

7. 한국어를 공부하는 목적 :

8. 한국어 수준 :

[한국어 수업 전반에 관한 질문]

1. 한국어 학습에서 무엇이 가장 중요하다고 생각합니까?

　① 발음　　　　　　　　② 문법 및 어휘

　③ 말하기　　　　　　　④ 쓰기

　⑤ 듣기　　　　　　　　⑥ 읽기

2. 한국어로 표현할 때(말하기) 가장 어려운 부분이 무엇입니까?

　① 상황에 맞는 적절한 문장을 만들기 어렵다.

　② (발음이나 표현의 문제로)상대방이 내가 표현한 것을 잘 못 이해한다.

　③ 상황에 맞는 적당한 문법이 떠오르지 않는다.

　④ 시제, 높임말, 어휘 등이 상황에 맞는지에 대한 자신이 없다.

3. 한국어로 말할 때 상대방이 내 표현을 이해하지 못한 적이 있습니까?

　① 있다　　　　　　　　② 없다

3-1. 있다면 왜 그렇다고 생각하십니까?

　① 발음이 부정확해서　　② 틀린 문법을 사용해서

　③ 문장구조가 틀려서　　④ 틀린 어휘를 사용해서

　⑤ 뜻은 맞지만 상황과는 맞지 않는 표현이라서

4. 한국어 수업은 어떤 방식이 좋습니까?
   ① 교사 설명으로 이루어진 수업
   ② 말하기・듣기 위주의 의사소통 활동으로 이루어진 수업
   ③ 말하기・듣기 중심 의사소통 활동이지만 교사의 설명과 함께 이루어진 수업

5. 한국어 수업에서 문법은 어떻게 배우는 게 좋습니까?
   ① 교사 설명
   ② 교사 설명과 연습 문제 풀이
   ③ 교사 설명과 필요한 의사소통 과제활동
   ④ 의사소통 활동

6. 한국어 수업에서 과제활동은 어떤 방식이 좋습니까?
   ① 혼자 하는 활동   ② 짝 활동
   ③ 3-4명의 소그룹 활동   ④ 교사와 전체 학생 활동
   ⑤ 활동을 좋아하지 않음

7. 수업 중 과제활동에서 중요시해야 할 내용은 무엇입니까?
   ① 정확하게 말하기   ② 유창하게 말하기
   ③ 의사소통 상황과 목적에 맞게 말하기

〈5〉 과제 수행 후 학습자 성장 평가 및 정의적 평가 설문

[오늘 수업에 대한 질문]

* 1 : 매우 아니다 2 : 아니다 3 : 보통이다 4 : 그렇다 5 : 매우 그렇다

1. 이 수업에서 배운 문법을 정확하게 이해했습니까?	1 2 3 4 5
2. 2차 과제활동에서 (말을 많이, 자연스럽게 하는 것보다는) 정확하게 말하는 것에 더 신경을 썼습니까?	1 2 3 4 5
3. 2차 과제활동 수행 시, 2차 과제활동에서 배운 문법을 사용해서 말했습니까?	1 2 3 4 5
4. 2차 과제활동과 비슷하나 실제 상황에서도 이 수업에서 배운 문법을 사용해 말할 수 있습니까?	1 2 3 4 5
5. 이 수업이 이전 수업보다 한국어를 정확하게 말하는 데에 도움이 된다고 생각합니까?	1 2 3 4 5
6. 2차 과제활동에서 자신의 생각을 오해 없이 전달했습니까?	1 2 3 4 5
7. 2차 과제활동에서 자신의 생각을 막힘없이 전달했습니까?	1 2 3 4 5
8. 2차 과제활동에서 자신의 생각을 표현할 때 충분히 길게 말할 수 있었습니까?	1 2 3 4 5
9. 2차 과제활동에서 (문법 형태보다는) 의사소통 전달에 더 신경을 썼습니까?	1 2 3 4 5
10. 2차 활동과 비슷한 실제 상황에서도 이 수업처럼 말할 수 있습니까?	1 2 3 4 5
11. 이 수업이 이전 수업보다 한국어를 자연스럽고 편하게 말하는 데에 도움이 된다고 생각합니까?	1 2 3 4 5
12. 이 수업에서 의사소통 상황에 맞는 대화를 학습할 수 있었습니까?	1 2 3 4 5
13. 이 수업에서 2차 과제활동 상황을 모두 이해했습니까?	1 2 3 4 5
14. 짝(그룹원)과 2차 과제활동 시 대화하는 사람과의 관계(나이, 성별, 직업, 사회적 위치 등)를 고려하면서 말했습니까?	1 2 3 4 5
15. 짝(그룹원)과 2차 과제활동 시 대화가 일어나는 장소(집, 회사, 공공장소 등)를 고려하면서 말했습니까?	1 2 3 4 5
16. 오늘 대화가 실제 의사소통 상황에서도 문제없이 전달될 거라 생각합니까?	1 2 3 4 5
17. 이 수업이 한국 생활과 한국 문화 이해에 도움이 되었습니까?	1 2 3 4 5
18. 이 수업이 이전 수업보다 실제 의사소통 상황을 이해하는 데에 도움이 된다고 생각합니까?	1 2 3 4 5
19. 이 수업이 이전 수업보다 재미있었습니까?	1 2 3 4 5
20. 이전 수업에 비해 여러분은 이 수업에 적극적으로 참여했습니까?	1 2 3 4 5
21. 짝(그룹) 활동이 만족스러웠습니까?	1 2 3 4 5
22. 이 수업이 이전 수업보다 어려웠습니까? 어려웠다면 그 이유를 고르십시오. ① 문법이 어려워서 ② 과제활동이 어려워서 ③ 단체 활동이 익숙하지 않아서 ④ 상황을 이해하지 못해서 ⑤ 기타 ( )	1 2 3 4 5
23. 이 수업이 한국어 실력 향상에 도움이 된다고 생각합니까? 왜 그렇다고 생각합니까? ( )	1 2 3 4 5
24. 이 수업과 비슷한 실제 상황에서도 말할 수 있는 자신감이 생겼습니까?	1 2 3 4 5

〈6〉 사전 문법(TOPIK) 평가(TOPIK 기출(32, 33, 34회) 문제 중 추출)

이름 : (   )

※ [1~3] 다음 (   ) 알맞은 것을 고르십시오.

1. 언니와 나는 얼굴은 비슷한데 (   )은 다르다. (3점)

  ① 규칙   ② 모양

  ③ 성격   ④ 내용

2. 집에 돌아가면 (   ) 옷을 갈아입는다. (3점)

  ① 이제   ② 먼저

  ③ 이미   ④ 방금

3. 출근 시간에는 (   ) 길이 막힌다. (3점)

  ① 아까   ② 미리

  ③ 겨우   ④ 보통

※ [4~5] 다음 밑줄 친 부분과 의미가 비슷한 것을 고르십시오

4. 좋은 일이 있는지 수미의 표정이 아주 <u>환하다</u>. (4점)

  ① 밝다   ② 깊다

  ③ 그립다   ④ 부럽다

5. 나는 긴장을 하면 다리를 떠는 <u>습관</u>이 있다. (4점)

  ① 활동   ② 버릇

  ③ 방법   ④ 노력

※[6] 다음 (   )에 공통적으로 들어갈 동사를 고르십시오. (4점)

6.

가방을 (   ) 다시 내려놓았다.
글을 쉽게 쓰기 위해 예를 (   ).
오늘 나올 때 지갑을 안 (   ) 왔다.

  ① 들다   ② 넣다   ③ 가지다   ④ 올리다

※ [7~8] 다음 밑줄 친 부분과 의미가 반대인 것을 고르십시오.

7. 남학생과 여학생을 <u>섞어서</u> 팀을 만들었다. (3점)

① 나누어서   ② 흔들어서

③ 움직여서   ④ 따라가서

8. 전체 금액에서 재료비를 <u>빼면</u> 얼마 남지 않는다. (3점)

① 갚으면   ② 더하면

③ 빌리면   ④ 깎으면

※ [9-11] 다음 (　　　)에 알맞은 것을 고르십시오.

9. (4점)

가 : 일이 힘들지 않아요?
나 : (　　　) 생각보다 힘드네요.

① 처음이거나   ③ 처음이기에는

② 처음이면 되니까   ④ 처음이라서 그런지

10. (4점)

가 : 왜 이렇게 늦었어요?
나 : 미안해요. (　　　) 아는 사람을 만나서요

① 오고서   ③ 오다가

② 오도록   ④ 오기에

11. (4점)

가 : 아침에 어찌나 급한지 양말도 못 (　　　) 왔어요.
나 : 저도 가끔 그럴 때가 있어요.

① 신은 김에   ③ 신은 대신

② 신은 채로   ④ 신은 듯이

※ [12-13] 다음 밑줄 친 부분이 틀린 것을 고르십시오.

12. (3점)
① 아이에게 몇 <u>살이냐고</u> 물어보았다.
② 친구에게 이사를 <u>도와주겠다고</u> 했다.
③ 영수는 나에게 일곱 시에 <u>만나자고</u> 했다.
④ 동생과 이번 토요일에 낚시를 <u>가라고</u> 약속했다.

13. (4점)
① 우체국에 <u>가는 길</u>에 편의점에 들를 것이다.
② 학교 근처 식당은 값이 <u>싼 대신</u>에 양이 적다.
③ 선배가 길을 <u>알려준 탓</u>에 거기에 빨리 도착했다.
④ 배탈이 <u>나는 바람</u>에 하루 종일 아무 것도 못 먹었다.

14. (3점)
① 동생이 나를 불렀지만 <u>못 들은 척했다.</u>
② 어제 늦게 자서 <u>피곤할 텐데</u> 좀 쉬세요.
③ 내일 볼 공연이 <u>재미있을까 봐</u> 정말 기대된다.
④ 방학 때 선배도 <u>볼 겸해서</u> 경주로 여행을 갔다.

※ [15-16] 다음 밑줄 친 부분과 의미가 비슷한 것을 고르십시오.

15. (4점)

가 : 어디가 아프세요?
나 : 며칠 전부터 음식을 <u>먹을 때마다</u> 목이 아파요.

① 먹어 봐도 　　　　　② 먹기만 하면
③ 먹으나 마난 　　　　④ 먹기는 하지만

16. (4점)

가 : 외국에서 <u>잘 지내려면</u> 어떻게 해야 돼요?
나 : 그 나라 언어하고 문화를 아는 게 중요해요.

① 잘 지내기만 하면 　　　② 잘 지낸다고 해도
③ 잘 지내기 위해서는 　　④ 잘 지내기는 하지만

※ [17~18] 다음을 읽고 물음에 답하십시오. (각 3점)

> 가 : 다음 달부터 우리 집 공사를 하는데 짐을 둘 데가 없어서 걱정이
> 에요.
> 나 : 그래요? 그런 경우에 물건을 (㉠) 주는 회사가 있어요
> 가 : 얼마 동안 맡길 수 있는지 아세요?
> 나 : 그것까지는 잘 모르겠는데요
> 가 : 알겠어요. 그럼 (㉡) 지금 알아봐야겠네요.

17. ㉠에 알맞은 것을 고르십시오.

① 돌봐   ② 얹어

③ 담당해   ④ 보관해

18. ㉡에 알맞은 것을 고르십시오.

① 말이 나온 채로   ② 말이 나온 반면

③ 말이 나온 김에   ④ 말이 나온 결과

※ [19~22] 다음 (   ) 알맞은 것을 고르십시오. (각 3점)

19. 박 선생님은 학생들의 고민에 대해 늘 (   ) 상담해 주신다.

① 서운하게   ② 진지하게

③ 수수하게   ④ 거대하게

20. 요즘 눈병이 (   ) 있으므로 손 씻기 등 개인위생에 신경 써야 한다.

① 퍼지고   ② 머물고

③ 끊기고   ④ 실리고

21. 열쇠를 어디에 두었는지 (   ) 기억이 나지 않는다.

① 비로소   ② 도대체

③ 골고루   ④ 오로지

22. 오늘 그 모임에 (   )을 하면 기념품을 받을 수 있다.

① 가입   ② 구별

③ 수정   ④ 보충

※ [23~25] 다음 (   )에 알맞은 것을 고르십시오

23. 그렇게 디자인이 특이한 모자를 누가 (   ) 생각보다 인기가 좋았다. (3점)

① 사곤 했는데   ② 살까 싶었는데

③ 살걸 그랬는데   ④ 산다고 쳤는데

24. 한국제과점의 단팥빵은 구워서 (   ) 팔려 나가 조금만 늦게 가도 맛볼 수가 없다. (4점)

① 내놓을 참에   ② 내놓은 탓에

③ 내놓기로 하고   ④ 내놓기가 무섭게

25. 미래를 위해 현재를 (   ) 지금의 인생을 즐기며 사는 것이 낫다는 사람도 많다. (4점)

① 희생하고자   ② 희생하느니

③ 희생해서인지   ④ 희생하거니와

※ [26~28] 다음 밑줄 친 부분과 의미가 가장 비슷한 것을 고르십시오.

26. 주민들은 마을 입구에 다리가 놓이면 편리해질 것으로 <u>예상했다</u>. (4점)

① 둘러보았다   ② 내다보았다

③ 올려다보았다   ④ 돌이켜보았다

27. 김 부장은 능력도 <u>있거니와</u> 대인 관계도 원만해 사내에서 인기가 높다. (3점)

① 있는 듯해도   ② 있기로 들면

③ 있는 데다가   ④ 있을까 해서

28. 불황이 계속되면서 취직자리를 <u>구하기는커녕</u> 시간제 일자리도 구할 수 없었다. (3점)

① 구할 바에야   ② 구하던 차에

③ 구할 법도 한데   ④ 구하기는 고사하고

※ [29~30] 다음 (   )에 공통적으로 들어갈 단어를 고르십시오.(각 3점)

29.

| 그는 상사와의 갈등으로 다니던 직장에 사표를 (   ). |
| 책을 (   ) 위해 자료를 수집 중이다. |
| 마을 아파에 길을 (   ) 공사가 한창이다. |

① 내다   ② 쓰다   ③ 만들다   ④ 던지다

30. | 그는 오랜만에 집에 엽서를 (　　　　　).
　　 | 간격을 일정하게 (　　　　) 책상을 놓아야 한다.
　　 | 그는 상황에 맞게 분위기를 (　　　　) 사람들에게 인기가 좋다.

　　① 만들다　　　② 띄우다　　　③ 보내다　　　④ 맞추다

※ [31~32] 다음을 읽고 물음에 답하십시오.

　'단계적 요청'이란 상대가 받아들이기 쉬운 요청에서 시작하여 단계적으로 요청의 수준을 높여 가는 (㉠) 많은 분야에서 널리 쓰이고 있다. 일반적으로 사람들은 처음부터 큰 부탁을 받으면 부담을 느껴 수락하기 힘들다. 그러므로 어려운 부탁을 하고자 할 때는 우선 작은 부탁을 먼저 하여 상대의 부담을 (㉡) 주고 나서 다음 부탁을 하는 것이 좋다.

31. ㉠에 알맞은 것을 고르십시오. (3점)
　　① 심리 기법이나마　　　② 심리 기법으로서
　　③ 심리 기법은커녕　　　④ 심리 기법에다가

32. ㉡에 알맞은 것을 고르십시오. (4점)
　　① 늘려　　　　　　　② 안아
　　③ 채워　　　　　　　④ 덜어

※ [33~34] 다음을 읽고 물음에 답하십시오.

　커피는 같은 지역에서 난 것이라도 맛이 천차만별이다. 예를 들어 에티오피아 커피는 한 지역 혹은 한 농장에서 재배한 것들도 각기 다른 맛을 낸다. 토질, 고도, 일조량 등에 의해 그 맛이 달라지는 것이다. 커피의 맛을 (㉠) 또 다른 요인은 가공 방식이다. 커피는 원두를 물로 씻은 후 건조시키거나 열매 상태로 뒤집어 주면서 햇빛으로 건조한다. 이렇게 건조시키는 과정을 (㉡) 커피의 맛이 결정되는 것이다.

33. ㉠에 알맞은 것을 고르십시오. (4점)
　　① 당기는　　　　　　② 이루는
　　③ 좌우하는　　　　　④ 소유하는

34. ⓛ에 알맞은 것을 고르십시오. (3점)
① 거치는 한　　　　　　② 거친다 한들
③ 거치는 가운데　　　　④ 거치기에 앞서

※[35~36] 다음을 읽고 물음에 답하십시오.

> 　사람들은 누구나 자신이 가진 장점이나 특성을 부각시킨 아름다운 '이름'으로 불릴 때 기쁠 것이다. 만약 누군가에게 어떤 일을 (㉠) 특별한 이름으로 불러 보는 게 어떨까? '우리 사무실의 에디슨'이라든가 '행운의 여신'처럼 기대가 담긴 이름을 (㉡) 부르면 그는 그 기대에 부응하기 위해 더욱 더 열심히 할 것이다.

35. ㉠에 알맞은 것을 고르십시오. (4점)
① 맡길 법도 해서　　　　② 맡기고자 한다면
③ 맡기는가 싶은데　　　　④ 맡길 것이 뻔해서
36. ㉡에 알맞은 것을 고르십시오. (3점)
① 붙여서　　　　　　　② 떨쳐서
③ 남겨서　　　　　　　④ 새겨서

참고문헌

강현주, 「한국어 말하기 평가의 구인으로서 상호작용 능력 연구」, 고려대학교 대학원 박사학위논문, 2013.

강혜옥, 「한국어 문법 교수를 위한 문법 의식 상승 과제 설계 연구」, 서울대학교 대학원 석사학위논문, 2006.

고경숙·이소현, 「교환학생을 위한 한국어 교육과정 개발의 실제 : 초급반 요구 조사를 중심으로」, 『언어와 문화』 제6권 1호, 2010.

곽수진, 「형태 집중을 활용한 한국어 문장 구조 교육 연구」, 경희대학교 대학원 박사학위논문, 2011.

국립국어원, 『표준국어대사전』, http://stdweb2.korean.go.kr/, 2008.

권순희, 「한국어 문법 교육 방법과 수업 활동 모형」, 『한국초등국어교육』 제31집, 2006.

김영만, 『한국어 교육의 이론과 실제』, 도서출판 역락, 2005.

김영주, 「한국어 교육에서의 과제 기반 형태 집중 연구 고찰」, 『이중언어학』 41, 2009.

김정숙, 「과제 수행을 중심으로 한 한국어 교육 방법론」, 『한국어교육』 9(1), 1998.

김정숙, 「통합 교육을 위한 한국어 교수요목 설계 방안 연구」, 『한국어 교육』 14, 2003.

김종국·신동일·박성원, 「인터뷰평가의 담화분석 연구」, 『한국어교육』 17-2, 2006.

김지수, 「역할극 수행이 한국어 중급 학습자의 말하기 능력에 미치는 영향」, 이화여자대학교 국제대학원 석사학위논문, 2012.

김지영, 「TTT 모형을 적용한 한국어 말하기 교재의 모듈 조직 방안, 『어문논집』, 2014.

김지영, 「과제 중심 접근법에 기반한 한국어 교육 과정 개발 방안 연구 : 비고츠키 사회문화이론을 적용하여」, 고려대학교 대학원 박사학위논문, 2012.

김청자·서경숙, 『한국어교육 용어집』, (주)박이정, 2015.

김하림, 「딕토글로스(Dictogloss)와 학습자 출력 과정에 대한 연구」, 연세대학교 교육대학원 석사학위논문, 2009.

나카가와·위햇님, 「한국어교육에서 ACTFL-OPI의 활용 방안」, 『국어교육학연구』 제37집, 2010.

민진영 · 안진명, 『Korean Grammar In Use』, 다락원, 2011.

박경자 · 임병빈 · 김재원 · 유석훈 · 이재근 · 김성찬 · 장영준 · 한호, 『응용언어학사전』, 경진문화사, 2001.

박미라, 「인터뷰와 일상대화 비교 연구」, 숙명여자대학교 석사학위논문, 2003.

박성원, 「인터뷰 담화 분석을 이용한 한국어말하기 숙달도 평가 연구」, 이화여자대학교 석사학위논문, 2002.

박혜레나, 「학습자 중심의 딕토글로스 확장 수업 방안」, 『교과 교육 연구』 제9호, 2013.

백봉자, 『외국어로서의 한국어 문법 사전』, 도서출판 하우, 2009.

성지연, 「형태 초점 교수를 통한 한국어 내포문 교육 연구-관형사절과 명사절을 대상으로-」, 고려대학교 대학원 박사학위논문, 2012.

안가희, 「딕토글로스가 한국어 어휘 습득에 미치는 영향 연구 : 중급 학습자를 대상으로」, 고려대학교 교육대학원 석사학위논문, 2012.

양재승, 「딕토글로스를 활용한 문법 교육 효과 연구」, 고려대학교 대학원 석사학위논문, 2012.

원해영, 「한국어교육을 위한 과제활동 연구」, 부산대학교 대학원 박사학위논문, 2010.

윤은경, 「말하기 숙달도 평가에 관한 논평-ACTFL OPI를 대상으로-」, 『한국어 교육』 제19권 1호, 국제한국어교육학회, 2008.

이동은, 「한국어 말하기 숙달도 시험의 고찰을 통한 말하기 과제의 개발 방안」, 『한민족문학』 제54호, 2009.

이동은 · 김윤신 · 이준규, 「한국어 학습자의 사동사 습득 연구-중국인 학습자와 몽골인 학습자를 중심으로-」, 『한글』 제290호, 2010.

이미향, 「한국어 언어문화교육에서의 사회적 상호작용 고찰-참여자 인식과 대인 관계 형성을 중심으로-」, 『한국언어문화학』 제9권 제2호, 2010.

이미혜, 「한국어 문법 효과 연구-추측 표현을 중심으로」, 이화여자 대학교 대학원 박사학위논문, 2005.

이민형, 「가치 논제 토론 수업을 위한 설계 기반 연구」, 서울대학교 대학원 박사학위논문, 2016.

이정민, 「한국어 말하기 교재 속 역할극 활동의 구성 방안」, 고려대학교 교육대학원 석사학위논문, 2011.

이정민, 「한국어학습전략 활동프로그램 개발연구」, 연세대학교 대학원 석사학위논문, 2006.

이정애, 「NSM에 기초한 국어 간투사의 의미 기술」, 『한국어 의미학』 36, 2011.

이준호, 「TTT 모형을 활용한 추측 표현 교육 연구」, 『이중언어학』 제44호, 2010.

이창덕 · 임칠성 · 심영택 · 원진숙 · 박재현, 『화법 교육론』, 도서출판 역락, 2012.

인윤희, 「한국어 조사 교육에서 의식 상승 과제와 딕토글로스 과제의 교육적 효과 비교 연구」, 고려대학교 교육대학원 석사학위논문, 2013.

임칠성, 「화법 교육 과정의 담화 유형에 대한 범주적 접근」, 『화법 연구』 12집, 2008.

전은주, 「한국어 능력 평가-말하기 능력 평가범주 설정을 위하여」, 『한국어학』 6권, 1997.

정선화, 「과제 중심의 한국어 교재 구성에 관한 연구」, 서울대학교 대학원 석사학위논문, 1998.

진대연, 「한국어 교사의 수업 구성에 대한 연구」, 『국어교육학연구』 34권, 2009.

진대연·김희경·허유경, 「한국어 교사의 수업 운영 방식에 대한 연구」, 『국제한국어교육학회 제18차 국제학술대회』, 2008.

채윤정·김영규, 「FonF 연구의 최근 동향이 한국어 교육에 시사하는 점」, 『한국어교육』 제21권 4호, 2010.

최정순, 「교재 구성에 있어서 과제 개념의 적용에 관하여」, 『한국어 교육』 7, 1996.

한재영·박지영·현윤호·권순희·박기영·이선웅, 『한국어 교수법』, 태학사, 2010.

한재영·박지영·현윤호·권순희·박기영·이선웅·국립국어원·한국어세계화재단, 『한국어 문법 교육』, 태학사, 2008.

ACTFL, *Oral Proficiency Interview Tester Training Manual*, (ed. E. Swender), NY : ACTFL, Inc, 1988.

ACTFL, *ACTFL Oral Proficiency Interview Assessment Workshop Participant Handbook*, 2nd Edition, NY : ACTFL, Inc., 2011.

Bachman, L. F., *Fundamental consideration in Language testing,* Oxford : Oxford University Press, 1990.

Berns, M., *Contexts of Competence*, 1990. 전한성 외, 『의사소통 능력과 맥락 : 의사소통 언어 교수에서의 사회·문화적 고찰』, 한국문화사, 2012.

Breen, M. & C. N. Candlin, The essentials of a communicative curriculum in language teaching, *Applied Linguistics* 1(2), 1980.

Brooks, N., *Language and Language Learning : Theory and Practice,* 2nd ed. New York : Harcort Brace, 1964.

Brown, H. D., *Principles of language learning and teaching.* 4th ed. White Plains, NY : Addison Wesley Longman, 2004.

Canale, M. & Swain, M., Theoretical bases of communicative approached to second language teaching and testing, *Applied Linguistics* 1, 1980.

Candlin, C., Toward Task-based Learning, in Candlin, C. & Murphy, D. (eds.), *Language Learning Tasks*, Englewood Cliffs NJ : Prentice-Hall, 1987.

Chomsky, N., *Aspects of the theory of syntax.* Cambridge : The MIT press, 1965.

Clark, J., *Curriculum Renewal in School Foreign Language Learning,* Oxford : Oxford University Press, 1987.

Dalton, P & W. J. Hardcastle, *Disorders of Fluency.* London : Edward Arnold, 1977.

Doughty, C. & Williams, J., Issues and terminology, in Doughty, C. & Williams. J. (ed.) *Focus on Form in Classroom Second Language Acquisition.* Cambridge University Press, 1998.

Ellis, R., *Learning a second language through interaction,* Amsterdam : John Benjamin,1999.

Ellis, R., *Task-based Language Learning and Teaching,* Oxford university press, 2003.

Fotos, S., Structure-based interactive tasks for the EFL grammar lesson, In Hinkel, E. & Fotos, S. (Eds) *New Perspectives on Grammar Teaching in Second Language Classrooms.* Mahwha, New Jersey : Lawrence Erbaum Associates, Inc., 2002.

Graves, K., Designing Language Course, Newbury House, 2000.

Harley, B., Instructional strategies and SLA in early French immersion, *Studies in Second Language Acquisition*, 15(2), 1993.

Halliday, M., *Explorations in the functions of language.* London : Edward Arnold, 1973.

Hinkel, E. & Fotos. S., From Theory to Practice : A Teacher's View, in Hinkel, E. & Fotos, S. (eds.) *New Perspectives on Grammar Teaching in Second Language Classrooms.* Mahwha, New Jersey : Lawrence Erlbaum Associates, Inc., 2002.

Hopfstede, G.(1986), Cultural differnences in teaching and learning, *International Journal of Intercultural Relations* 10, 1972.

Hymes, D., On Communicative Competence, in J. B. Pride & J. Holmes(eds), *Sociolinguistics*, Harmondsworth : Penguin, 1972.

Izumi, S., フォーカス.オン.フォームを取り入れた新しい英語教育、大修館, 2009. 윤강구 역, 『Focus on Form을 이용하는 새로운 제2언어 교육』, 인문사, 2012.

Johnson, K. & Morrow, K. (eds.), *Communication in the Classroom,* Essex : Longman, 1981.

Lantolf, J. & Frawley, W., Oral Proficiency Testing : A Critical Analysis. *Modern Language Journal*, 69(4), 1985.

Larsen-Freeman, D., *Techniques and Principles in Language Teaching,* second edition, Oxford : Oxford University Press, 2000.

Larsen-Freeman, D., *Teaching Language From Grammar To Grmmaring*, 1st Edition, Heinle ELT, 2004, 김서형 외, 언어 교수 : 문법에서 문법 사용하기로, 지식과 교양, 2013.

Laufer, B., Vocabulary acquisition in a second language : Do learners really acquire most vocabulary by reading? Some emprical evidence. *The Canadian Modern Language Review* 59(4), 2000.

Laufer, B., Instructed second language vocabulary learning : The fault in the "default hypothesis." In A. Housen & M. Pierrard (Eds.), *Investigations in instructed second language acquisition,* Berlin : Mouton de Gruyter, 2005.

Littlewood, W., *Communicative Language Teaching,* Cambridge University Press, 1981.

Littlewood, W., *Foreign and Second Language Learning : Language acquisition research and its implications for the classroom,* Cambridge University Press, 1984.

Long, M., A role for instruction in second language acquisition : task-based language teaching, in Hyltenstam, K. & Pinemann, (eds.), *Modeling and Assessing Second Language Acquisition.* Clevedon : Multilingual Matters, 1985ㄱ.

Long, M., Input and second language acquisition theory." in Gass, S. & Madden, C. (eds.), *Input and second language* MA : Newbury house, 1985ㄴ.

Long, M. & Crookes, G., Three approaches to task-based syllabus design, *TESOL Quarterly* 26, 1992.

Long, M., The role of the Linguistic Environment in Second Language Acquisition, *Handbook of Second Language Acquisition,* 1996.

Nunan, D., *Syllabus Design.* Oxford : Oxford university Press, 1988.

Nunan, D., *Designing Tasks for the Communicative Classroom.* Cambridge : Cambiridge University Express, 1989.

Nunan, D., *Second Language Teaching & Learning,* Newbury House, 1999.

Nunan, D., *Language Teaching : Syllabus Design,* Oxford University Press, 2003. 송석요 외 역, 『Syllabus의 구성과 응용』, 범문사, 2003.

Nunan, D., *Task-based Language Teaching : A comprehensively revised edition of Designing Tasks for the Communicative Classroom.* Cambridge University Press, 2004.

Prabhu, N.S., Second Language Pedagogy, Oxford : Oxford University Press, 1987.

Richards, J. C., Conversational competence through role-play activities, *RELC Journal* 16(1), 1985.

Richards, J. & Platt, J., Weber, H., *Longman Dictionary of Applied Linguistics.* Longman, 1986.

Richard, J.C. & Rodgers, T.S., *Approaches and Methods in Language Teaching,* Cambridge University press, 2001.

Rose, K., On the effects of effects of instruction in second language pragmatics, *System* 33(3), 2005.

Ross, J. Steven., Formulae and inter-interview variation in oral proficiency interview discourse, *Prospect* 11, 1996.

Rutherford, W., *Second Language Grammar : Learning and Teaching.* London : Longman, 1987.

Shavelson, R. & Stern, P., Research on Teachers' Pedagogical Thoughts, Judgement, Decisions and Behavior, *Review of Educational Research* 51(4), 1981.

Skehan, P., A framework for the implementation for the implementation of task-based instruction. *Applied Linguistics* 17, 1996.

Skehan, P., Task-based instruction, *Annual Review of Applied Linguistics* 18 : 1998.

Slavin, R. E., Cooperative Learning, *Review of Educational Research*, 50(2), 1980.

Stern, H. H., *Fundamental Concepts of Language Teaching*, 1983. 심영택 외 역, 『언어교수의 기본개념』, 도서출판 하우, 1995.

Swain, M., Communicative competence : Some rules of comprehensible input and comprehensible output in its development, In Gass, S. M. & Madden, C. G. (eds.) *Input in Second Language Acquisition*, Rowly, Mass. : Newbury House, 1985.

Swain, M. and Lapkin, S., Problems in output and the cognitive processes they generate : A step towards second language learning, *Applied Linguistics*, 16(2), 1995.

Thornbury, S., *How to Teach Grammar*. Longman, 1999. 이관규 외 역, 『문법을 어떻게 가르칠 것인가』, 집문당, 2004.

Vanpatten, B., *Input processing and grammar instruction in second language acquisition*. New Jersey : Ablex Publishing Corporation, 1996.

Wajnryb, R., *Grammar Dictation*. Oxford : Oxford University Press, 1990.

Willis, J., *A Framework for Task-based Learning*. Harlow : Longman, 1996.

Williams, J., & Evans, J., What kind of focus and on which forms? In C. Doughty & J. Williams (eds.), *Focus on Form in Classroom Second Language Acquisition*, Cambridge University Press, 1998.

Williams, J, Form-focused instruction. In E. Hinkel (eds.), *Handbook of research in second language teaching and learning*, 671-691, Mahwah, NJ : Lawrence Erlbaum, 2005.

Yoffe, L., An Overview of ACTFL Proficiency Interviews : a test of speaking ability, *JALT Testing & Evaluation news letter*, 1(2), 1997.

한국어 교재

한국어 열린 연구회, 『열린한국어 중급』, 2011.

찾아보기

저자 소개

박헤레나 전북대학교 한국어학당 한국어 강사
연세대학교 교육대학원 석사(외국어로서의 한국어 교육 전공)
전북대학교 어문교육학과 박사(외국어로서의 한국어 교육 전공)

전북대학교 교과교육연구총서 ⑩

한국어 학습자를 위한 사회적 상호작용 과제 수업 연구

초판 인쇄 2018년 7월 20일 | **초판 발행** 2018년 7월 27일
지은이 박헤레나
펴낸이 이대현 | **편집** 권분옥
펴낸곳 도서출판 역락 | **등록** 제303-2002-000014호(등록일 1999년 4월 19일)
주소 서울시 서초구 동광로46길 6-6 문창빌딩 2층
전화 02-3409-2058(영업부), 2060(편집부) | **팩시밀리** 02-3409-2059
전자우편 youkrack@hanmail.net
역락홈페이지 http://www.youkrackbooks.com
역락블로그 http://blog.naver.com/youkrack3888

ISBN 979-11-6244-286-9 94370
     979-11-5686-187-4(세트)